DAS MUTH-, VERLEIH- UND BESTÄTIGUNGSBUCH 1770 - 1773

Eine Quelle zur Frühgeschichte
des Ruhrbergbaus

bearbeitet von Joachim Huske,
Wilfried Reininghaus und Thomas Schilp

herausgegeben von Thomas Schilp
Veröffentlichungen des Stadtarchivs Dortmund 9
1993

Impressum

©WITTMAACK VERLAG 1993
Essener Straße 20, 4600 Dortmund 1

Herausgeber:
©Thomas Schilp, Stadtarchiv Dortmund

Alle Rechte vorbehalten.

Gestaltung, Satz und Layout:
Erdmann-Wittmaack Design, Dortmund

Printed in Germany

Dieses Buch ist auf säure- und chlorfrei-
em Papier gedruckt.

ISBN 3 - 9802117 - 9 - 7

Inhalt

Das
Muth-Verleih-
und
Bestätigungs-
Buch.

Darin werden verzeichnet, die Lehn-
schaften/ wes ein jeder gemuthet/ und
wie ihm nach seiner Muthung die Zechen, Maassen/ Stollen, Wasserfällen ꝛc. ꝛc. von dem Bergamte verliehen,
bestätiget und vermessen seyn.

Vorwort des Herausgebers

Mit großer Freude kann das Stadtarchiv Dortmund mit diesem Buch eine für die Erforschung des Steinkohlenbergbaus des Ruhrgebiets bedeutsame und einzigartige historische Quelle der breiten, interessierten Öffentlichkeit übergeben. Erst im Jahre 1988 konnte das Dortmunder Stadtarchiv das *Muth-, Verleih- und Bestätigungsbuch*, angelegt in den Jahren 1770 - 1773, aus privatem Besitz ankaufen, um es für die Öffentlichkeit zu sichern. Nach einer kurzen öffentlichen Ankündigung der Erwerbung[1] setzte rasch eine rege Nachfrage wissenschaftlicher Benutzer ein, die die Bedeutung dieser Quelle nachhaltig unterstrichen[2].

Das *Muth-, Verleih- und Bestätigungsbuch* erfaßt einen großen Teil des märkischen Steinkohlenbergbaus für eine Zeit, in der Quellen für den Betrieb der Zechen selten, ja eher als Zufallsfunde zu bezeichnen sind. Erst seit 1796 liegen mit den erhaltenen Berichten der Bergrevierbeamten archivische Quellen für den Steinkohlenbergbau der Region vor. Schon von daher kommt dem *Muth-, Verleih- und Bestätigungsbuch* eine besondere Bedeutung für die historische Forschung zu: Die Aufnahme der Rechtsverhältnisse von 139 märkischen Bergbaubetrieben in den Jahren 1770 - 1773 nach dem Inkrafttreten der revidierten Bergordnung 1766 und der Errichtung des staatlichen Direktionsprinzips versuchte die Erfassung des bestehenden und bis dato mehr oder weniger ungeregelten Bergbaus, der bis dahin vergebenen Mutungen und Belehnungen sowie der Bergwerkseigentümer. Der Wert der hiermit edierten Quelle ist aber auch darin zu sehen, daß die Gewerken für den Nachweis der aktuellen rechtlichen Verhältnisse ihrer Zechen die Mutungen, Belehnungen, Protokolle der vorgenommen Inaugenscheinnahme oder der Vermessung, Wechsel des Besitzstands usw. auch für die Zeit vor 1770 nachweisen mußten. Die Abschrift dieser Urkunden und Schriftstücke reichen zum Teil weit zurück; das älteste im *Muth-, Verleih- und Bestätigungsbuch* aufgenommene Schriftstück stammt so aus dem Jahre 1695[3].

---

[1] Thomas Schilp, Stadtarchiv erwarb "Muth-, Verleih- und Bestätigungsbuch", in: Heimat Dortmund 1/1989 S.30.
[2] Siehe z.B. Wilfried Reininghaus, Hördes Wirtschaft und Gesellschaft im 18. Jahrhundert, in: Günther Högl/Thomas Schilp: Hörde. Beiträge zur Stadtgeschichte. 650 Jahre Stadtrechte Hörde (1340 - 1990), Dortmund 1990 S.76-89 (mit einer ersten Auswertung für das Amt Hörde).
[3] Vgl. Nr.89 der vorliegenden Edition.

Die vorgelegte Edition soll der Erforschung des Steinkohlenbergbaus unserer Region im Jahrhundert vor der industriellen Revolution dienen und sie befruchten. Mit Sicherheit trägt sie zu neuen Erkenntnissen des historischen Gewordenseins des Ruhrgebiets bei, indem neue Erklärungen für die Wurzeln und Ansätze dieser bedeutenden historischen Umwälzung des 19. Jahrhunderts ermöglicht werden. Die Publikation reiht sich damit auch in ein Forschungsprojekt des Deutschen Bergbaumuseums Bochum zum frühen Ruhrbergbau ein, das mit dem Arbeitstitel "Kohle und Salz. Der westfälische Steinkohlenbergbau im 17. und 18. Jahrhundert und die Einflüsse der westfälischen Salinen auf seine Entwicklung" aufgenommen wurde.

Hinsichtlich der Herausgabe der Edition ist hervorzuheben, daß sie nur durch die Zusammenarbeit mehrerer Personen und Institutionen ermöglicht wurde: Herr Diplom-Ingenieur Joachim Huske hat im Rahmen seiner Bergbauforschungen[4] im vergangenen Jahr erste inhaltliche Auszüge für das *Muth-, Verleih- und Bestätigungsbuch* erstellt und das Ergebnis seiner Arbeit in Form eines Manuskripts dem Stadtarchiv Dortmund zur Verfügung gestellt; sein Manuskript wurde seitdem im Stadtarchiv Dortmund häufig als Findmittel benutzt. Dieses Manuskript von Herrn Huske stellte zugleich die Grundlage der Edition dar. Herr Dr. Wilfried Reininghaus, inzwischen Direktor des Westfälischen Wirtschaftsarchivs in Dortmund, hat mit der Förderung des Westfälischen Wirtschaftsarchivs die vorliegende Edition mit angeregt, mit seinem Rat begleitet und dankenswerterweise die fachkundige Einordnung dieser Quelle in die geschichtliche Entwicklung des märkischen Steinkohlenbergbaus bis um 1770 in der Form eines Aufsatzes für diese Edition übernommen. Darüber hinaus hat er die Bearbeitung der Indices wesentlich mitgetragen. Beiden Herren oblag damit ein wesentlicher Teil der Arbeiten an dieser Edition. Beiden sei daher mein besonderer und herzlicher Dank ausgesprochen, zumal derartige Kooperationen zwischen Personen und Institutionen im Interesse der Sache auch heute noch keine Selbstverständlichkeit sind. Dank sei auch den Kollegen des Stadtarchivs und des Westfälischen Wirtschaftsarchivs (insbesondere Herrn Hermann Josef Bausch und Frau Gabriele Unverferth) gesagt, die zum Gelingen des Werks beitrugen.

Thomas Schilp   Dortmund, im Januar 1993

---

[4] Siehe Joachim Huske, Die Steinkohlenzechen im Ruhrrevier. Daten und Fakten von den Anfängen bis 1986 (Veröffentlichungen aus dem Deutschen Bergbau-Museum Bochum 40), 1987. Herr Huske hat das *Muth-, Verleih-und Bestätigungsbuch* als erster wissenschaftlicher Benutzer einer Bearbeitung zur ergänzenden Vorbereitung einer weiteren zu überarbeitenden Auflage dieses Werkes ausführlich benutzt und damit den Grundstein für diese Edition gelegt.

I.

Wilfried Reininghaus

Der märkische Steinkohlenbergbau und Brandenburg-Preußen.
Ein Überblick über die Entwicklung bis 1770

Das vom Stadtarchiv Dortmund für die Forschung gesicherte *Muth-, Verleih- und Bestätigungsbuch* von etwa 1773 reichert die Quellenbasis für den älteren Kohlenbergbau im Gebiet der ehemaligen Grafschaft Mark wesentlich an. Das gibt Anlaß, den Stand der bergbaugeschichtlichen Forschungen für die Zeit vor 1773 zu rekapitulieren. Damit soll der Leser und Benutzer dieser Edition gleichzeitig in das *Muth-, Verleih- und Bestätigungsbuch* eingeführt werden.

Daß das Buch in den 1770er Jahren angelegt wurde, ist kein Zufall. In jener Zeit setzte sich das Direktionsprinzip endgültig durch, das dem Staat bis zur Einführung einer neuen, liberalen Bergordnung 1866 einen entscheidenden Einfluß auf den Kohlenabbau im entstehenden Ruhrgebiet einräumte. Das *Muth-, Verleih- und Bestätigungsbuch* fällt in eine Übergangszeit, in der ältere Rechtsverhältnisse aufgeschrieben wurden. Es verschaffte damit den Bergbeamten Überblicke über die Vorgeschichte der Zechen in den märkischen Ämtern Hörde, Unna und Schwerte sowie in den Gerichten Herbede, Stiepel, Witten und Horst.

Ziel dieser Einführung ist es, das Spannungsfeld zwischen Bergbau, Bergwerksbesitzern und Staat vor 1770 aufzuzeigen. Dies geschieht erstens durch einen nuancierten Bericht über den älteren Bergbau an der Ruhr bis zur Niederschrift unseres Buches. Zweitens soll eine (notwendigerweise vorläufige) Auswertung des Buches und vergleichbarer Quellen prüfen, wer in den einzelnen Kohlenrevieren der Grafschaft Mark im 18. Jahrhundert Eigentum an Bergwerken besaß. Drittens sind die Beobachtungen zur speziellen Schriftlichkeit im Bergbau zusammengefaßt. Auch in diesem Abschnitt ist ein Rückblick bis in das Mittelalter erforderlich, um den besonderen Amtsbuch-Typus im Bergbau, den wir hier antreffen, historisch einzuordnen.

Allen drei Abschnitten liegt die Absicht zugrunde, Landesgeschichte und Bergbaugeschichte miteinander zu verbinden. Sowohl der Beitrag des älteren Steinkohlenbergbaus zur Wirtschafts- und Sozialgeschichte der Grafschaft Mark wie die Auswirkungen allgemeiner Verwaltungsentwicklungen auf die Bergverwaltung sind zu berücksichtigen. Diese verschiedenen Bereiche standen bisher isoliert nebeneinander, müssen aber im Kontext gesehen werden[1]. Des weiteren empfiehlt sich die Öffnung des bisher oft isoliert, quasi durch die brandenburg-preußische Brille gesehenen märkischen Steinkohlenbergbaus für den Vergleich mit anderen Bergbaurevieren, zum einen mit dem Bergbau in den nicht zu Kleve-Mark gehörenden Teilen des späteren Ruhrgebiets, zum anderen mit dem Erzbergbau.

---

[1] Vgl. Ekkehard Westermann, Aufgaben künftiger Forschung, in: W. Kroker/ders., Montanwirtschaft Mitteleuropas vom 12. bis 17. Jahrhundert. Stand, Wege und Aufgaben der Forschung, Bochum 1984, S.205-212, 211f.

I "Raubbau" und "geregelte Ordnung". Kleve-Mark und der frühe Bergbau an der Ruhr vor 1770

Lange bevor der Staat Ansprüche auf Abgaben aus der Kohlenförderung anmeldete, hatte der Abbau der Steinkohle begonnen. Überall dort, wo die Kohle in dem südlich dem Hellweg vorgelagerten Bergland zwischen Unna und Duisburg nahe an der Oberfläche anstand, fand man Verwendung für die Steinkohlen. Die Frage nach den ältesten Nachrichten über deren Fund oder Nutzung ist allerdings müßig, denn die erhaltenen Zeugnisse sind mehr oder minder als Zufälle der Überlieferung zu werten[2]. Nicht von ungefähr rücken allerdings die Stifter Essen und Werden sowie die einzige westfälische Reichsstadt Dortmund häufig in den Blick. Die Stifter verfügen ebenso wie Dortmund über eine reiche Urkundenüberlieferung, ferner besitzt Dortmund eine Chronistik, in der Informationen über den Kohlenbergbau nicht fehlen[3]. Aus Dortmunder Perspektive liefern vielleicht die Informationen über die Kohlenbrüche bei Schüren einen der Schlüssel zum wirtschaftlichen Erfolg Dortmunds im Mittelalter. Die Dortmunder Schmiede, die für den Export arbeiteten, besaßen Kostenvorteile in unmittelbarer Nähe der Kohlenvorkommen. Freilich bedeutet das Fehlen ähnlicher mittelalterlicher Zeugnisse wie in Dortmund im stadt- und damit schriftfernen Ardey oder niedermärkischen Bergland um Sprockhövel wohl nicht, daß dort keine Kohle gefunden worden wäre.

"Bei der Gewinnung und Nutzung von Mineralien gibt es grundsätzlich drei konkurrierende Gruppen: den Finder/Unternehmer, den Grundeigentümer und den Landesherrn/Staat"[4]. In unsere Betrachtung des älteren märkischen Steinkohlenbergbaus vernachlässigen wir zunächst einmal den Staat und untersuchen zuerst das Verhältnis zwischen den Bergbautreibenden und den Grundherren.

Erstens: Bauern oder Bürger gruben in der Feldmark ihres Dorfes oder ihrer Stadt nach Kohle. Zur Nutzung der Marken gehörten neben dem Recht der Markengenossen auf die Entnahme von Holz, die Mast der Schweine und die Nutzung der Viehweide auch die der Bodenschätze[5]. Die Markenrechte hielten lange vor. Noch

---

[2] Vgl. Dieter Scheler, Kohle und Eisen im mittelalterlichen Ruhrgebiet, in: F. Seibt u. a. (Hrsg.), Vergessene Zeiten. Mittelalter im Ruhrgebiet, Bd. 2, Essen 1990, S.111-117; Hans Spethmann, Forschungen des Geschichte des Ruhrbergbaus, Bd. 1: Die frühe Zeit (2 Teilbde.), Essen/Lübeck 1951 (als Mskr. gedruckt).

[3] Zum frühen Bergbau im heutigen Stadtgebiet von Dortmund: Karl Rübel, Die Anfänge der Kohlen- und Salzgewinnung am Hellwege, in: Beiträge zur Geschichte Dortmunds und der Grafschaft Mark 22 (1913), S.45-69; Arthur Mämpel, Bergbau in Dortmund. Von Pingen und Stollen bis zu den Anfängen des Tiefbaus, Dortmund 1963.

[4] Evelyn Kroker, Bergverwaltung, in: K. G. A. Jeserich u.a. (Hrsg.), Deutsche Verwaltungsgeschichte, Bd. 3, Stuttgart 1984, S.514-526, 515.

[5] Die Hinweise von R. Volkert, Geschichte des märkischen Steinkohlenbergbaus. Von den Anfängen bis zur Bergrechtsreform 1865, Witten 1986, S.6-12 sind nützlich, orientieren sich jedoch an überholten Markengenossenschafts-Theorien.

1758/67 hatten z.B. die Betreiber der "Kohlpütte" in der Stockumer Mark den Markengenossen den üblichen Traddeeimer als Anerkennungszins zu zahlen. Dieses alte Recht trat 125 Jahre früher in Hörde noch deutlicher hervor[6]. 1629 und 1631 gaben die Hörder Einwohner zu Protokoll, daß *einem jedweden ... freistände, innerhalb des Amtes auf den Waldemeyen und sonstiger Herren-Länderei von alters her Kohlenpützen zu suchen ...; mit den Markberechtigten, die auf der betr(effenden) Waldemey Weide- und Heide-Gerechtigkeit hätten, habe er sich vorher zu verständigen; auf dem von ihm gefundenen und auf seine Kosten aufgeführten Pütt durfte ihm dann niemand einfallen oder von seinen Kohlen abdringen, wenigstens wäre solches kein Köhlers Gebrauch, sondern ein schelm- oder diebisch Stücke[7].*

Das Verhältnis zu den "Herren", also zum Adel, dürfte jedoch nicht so unproblematisch gewesen sein, wie es die Hörder vorgaben. Denn im 17. Jahrhundert wurden Adlige so oft als Bergbauunternehmer genannt, daß wir sie als die zweite wichtige Gruppe von Bergbaubetreibern ansehen müssen[8]. Drittens: Weitere Interessenten waren Klöster und Kirchen. Während kirchlicher Besitz an Bergwerken selten war - der Wengerner Pfarrer Dröghorn als Gewerke 1649 ist eher die Ausnahme als die Regel[9]-, finden wir zahlreiche Hinweise auf Klöster und Stifter als Bergwerkseigentümer. Der Werdener Abt Heinrich Duden ließ im 16. Jahrhundert systematisch Bergbau betreiben, um die Finanzen seines Klosters aufzubessern. Das Stift Clarenberg bei Hörde (bzw. seine Insassen) verfügte noch um 1770 ebenso über Bergwerksbesitz wie das Kloster Scheda bei Fröndenberg[10].

Die geförderte Kohle fand vor allem in Schmiedewerkstätten Verwendung. Zunfturkunden aus Köln, Soest und Lippstadt erwähnen den Handel der Schmiede mit Steinkohle. 1397 untersagte die Kölner Schmiedezunft z. B. ihren Mitgliedern, die *steinkoele veile helten*, mehr als einen Schilling pro Malter daran zu verdienen[11]. In Soest und Lippstadt reklamierten 1563 bzw. 1650 die Schmiede für sich das erste Angebot auf eingeführte Steinkohle; im Amt Unna finden wir vermutlich 1575 Schmiede als Gewerken[12]. Die Salzwerke bei Unna stellten um 1600 von der

[6] Vgl. zu Stockum Irmgard Vorbeck, Die Stockumer Mark. Ein Beitrag zur Heimatkunde des Raums Witten, in: Jahrbuch des Vereins für Orts- und Heimatkunde in der Grafschaft Mark 67 (1969), S.1-59, 34.

[7] Ferdinand Schmidt, Eine Blütezeit des Steinkohlenbergbaus vor 300 Jahren, in: Westfalen 16 (1931), S.1-16, 4.

[8] Der Adel als Unternehmer in der frühen Neuzeit wird häufig unterschätzt, vgl. Fritz Redlich, Europäische Aristokratie und wirtschaftliche Entwicklung, in: ders., Der Unternehmer, Göttingen 1964, S.280-298, sowie Hinz (Anm. 89), S.227ff.

[9] NRW-Staatsarchiv Münster (=StAMs) Kleve-Mark Landessachen (=KlM LS) 1213.

[10] Vgl. unten Abschnitt II.

[11] Heinrich von Loesch, Die Kölner Zunfturkunden nebst anderen Kölner Gewerbeurkunden bis zum Jahre 1500, Bd. 1, Bonn 1907, S.154 §16.

[12] Wilfried Reininghaus, Zünfte, Städte und Staat in der Grafschaft Mark, Münster 1989, S.174, 235 (Soest, Lippstadt); StAMs KlM LS 1024 (Unna 1575).

Holzfeuerung des Siedebetriebs auf Steinkohle um. Nicht zufällig wollten Hermann Röddinghausen sowie Wynold und Everhard Büren als Mitglieder einer Gewerkschaft 1590 den Bergbau im Ardey aufnehmen, denn sie benötigten Kohle für ihr Salzwerk in Brockhausen bei Unna[13]. Daß Steinkohle neben Holz als Heizmittel diente, hat unlängst K. Hofius für Duisburg anhand der Stadtrechnungen des 16. Jahrhunderts herausgefunden[14]. Die Bemühungen des Schwerter Richters Beckers, in Syburg wegen der Knappheit von Holz als Brennstoff ein Kohlenbergwerk zu errichten, fielen in den gleichen Zeitraum[15].

Die erhaltenen Zollisten aus den Grenzorten der Grafschaft Mark notierten Kohlenausfuhren. In Lünen passierten im Juni und Juli 1573 zehn *kollewagen* die märkische Grenze in Richtung Stift Münster; die übrigen Monate ergaben eine deutlich geringere oder gar keine Ausfuhr[16]. In Hattingen lagen die Abgaben für Steinkohle bei der Ausfuhr 1643 sehr niedrig. Eine Karre Steinkohle hatte nur den Wert von einer achtel Karre Stabeisen[17]. Die Steinkohlen, die die Rheinzölle in Richtung Niederlande passierten, kamen mit Sicherheit nicht aus dem Märkischen. Sie dürfte in den Bergwerken des westlichen Ruhrgebiets abgebaut worden sein, obgleich die von Spethmann ausgewerteten Zollisten nicht verraten, aus welchen Revieren die Kohle stammte[18].

In das Blickfeld des kleve-märkischen Landesherrn rückte, abgesehen vom Zoll, die Steinkohlenförderung erst spät. Ausfuhrverbote des 16. Jahrhunderts lassen allerdings erkennen, daß Kohle zu jenen Roh- und Grundstoffen gehörten, die in Kleve als natürlicher Reichtum der Grafschaft galten. Von Hörde nach Dortmund sollte 1543 der Warenfluß von Eisen, Holz, Korn und eben Kohle unterbrochen werden, weil der Landesherr die Kaufleute vom Dortmunder Markt abziehen wollte. Da Hörde gemieden wurde, hob man rasch das Ausfuhrverbot auf[19]. 1604 lebte es für Kohle wieder auf, diesmal zum Wohl des Salzwerks in Unna[20]. Den Zehnt auf

[13] StAMs KlM LS 1219 zu 1590; zu diesen Gewerken vgl. Hans Vollmerhaus, Röddinghauser Salzwerk und Bürenplatz zu Brockhausen bei Unna 1489-1689, in: Der Märker 13 (1964), S.265-271; Willy Timm, Salz aus Unna, 2. Aufl., Unna 1989, S.16f.

[14] Kurt Hofius, Kohle als Heizmittel im 16. Jahrhundert in Duisburg, in: Duisburger Forschungen 37 (1990), S.23-26.

[15] StAMs KlM LS 1217, dazu: Hans Spethmann, Forschungen zur Geschichte des Ruhrbergbaus, Bd. 2: Die Zeit Wilhelm des Reichen (2 Teilbde.), Essen/Lübeck 1952 (als Mskr. gedruckt), S.288ff.

[16] Wingolf Lehnemann, Eine märkische Zollliste von 1573/74, in: Der Märker 37 (1988), S.118-122; Spethmann (Anm. 15), S.311f.

[17] Diethelm Düsterloh, Beiträge zur Kulturgeographie des niederbergisch-märkischen Hügellandes. Bergbau und Verhüttung vor 1850 als Elemente der Kulturlandschaft, Hattingen 1967, S.124.

[18] Spethmann (wie Anm. 2), S.157ff.

[19] Mämpel (wie Anm. 3), S.15.

[20] Reininghaus (wie Anm. 12), S.29.

Kohle als Quelle regelmäßiger Einkünfte entdeckte die klevische Regierung im Laufe des 16. Jahrhunderts. Er resultierte aus dem Bergregal, das sich im hohen Mittelalter als königliches Hoheitsrecht ausgeformt hatte und das nach und nach auf die Landesherrn übergegangen war. "Der Inhalt des Bergregals bestand in der landesherrlichen Verfügbarkeit über bestimmte Mineralien, unabhängig vom Grundeigentum. Bis zum 15. Jahrhundert nutzten die Regalherrn das Bergregal selbst kaum aus: Gegen Zahlung des Zehnten wurde das Abbaurecht an private Bergbautreibende verliehen"[21].

1519 vergab Herzog Johann von Kleve das Freigericht zu Volmarstein und Wetter u.a. gegen den Kohlenzehnt dieses Raumes (*den tienden van den steynkalen aldair*)[22]. Diese früheste Erwähnung eines märkischen Kohlezehnts steht insofern separat, weil sich erst in der zweiten Hälfte des 16. Jahrhunderts Nachrichten mehrten, daß der Landesherr selbst den Zehnt beanspruchte[23].

Dem Anspruch auf den Kohlezehnt ging jedoch der Anspruch auf den Zehnt von anderen Mineralien, vor allem auf Erz, voran. Das erforderte den Rückgriff auf das Bergrecht anderer Territorien. Die klevische Kanzlei griff dabei zunächst nicht auf das sächsische Bergrecht, sondern auf die Tiroler Bergordnung zurück. Herzog Johann III. belehnte 1524 eine Gewerkschaft -unter Beteiligung von zwei Kölnern, einem Butzbacher, einem Neuenrader und einem Nürnberger, geleitet von Bergmeister Osthoven - mit dem Bergwerk "Heilige Dreifaltigkeit" bei Lüdenscheid nach jenem Recht, *wie inn andern fursten landen ind nementlich in der graiffschop Tyroell dat berghwerck gebruickt wurdt, zedich ind gewoentlich ist*[24]. Ebenfalls mit Tiroler Bergrecht wurde neun Jahre später ein Dortmund-Köln-Altenaer Konsortium zur Erschließung von Erzen im Amt Altena belehnt[25].

Über die Gründe, warum Tiroler Recht übernommen wurde, sind nur Mutmaßungen möglich. Erstens orientierte sich Kleve möglicherweise an der 1517 geschaffenen umfassenden Bergordnung Kaiser Maximilians[26]. Zweitens könnte die-

[21] Kroker (Anm. 4), S.515; noch nicht entbehrlich ist die ältere Literatur, vor allem Adolf Arndt, Zur Geschichte und Theorie [des] Bergregals und der Bergbaufreiheit, Halle 1879; ders., Bergbau und Bergbaupolitik, Leipzig 1894; letzthin: Dieter Hägemann, Deutsches Königtum und Bergregal im Spiegel der Urkunden. Eine Dokumentation bis zum Jahre 1272, in: Kroker/ Westermann (wie Anm. 1), S.13-23.

[22] Walther K. B. Holz, Ein Jahrtausend Raum Hagen, Hagen 1947, S.91, danach Scheler (Anm. 2), S.114.

[23] Vgl. unten Anm. 28-33.

[24] Spethmann (Anm. 2), S.145, Emil Dösseler, Süderländische Geschichtsquellen und Forschungen, Bd. 1, Werdohl 1954, S.78f. (mit weiteren Druckorten und Quellen).

[25] Spethmann (Anm. 2), S.154; Dösseler (Anm. 24), S.80; Hermann Flebbe (Bearb.), Quellen und Urkunden zur Geschichte der Stadt Altena (Westf.), Bd. 1, Altena 1967, S.227 Nr.246 (die dort erwähnte "Bergordnung" von 1524 beruht natürlich auf einem Irrtum !).

[26] Vgl. Karl-Heinz Ludwig, Bergordnungen, technischer und sozialer Wandel im Übergang vom Mittelalter zur Neuzeit, in: Technikgeschichte 12 (1985), S.179-196, 180.

ses Bergrecht über die beteiligten oberdeutsche Gewerken, die den Tiroler Silberbergbau kontrollierten, Einzug in Westdeutschland gehalten haben. Hierfür spricht
die große Freiheit, die die Tiroler Bergordnung den Gewerken ließ. Sie hatten den
Zehnt (1524 und 1532 analog zu Tirol nach *Kübeln* bemessen) an den Landesherrn
zu zahlen, sonst aber keine große Aufsicht zu gewärtigen.

Die Einführung des sächsischen Bergrechts in den klevischen Landen 1542 ist
nicht nur mit den dynastischen Verbindungen zu erklären. Gegenüber der Tiroler
Bergordnung nahm die sächsische die Gewerken in eine enge Kontrolle. Mindestens in der Theorie herrschte schon jenes Direktionsprinzip, das im 18. Jahrhundert für den märkischen Steinkohlenbergbau eingeführt werden sollte. Auf Sachsen zurückzugreifen bedeutete deshalb auch, den Bergbau stärker für die eigenen
Finanzen nutzen zu wollen. Und die klevischen Finanzen hatten sich zwischen
1524 und 1542 gravierend verschlechtert!

Im allgemeinen wird der Einfluß der Bergordnung von 1542[27] auf den Steinkohlenbergbau gering veranschlagt, denn sie war auf den Erzbergbau zugeschnitten,
während sie die Steinkohle nur indirekt im Schlußteil erwähnte. Festgelegt war
seit 1542 allerdings, daß die Betreiber von Bergwerken den Zehnten zu zahlen
hatten. Zu bedenken ist ferner, daß im 16. Jahrhundert in der Kanzlei zu Kleve Vorstellungen von der "guten Policey" Einzug hielten. Dazu gehörten damals weniger vom Landesherrn initiierte bergtechnische Verbesserungen, sondern eine Vermehrung der landesherrlichen Einkünfte. Um 1550 wurde eine besondere Re-
chenkammer eingeführt. In die zweite Hälfte des 16. Jahrhunderts fällt deshalb nicht
von ungefähr der erste umfassende Zugriff eines Landesherrn auf den märkischen
Steinkohlenbergbau. 1579 erging aus der Düsseldorfer Kanzlei Wilhelm des Reichen der *Befelh an alle Rentm(eister) im lande van der March*[28]. Insbesondere aus dem
Hörder Revier hoffte man, den (bisher nicht oder nur unregelmäßig gezahlten)
Zehnten ziehen zu können: *Wiewoll uns glich unseren vurhern graven tho der Marck*
up den kolberghwercken binnen unser graffschaft van wegen hebbender hoicheit den
thienden tho sturtzen gebuirt, so verstaen wy doch, dat nu etliche jaren herwartz der-
selben thienden durch versummniß unser dhiener nicht ingenommen, dem sey langer

---

[27] Text: J. J. Scotti, Sammlung der Gesetze und Verordnungen, welche in dem Herzogthum
Cleve und in der Grafschaft Mark über Gegenstände der Landeshoheit, Verfassung, Verwaltung
und Rechtspflege ergangen sind vom Jahre 1418 bis zum Eintritt der königlich-preußischen Regierungen im Jahre 1816, Düsseldorf 1826, Bd.1, S.93-115 Nr.43. Eine neuere, aktenkundlich
angereicherte Darstellung zur Bergordnung von 1542 fehlt, so daß immer noch heranzuziehen
ist: Heinrich Achenbach, Geschichte der Clevisch-Märkischen Berggesetzgebung und Bergverwaltung bis zum Jahre 1815, in: Zeitschrift für das Berg-, Hütten- und Salinen-Wesen in dem
preußischen Staate 17 (1869), S.178-228, 180f. Zur Verwaltungsgeschichte der klevischen
Zeit vgl. auch für das folgende: Jürgen Kloosterhuis, Fürsten, Räte, Untertanen. Die Grafschaft
Mark, ihre lokalen Verwaltungsorgane und ihre Regierung in Kleve, in: Der Märker 35 (1986),
S.3-25, 76-87, 104-117, 147-164 (mit umfassenden Literaturangaben).
[28]StAMs KlM LS 1209, fol. 9-9^V.

tho afbroch unser hocheit uf unser schade nit tho sien mogen, und is daervoer unser bevelh und meynongh, dat ghy van unser wegen den gewercken der kaelberghe binnen unsern viren bevolhenen ampte anseggen und dieselbe derhin berichten, unsern tytlichen rent(meister) dairselffs den thienden tho sturtzen[29]. 1586 berichtete allerdings der Hörder Rentmeister Schell zu Rechen, wie schwierig die Erhebung des Kohlenzehnts sei. Die Bergleute (*die kaler* oder *kolner*) beanspruchten verschiedene Rechtsverhältnisse nördlich und südlich der Emscher und orientierten sich obendrein an der Weigerung der Deutschordenskomturei Brackel und des Stifts Clarenberg, Zehnt zu zahlen. Gar noch weitergehende Forderungen, möglicherweise nach sächsischem Vorbild erhobenene weitere Abgaben von den Bergwerken, ließen den Amtmann soziale Spannungen im Hörder Revier erwarten: *wolle ... der herr besondern zehnden und aber die erbhern und sonderlings die gemeine kolners darvor bitten und sich des beschweren, so muß entweder guttlich mit den erben und kolners gehandlet oder die kolners strack durch den amptman, darzu durch den wegh der brüchten oder dergleichen compellirt werden. Dwil aber solches nicht allein hir und an andern ortern zwischen dem herrn und underthan ein mißverstandt machen könne, will ich in der herr bedenken stellen, ob nicht die erben und kolners, wen doch die hern rhede dieser ort verordnet, für bescheden und guttlich mit ihnen gehandlet werden mocht, dan ich von mehren von adell verstanden, die derglichen uiff iren gründe anzufahen bedacht, damit man ungezweifeldt dergleichen und villicht großer unverstandt zu besorgen*[30].

Es bleiben deshalb Zweifel, ob wirklich alle eingeklagten Zehntforderungen auch durchgesetzt wurden, zumal die Zehntfreiheit des Adels vorläufig unangetastet blieb bzw. Adel und kirchliche Einrichtungen ihre Freiheit durchsetzten. Am Willen des Landesherrn bzw. seiner Räte, den Zehnt zu erheben, sind allerdings keine Zweifel möglich, die Akten belegen dies. 1575 wurde den Gewerken der Zechen auf dem Haarstrang im Amt Unna das Recht auf Abbau nur gegen Zahlung des Zehnts verliehen. Im gleichen Jahr forderte Kleve von der Deutschordenskomturei Brackel den Zehnt ein und begründete dies damit, daß nach Ausweis der Rechnungen die Komturei schon seit 100 Jahren den Zehnt entrichtet habe. 1592 erhielt eine Gewerkschaft mit Reiner van der Capelle aus Wesel, Johannes Jürgen Grüter von Werdringen und Richter Reinhold Wortmann zu Hagen das Bergwerk am Keisberg in der Hülsberger Mark zwischen Herdecke und Hagen verliehen unter der Bedingung, das Bergwerk gegen Kohlenzehnt *na kaelwercksordnung* zu gebrauchen; gemeint war wohl die Bergordnung von 1542[31]. Die bäuerlichen Gewerken im Hochgericht Schwelm hatten sich 1603 gegen zusätzliche Auflagen zu erwehren. Sie klagten über den Rentmeister, der *uns in auffhebungh der koelzinsen uber*

---

[29] Ebd., fol. 9.
[30] Ebd., fol. 12-13[V]. Zitat 12[V].
[31] Emil Dösseler, Süderländische Geschichtsquellen und Forschungen, Bd. 3, Werdohl 1958, S.147; Spethmann (Anm. 15), S.289ff

althergebrachten gebrauch zu graviren wolle und die Ablieferung des Zehnts an gesondertem Ort verlange. Aus Schwelm verlautete, die *kolberge* seien *mehrerteils außgekohlet, es sei nicht vill guts mehr vorhanden.* 1613 wiederholte sich das Verfahren in Blankenstein, allerdings mit einer Variante, die dem Bemühen der Räte, die landesherrlichen Kassen aufzufüllen, Nachdruck verlieh. Der Blankensteiner Amtmann wurde aufgefordert, nötigenfalls die Gewerken gefangenzusetzen[32]. Im Amt Hörde spielte der Zehnt 1615 wieder eine wichtige Rolle. Das Bergwerk auf der Baroper Heide wurde acht Gewerken gegen Zehnt verliehen, während der Äbtissin des Stifts Clarenberg auf ihre Weigerung hin der Zehnt ausdrücklich erlassen wurde[33].

Zusammenfassend läßt sich der märkische Steinkohlenbergbau vor dem Dreißigjährigen Krieg, beim Übergang auf den neuen brandenburgischen Landesherrn, als relativ fern der staatlichen Einflußnahme beurteilen. Während in den Habsburgischen Landen, im Harz und im Erzgebirge die jeweiligen Territorialherrn unmittelbar auf den (Erz-)Bergbau ihrer Regionen einwirkten[34], vernachlässigte Kleve die Kohlenbergwerke beiderseits der Ruhr. Dies hing auch vom Fehlen einer systematischen "Wirtschaftspolitik" ab, während andere Territorialstaaten durchdachte Konzepte umsetzten[35]. Im Vergleich zu den Nachbarterritorien an der Ruhr fällt dieses Fehlen einer Ordnung für den Kohlenbergbau besonders auf. Die im Archiv der Hofkammer des Fürstbistums Paderborn erhaltene "Kohlenbergordnung" aus dem Stift Essen von 1575 geht zwar nicht auf einen landesherrlichen Eingriff zurück, sondern schrieb altes Gewohnheitsrecht der Bergleute auf[36]. Diese Ordnung hätte nicht ohne die Einwilligung der Äbtissin genehmigt werden können, sie bedeutete eine Entscheidung für das gewerkenfreundliche oberdeutsche Bergrecht. Versuche, in der Mark den Zehnt einzutreiben, um die Lücken im Haushalt zu schließen, ersetzten nicht montanwissenschaftliche Forschungen, wie sie in Sachsen im Jahrhundert des Agricola blühten. Zwar versuchten einzelne auswärtige Gewerke, durch Investitionen im Kohlenbergbau reiche Ausbeute zu erzielen. Sogar ein Augsburger namens Hans Zobel läßt sich als Gewerke im Amt Unna nachweisen; aus dem Schwelmer Revier sind Bemühungen, von Elberfeld aus Fuß zu fassen, bekannt[37]. Verglichen mit dem Erzbergbau genügte jedoch dem Steinkohlenbergbau trotz des verbreiteten Stollenbaus ein geringerer technischer Auf-

---

[32] Düsterloh (Anm. 17); StAMs KlM LS 1190, fol. 1-2^V.

[33] Schmidt (Anm. 7), S.4.

[34] Vgl. Michael Mitterauer (Hrsg.), Österreichisches Montanwesen. Produktion, Verteilung, Sozialformen, München 1974; Paul W. Roth (Hrsg.), Erz und Eisen in der Grünen Mark, Graz 1984; Ekkehard Henschke, Landesherrschaft und Bergbauwirtschaft. Zur Wirtschaftsgeschichte des Oberharzer Bergbaugebiets im 16. und 17. Jahrhundert, Berlin 1974; Adolf Laube, Studien über den erzgebirgischen Silberbergbau von 1470 bis 1546, Berlin 1976.

[35] Vgl. Reininghaus (Anm. 12), S.26-29.

[36] Julius Raub, Die ältesten Kohlbergordnungen des Ruhrgebiets, in: Der Anschnitt 9 (1957), S.17-23.

[37] Spethmann, Bd. 2 (Anm. 15); Pfläging (Anm. 56), S.28f.

wand. Lohnend erscheint ein genauerer Vergleich mit dem Steinkohlenbergbau im Aachener Revier, der um 1600 im Harzer Erzbergbau entwickelte "Kunsträder" in der Wasserhaltung einsetzte[38]. An der Ruhr war man damals noch nicht so weit.

Eine wesentliche Quelle für die landesherrlichen Einkünfte war der Kohlenzehnt nicht. Nachhaltiger noch als der Widerstand der bäuerlichen Gewerken hinderten Ansprüche des Adels und der kirchlichen Institutionen auf Freiheit vom Kohlenzehnt den Landesherrn daran, diese Einnahmequelle voll zu nutzen. Um 1630 trat der gewaltige Unterschleif bei der Erhebung des Zehnts in Hörde zutage, wo der Rentmeister Hecking in die eigene Tasche wirtschaftete[39]. Er machte sich evtl. eine günstige Kohlenkonjunktur zunutze. Salz, Grundnahrungsmittel der vorindustriellen Zeit, kam wegen der errichteten Handelssperren nicht mehr nach Westfalen, so daß die Salinen auf dem Hellweg prosperierten. Sie verbrauchten die Kohle des Hörder Reviers. Hecking begünstigte Werl und rief damit die Rivalen aus Unna auf den Plan. Christoph Brügmann, Sohn des Unnaer Sälzers Diedrich Brügmann, denunzierte, Hecking baue ohne landesherrliche Genehmigung Kohle ab. Zwar wurde Hecking von seinen Aufgaben entbunden und Brügmann die Kohleförderung in den Hörder Feldmarken gegen die Verpflichtung übertragen, die Bergwerke nach den Interessen des Landesherrn zu betreiben, vor allem *ordentlich nach Bergwercken-Recht und nit auf den Raub zu bauen, sondern sich in deme und sonsten in allen anderen Puncten dem gemeinen Brauch und Bergordnung zu confirmiren*. Doch Hecking unternahm alles, um Brügmann aus dem Geschäft zu bringen. Ein langjähriger Rechtsstreit hob an, aus dem die klevische Regierung und der Statthalter für den brandenburgischen Kurfürsten den Schluß zogen, daß im Amt Hörde und in den anderen Ämtern der Grafschaft *'ein ansehnlicher Vortheil' für den Fiskus aus den Kohlenwerken zu schöpfen* sei.

Mit der Untersuchung der Angelegenheit Hecking ./. Brügmann beauftragte Kleve 1632 Dietrich von Diest und seinen Bruder Johann[40]. Beider Vater Simeon war 1580 zum Rentmeister in Altena ernannt worden. Wohl im Gefolge des Auftrags in Hörde setzte die klevische Regierung Dietrich von Diest als Bergmeister und Bergvogt für die Grafschaft Mark ein. Ein Jahr zuvor war die landesherrliche Verwaltung in Kleve umorganisiert worden und teilte sich nunmehr in die Regierung (zuständig für das Innere und Justizsachen) und in die Amtskammer (zuständig für Finanz- und Domänensachen)[41]. Über die Person des Statthalters war sie direkt dem neuen Landesherrn, dem Kurfürsten von Brandenburg, unterstellt. Diese Verwaltungsreform zielte gegen den Adel und stützte sich auf landfremde Beamte, ge-

[38] Vgl. Friedrich Schunder, Geschichte der Aachener Steinkohlenbergbaus, Essen 1968, S.31ff.
[39] Schmidt (Anm. 7), S.4.
[40] Vgl. Achenbach (Anm. 27); ferner, auch für das folgende: Norbert von Diest-Körber, Die Familie von Diest zu Altena, in: Der Märker 3 (1954), S.14-17, 4(1955), S.67-70; ders., Der Bergmeister Dietrich von Diest aus Altena, in: ebd. 4 (1955), S.25-29.
[41] Kloosterhuis (Anm. 27), S.104.

langte jedoch erst nach dem Regierungsantritt des Kurfürsten Friedrich Wilhelm 1640 in stabilere Formen. Der Kurfürst drängte auf eine bessere Finanzverwaltung und riskierte damit auch den Konflikt mit den Landständen, die im 15./16. Jahrhundert das Recht auf fallweise Steuerbewilligung erworben hatten. Diests Tätigkeit im Bergwesen darf von der allgemeinen kleve-märkischen Verwaltungsgeschichte nicht getrennt gesehen werden. Diest war, gemäß seinem Auftrag, konsequenter Verfechter landesherrlicher Interessen. Sein Bestallungspatent vom 14. Januar 1632 hielt den Ist-Zustand im märkischen Bergwesen fest. Darin registrierte der Kurfürst *mit Befremden und Missfallen..., welcher Massen uns theils der rechte Zehnt, theils die rechte Steuer ... in obenged(achter) Grafschaft Mark gelegenen Berg- und Kohlenwerken entzogen und nicht entrichtet wird, da doch uns als Landesfürsten und Grafen zu der Mark solche regalia außer allen Zweifel zustehen*[42].

Diests Berufung interpretierten die Adligen der Mark als gegen sich gerichtet. Noch 1632 verwahrten sie sich in Castrop dagegen, den Kohlenzehnt entrichten zu müssen[43]. Trotz solchen Widerstands wagte Diest den Konflikt mit dem märkischen Landadel. 1633 und 1635 trat er beispielsweise gegen die Bergwerksbesitzer Caspar von Romberg und Johann Voss zu Aplerbeck auf; später legte er sich mit Wennemar von Melschede im Amt Bochum, dem Grafen von Velen auf Haus Horst und der Äbtissin von Clarenberg an[44]. In seinem Bemühen, dem Adel den Kohlenzehnt aufzuerlegen, scheiterte Diest letztendlich. Er hatte eine Art Sisyphoskampf gegen adlige wie nichtadlige Bergwerksinteressenten zu führen. Mit niemandem scheute er den Konflikt. Als von einem Bergwerk des Wennemar von der Recke im Gericht Stiepel kein Zehnt abgeführt wurde, ließ er das Bergwerk schließen und vier Bergleute nach Wetter abführen. Ähnlich reagierte er in Haßlinghausen, wo Diest ebenfalls eine Grube schloß, weil die Gewerken den Zehnt *schlafferig* zahlten[45]. Anläßlich der Weigerung, in Lünen Abgaben für den Kohlenexport in das Stift Münster zu zahlen, stellte Diest fest: *Dieser Leute Mutwillen rührt meistensteils daher, daß sowohl der Drost als andere Diener Ihro Churf(ürstlich) Gn(aden) Ordnung gering achten und sich deren nicht gemäß verhalten, sondern auch wohl dagegen handeln*[46].

Diest bezog sich auf die Bergordnung von 1542, deren Erneuerung er 1639 ausdrücklich mit dem Bemerken veranlaßte, daß *die Gewerke bei N(ota) B(ene) allen und jeden Bergwerken der Grafschaft Mark sich darnach richten und verhalten sollen*[47]. De facto galt jedoch die in der Bergordnung verankerte Pflicht, den Zehnt

[42] Achenbach (Anm. 27), S.186 Anm. 1.

[43] Aloys Meister (Hrsg.), Die Grafschaft Mark. Festschrift zum Gedächtnis der 300jährigen Vereinigung mit Brandenburg-Preußen, Dortmund 1909, Bd. 1, S.439.

[44] Vgl. zu diesem Streit StAMs KlM LS 689, 1204 sowie W. Rüter, Der Stiepeler Kohlenzehnt, in: Der Anschnitt 9 (1976), H. 6, S.192-201.

[45] E. Böhmer, Geschichte der Stadt Schwelm, Schwelm 1950, S.122.

[46] Meister (Anm. 43), S.439.

[47] Achenbach (Anm. 27), S.186; Text: Scotti (Anm. 27), Bd. 1, S.250f. Nr.184.

zu zahlen, nur für nichtadlige Gewerken. 1649 schrieb der Landtagsabschied, einer der sog. "kleve-märkischen Verfassungsurkunden" (J. Kloosterhuis), die Freiheit der adligen Bergwerke von Abgaben ausdrücklich fest - sofern es sich um alte Rechte handele[48]. Diest protokollierte für sich freilich, er habe den Landtagsabschied 1649 so verstanden, *daß allhier diejenigen Adelichen, welche ihre freiheit mit siegel und brieffen von den landesfürsten erlangt und dadurch in possessionem libertatis gesetzt sein, imgleichen auch die ritterbürtigen nur allein von derjenigen Kohle, was zu ihrer häußer notturft erfordert wirt, befreyet sein und pleyben solle.* Hieraus erwuchs weiterer Streit, wenngleich alle späteren Versuche, die adligen Freiheiten zu durchbrechen, scheiterten. Die langwierige Auseinandersetzung um den Kohlenzehnt in den Gerichten Stiepel und Horst zeigt dies deutlich[49]. 1690 sollte der dortige Gerichtsherr Friedrich Matthias von Syberg zu Kemnade Abgaben zahlen, die er verweigerte. Die fälligen gerichtlichen Streitigkeiten gingen bis weit in das 18. Jahrhundert hinein. Sie endeten mit einem Kompromiß: Der Zehnt entfiel, das Recht auf Mutung und Verleihung gebührte dem Landesherrn. Diese Rechtsprechung setzte sich durch. In unserem *Muth-, Verleih- und Bestätigungsbuch* sind deshalb auch die adligen oder vormals adligen Bergwerke zu finden.

Diest provozierte durch seine Beharrlichkeit 1647 die eigene Absetzung. Ihm folgte mit dem Leiter der Alaunbergwerke bei Schwelm, Rittmeister Alexander Achilles, eine in der Landesgeschichte meist als dubios beurteilte Person. Diests Demission steht sicher im Zusammenhang mit dem bekannten Machtkampf zwischen Kurfürst und den kleve-märkischen Landständen, den letztere, Adel und Städte, für sich entschieden[50]. Die Ursachen, Diest zu entlassen, lagen auf der Hand, die genaueren Umstände bedürfen weiterer Klärung. Achilles führte einige wenige Jahre als "Bergdirektor" ein Regiment, das die Finanzen des Landesherrn strapazierte. Sämtliche Einnahmen aus dem Bergbau wollte er in den Alaunabbau bei Schwelm stecken; das Vorhaben in Schwelm scheiterte jedoch kläglich. 1653 kam deshalb Diest wieder zum Zuge und blieb bis zu seinem Tod 1661 im Amt. Seine wichtigste Leistung hatte darin bestanden, die Bergverwaltung in der Grafschaft Mark mit technischem Sachverstand geführt zu haben. Die in seiner Familie geläufigen Kenntnisse im süderländischen Berg-, Hütten- und Metallwesen, die Feinde der Diests gar von einer Art Monopol in den Ämtern Breckerfeld und Altena sprechen ließen, kamen dem Landesherrn zugute. Diests fast dreißigjährige Amtszeit verschaffte dem Bergbau in der Mark eine Stetigkeit, die noch im 18. Jahrhundert als

---

[48] August v. Haeften, Urkunden und Actenstücke zur Geschichte des Kurfürsten Friedrich Wilhelm von Brandenburg. Ständische Verhandlungen, Bd. 1: Cleve-Mark, Berlin 1869, S.394, vgl. ebd. zur Vorgeschichte 322, 368; Kloosterhuis (Anm. 28), S.108.
[49] Vgl. Anm. 44.
[50] Vgl. hierzu neben den Akten bei Haeften unter anderem E. Opgenoorth, Stände im Spannungsfeld zwischen Brandenburg-Preußen, Pfalz-Neuburg und den niederländischen Generalstaaten: Cleve-Mark und Jülich-Berg im Vergleich, in: P. Baumgart (Hrsg.), Ständetum und Staatsbildung in Brandenburg-Preußen, Berlin 1983, S.243-262.

vorbildlich erinnert wurde. Das Verfahren bei der Verleihung von Bergwerksrechten wurde standardisiert, d.h. den sächsischen Normen der Bergordnung von 1542 angepaßt, der Kohlezehnt wenigstens bei nichtadligen Bergwerksbesitzern eingefordert.

Über den Zustand des märkischen Steinkohlenbergbaus zwischen 1661 und 1730 widersprechen sich die Informationen. Einerseits reißen in allen Revieren die Nachrichten über die Anlage von Gruben, vor allem in westlichen Teil der Mark, in den Ämtern Wetter und Blankenstein, nicht ab, andererseits ließ sich die Bergtechnik nach Meinung der zeitgenössischen Gutachter zu wünschen übrig. Aus ihrer Sicht blieben viele Möglichkeiten ungenutzt. Der Bericht des Bergmeisters Hans Kutschauer über die Kohlevorkommen in den Ämtern Hörde, Schwerte und Unna 1663/64 verweist darauf, daß hier viele Kohlenbänke nicht abgebaut wurden. Kutschauers Auftrag lautete, neue Felder zu erschließen[51]. Seine Bereisungen lassen ein landesherrliches, fiskalisch motiviertes Interesse am Bergbau deutlich erkennen. Der Große Kurfürst bediente sich der Bodenschätze der Mark als Instrument einer merkantilistischen Politik, wenn wir die Ereignisse der 1660er Jahre im Zusammenhang interpretieren[52]: Der Export der Steinkohle in das Herzogtum Berg wurde durch Zoll verteuert, denn mit der Aussicht auf gute und billige Steinkohle waren bergische Schmiede in die Grafschaft zu locken. Den in Wetter und Eilpe angesiedelten Solinger Klingenschmieden wurde die Versorgung mit bester Steinkohle ausdrücklich garantiert. Der u.a. deshalb erhobene Ausfuhrzoll auf Steinkohle traf den Absatz der Gewerken in der westlichen Mark allerdings spürbar, denn sie fürchteten, die Solinger Schmiede würden nun auf Kohle aus dem Essen-Werdener Revier umstellen[53]. Schon die Argumentation gegen den Zoll belegt die enge Verzahnung des Bergbaus um Sprockhövel und Haßlinghausen mit dem aufblühenden bergischen Gewerbe, das sich sowohl in den Solinger und Remscheider Schmiedewerkstätten wie auf den Bleichen des Wuppertals der Steinkohle bediente. Im folgenden verstetigte sich - allen merkantilistischen Intentionen Brandenburgs zum Trotz - diese Arbeitsteilung. Nicht erstaunlich ist daher, daß die begehrte Steinkohle 1733 in Schwelm einen wesentlich höheren Preis als in den östlichen Revieren der Mark erzielte[54].

Die Bündelung bergtechnischer Kompetenz und administrativer Durchsetzungsbefähigung, wie sie Diest in seiner Person vereinigte, ließ sich unter seinen Nachfolgern nicht erreichen. Die Stelle blieb nach Diests Tod einige Zeit vakant, die

[51] Achenbach (Anm. 27), S.188; Meister (Anm. 43), S. 440; Dösseler (Anm. 31), S.152f. Das im StAMs Fürstentum Siegen Landesarchiv 28b Nr.87 lagernde Manuskript Kutschauers verdiente, vollständig ediert zu werden. Es ist eine der wichtigsten, aber weithin unbekannten Quellen zur märkischen Wirtschaftsgeschichte des 17. Jahrhunderts. - Zu Achilles' späterer Tätigkeit in Ravensberg vgl. auch Gustav Griese, Der Bergbau in Ravensberg, Bielefeld o. J. (um 1960), S.12.
[52] Vgl. Reininghaus (Anm. 12), S.29-31.
[53] Düsterloh (Anm. 17), S.133-135.
[54] Achenbach (Anm. 27), S.196.

örtlich zuständigen Rentmeister führten die *direction über die bergwerk*[55]. Der Zehnt wurde verpachtet, nach fast zwanzigjähriger Vakanz das Amt des Bergrichters und Oberbergvogts als oberster Instanz im märkischen Bergbau 1681 mit Dr. Peter König besetzt. Der in Schwerte wohnende, aus Herbede gebürtige und in Frankfurt (Oder) promovierte Jurist war mit einer Nichte Diests verheiratet, in seiner Herbeder Heimat wird er nicht ohne Berührung mit dem Bergbau geblieben sein. Sein Patent war umfassend[56]. Darin bekannte sich die klevische Regierung, mit Bergwerken in Kleve-Mark *gesegnet* zu sein, sie würden jedoch nur zum Teil abgebaut. Der Oberbergvogt sollte das Bergwesen deshalb neu ordnen. Durch Bestellung tüchtiger Gewerken seien die noch *ungebauten* Bergwerke neu aufzunehmen, eingeschlichene Mißbräuche und Ordnung sollten abgeschafft werden. König erhielt den Auftrag, den Verkauf aller Mineralien und Metalle wohl zu beobachten und dafür zu sorgen, daß der Zehnt, die Gefälle für Wasser- und andere landesherrliche Rechte ordnungsgemäß beigebracht werden. Vierteljährlich sollte er Bericht darüber ablegen. Irrungen und Streitigkeiten unter den Gewerken konnte er beilegen, die Revision ging an die Regierung oder das Hofgericht. Gewöhnliche Kriminalsachen fielen an die Lokalgerichte. König hatte nicht nur die Bergwerke fleißig zu visitieren, sondern auch den Rechnungen der einzelnen Gewerken beizuwohnen. Sämtliche Gesuche auf Belehnung *nach Bergwerksrecht und -manier* mußten von ihm begutachtet werden, die endgültige Entscheidung oblag der klevischen Amtskammer. Als Gehalt erhielt er, wie sein Vorgänger Diest, den Zehnten vom Zehnten.

Die Bergbaugeschichte beurteilt König wenig freundlich. Man legte ihm (und seinen mit gleicher Kompetenz ausgestatteten Nachfolgern) die in den 1730er Jahren protokollierten Mißstände zur Last, ohne zu bedenken, daß dem Oberbergvogt Unzumutbares auferlegt worden war. Er konnte sich nicht wie der Berghauptmann in Sachsen auf einen großen Beamtenapparat stützen. Die erhaltenen Protokolle von Befahrungen in den Jahren nach 1707 zeigen aber immerhin, daß König nicht die Aufsicht vernachlässigte. Er befahl den Berggeschworenen Weißenfeller und Färber (*Verfers*), *bey straf 25 goltg(ulden) ..., uberall in den ämtern die bergvisitation ... vorzunhemen und davon das protocollum einzusenden*[57]. Neben Weißenfeller und Färber diente auch der Gerichts- und Bergschreiber Erckels als Gehilfe bei den Visitationen, die wenig Erfreuliches ergaben. Von verfallenen *Pützen* war die Rede, die *wüst und oede* lägen und *nicht nach bergmanier verarbeitet* wurden. Trotz dieser Helfer war Dr. König fast ein "Einzelkämpfer". Er sollte nicht nur die Reviere bis

[55] Meister (Anm. 43), Bd. 2, S.91.
[56] Zu Königs Verwandtschaft mit den Diest vgl. W. von Diest, Geschichte der Familie von Diest, Kolberg 1926, S.185; die folgenden Quellenzitate aus StAMs KlM LS 1649, fol. 51-52. Zu König, seinem Sohn und dessen Nachfolger Marck vgl. W. Reininghaus (Bearb.), Die Akten des Schwerter Richters im 17. und 18. Jahrhundert. Stadtarchiv Schwerte Bestand P. Inventar, Münster 1992.
[57] StAMs Märkisches Bergamt (=MBA) Wetter 30 zu 1714 April 11; in der gleichen Akte befinden sich die Befahrungsprotokolle.

zum Hochgericht Schwelm beaufsichtigen, sondern auch seit 1690 als Richter das Amt Schwerte/Westhofen verwalten. Dabei scheute auch er den Konflikt nicht. Gegen den Stiepeler Gerichtsherrn Syberg ging er wie Diest vor.

Dr. Peter König dürfte sich großen persönlichen Respekt verdient haben, andernfalls wäre ihm nicht sein Sohn Simeon Johann Heinrich 1716 adjungiert worden. Zu diesem Zeitpunkt mußte die Unzulänglichkeit des märkischen Bergbaus und seiner Verwaltung offenkundig sein. Preußen bemühte sich um die Anlage neuer Steinkohlengruben und ließ 1711 seine märkischen Reviere durch den Wettiner Bergmeister Voigtel befahren[58]. Dennoch rückte der Steinkohlenbergbau zu Zeiten des Soldatenkönigs Friedrich Wilhelm I. nicht sofort in das Zentrum der wirtschaftspolitischen Aktivitäten in der Grafschaft Mark. Die Befahrungen durch den Oberbergvogt wurden fortgesetzt, mehr geschah jedoch nicht. Immerhin bildeten Oberbergvogt, Bergschreiber und Oberschichtmeister bei dieser Gelegenheit *das Bergamt*, wie 1728 anläßlich der Befahrung der Zechen im Amt Bochum ausdrücklich verlautete[59]. Ansätze zu einem Wandel der Einstellung sind erst in den 1730er Jahren zu erkennen. Schon 1730 ist der aus einer Harzer Bergmannsfamilie stammende August Heinrich Decker in der Mark nachzuweisen; er leitete später bahnbrechende Reformen ein. Bei der Neubesetzung der Stelle des Oberbergvogts und Bergrichters entschied man sich 1730, nach dem Tode von König jun., allerdings noch nicht für einen Bergfachmann, sondern wiederum für einen Juristen, für den Langscheder Caspar Diedrich Marck *wegen seiner in denen Rechten erlangten Erfahrung*[60].

Die mit der Revision des märkischen Bergbaus beauftragten Sachverständigen stellten unterdessen ein denkbar schlechtes Zeugnis aus. 1735 berichtete der Hallenser Bergrat Richter: *Bei diesem so reichlich anscheinenden Seegen ... ist es zu bedauern, daß die Sache nicht in gehöriger Ordnung, sondern ganz verkehrt angefangen, und gemeiniglich nur auf Raub gebaut wird*[61]. Richters Analyse brach in letzter Konsequenz über die landesherrliche Verwaltung in Kleve den Stab, denn sie war dafür verantwortlich, daß *es an der höchstnötigen Aufsicht fehlet und weder ein ordentlich Bergamt noch Bergmeister oder andere Officier vom Leder vorhanden, welcher den Bergbau verstehet und selbigen gebührend dirigiren könne, denn obwohl ein Oberbergvogt in dortiger Grafschaft befindlich, so ist doch dieses sein Werk nicht, sondern er occupiret sich bloss mit denen Muthungen, Beleihen und Jurisdictionalien, der Bau aber dependiret aber von eines jedes selbst eigenen Einrichtung.* Richter konstatierte als vorherrschendes Leitmotiv für den Bergbau im bäuerlichen Nebenerwerb: *die Lust an etwas zu gewinnen.*

Die gleichen Mängel bemerkte ein Jahr später Bergrat Decker, der die vier Reviere Hörde, Bochum, Blankenstein und Wetter befuhr. Es gab kein Bergamt, nur

---

[58] Voigtels Bericht in: StAMs KlM LS 1191.
[59] StAMs MBA Wetter 30 zu 1728 November 11.
[60] StAMs KlM LS 1649, fol. 193.
[61] Achenbach (Anm. 28), S.191.

den mit *Justitia und Feder* befaßten Oberbergvogt Marck. Decker attackierte die bei dieser Bergverwaltung eingerissene *unordentliche bergmännische Wirthschaft*[62], die er mit den Harzer Revieren verglich, aus denen er stammte. Auch er wählte wie Richter eine Gegenüberstellung von (anzustrebender, landesherrlich kontrollierter) Ordnung einer- sowie *Unordnungen und Raubbau* andererseits. Herrschten Verhältnisse wie in der Mark vor, litt der Landesherr Schaden. Beispielsweise führte Decker an, daß durch die Entlohnung der Bergleute in Kohle im Hörder Revier die Saline bei Unna mit schlechterer Kohle versorgt werde. Er monierte die fehlende Bergtechnik, fand *die wenigsten Stollen und Schächte bergmännisch angelegt* und *keine Pompen oder Wasser-Machine angeleget*[63]. Kein Bergwerk war vermessen worden, was Diests Nachfolger offenbar versäumt hatten.

Zwei institutionelle Veränderungen resultierten aus Deckers negativen Befunden. Erstens entwarf er eine neue Bergordnung, weil die 1542 erlassene und 1639 erneuerte *nicht gehörig observiret* wurde. Die dann am 18. Juli 1737 publizierte *Renovirte Bergordnung*[64] lehnte sich an die Joachimsthaler Bergordnung von 1548 an, straffte die Bestimmungen ihrer Vorläufer und führte das Erbstollenrecht ein. Zweitens forderte Decker die Gründung eines wirklich tätigen Bergamtes, zu dem die Klever Kriegs- und Domänenkammer jedoch nichts beisteuern wollte. Die schon laut Bergordnung von 1542 vorgesehenen, jetzt wieder in Erinnerung gebrachten Quatembergelder in festgesetzter Höhe von 1/4 Stüber pro Ringel geförderter Kohle dienten schließlich zur Finanzierung eines fünfköpfigen Bergamts-Kollegiums, das dann 1738 in Bochum seine Arbeit aufnahm[65].

Seit 1738 verdichten sich die Informationen zum Bergbau an der Ruhr. Wenngleich die Akten des Märkischen Bergamts im Staatsarchiv Münster nur in sehr konzentrierter Form auf uns gekommen sind und auch die Überlieferung der preußischen Zentrale im Geheimen Staatsarchiv die Lücken nicht schließen kann[66], so zeigen sich doch an vielen Einzelbeispielen die wichtigsten Tendenzen der preußischen Steinkohlenpolitik in der Mark. Der "Raubbau" ließ sich nicht spontan unterbinden. Minister von Hagen, aus fiskalischen Gründen an einer effizienten Wirtschaft in der Grafschaft Mark interessiert, versuchte, vorhandene Widerstände der Gewerken und der regionalen Behörden von Berlin und bei seinen Bereisungen zu brechen. Sein Leitmotiv war, wie aus einer Verleihungsurkunde ausdrücklich

---

[62] Ebd., S.193.

[63] Ebd., S.195.

[64] Text bei: Scotti (Anm. 27), Bd. 2, S.1177-1215, Nr.1275. Eine neuere, aktenkundlich angereicherte Fassung der Bergordnung fehlt; vgl. zum Problem generell Ludwig (wie Anm. 26).

[65] Zuletzt dazu, allerdings ohne neue Akten herangezogen zu haben: Karl-Heinz Bader/Karl Röttger, 250 Jahre märkischen Steinkohlenbergbau. Ein Beitrag zur Geschichte des Bergbaus, der Bergverwaltung und der Stadt Bochum, Bochum 1987.

[66] Die Akten der preußischen Zentralverwaltung liegen im Geheimen Staatsarchiv Merseburg (demnächst Berlin), Rep. 121, und sind für das 18. Jahrhundert äußerst lückenhaft.

hervorgeht, die *Erweiterung der Landesnahrung und Königlichen Zehndten*[67]. Hierzu setzte man nun eine Vielzahl von Instrumenten merkantilistischer Wirtschaftspolitik ein: z. B. wurden Bergleute aus entwickelteren Revieren angeworben, die Zahl der Oberschichtmeister erhöht. Die intensiven Bemühungen um die Schiffbarmachung der Ruhr seit 1736 lassen erkennen, daß Preußen nicht nur an den Transport von Salz, sondern auch an den Transport von Kohle in Richtung Niederrhein und Niederlande dachte.

Flankierend sollten Impulse zur Verwendung der Steinkohle anstelle der Holzkohle dem Bergbau zugutekommen, nicht nur die Holzvorräte schonen. Die Bergordnung arbeitete der seit 1756 in der Mark tätige Johann Friedrich Heintzmann aus Clausthal noch einmal um, ehe sie am 29. April 1766 als *Revidirte Bergordnung* erlassen wurde[68]. Darin fanden sich nicht nur kursächsische, sondern auch braunschweig-lüneburgische Elemente wieder.

Jede "Zeche oder Gewerkschaft" wurde nunmehr in 130 Kuxe geteilt. 128 davon waren zur Zubuße verpflichtet, zwei Erbkuxe entfielen auf den Landesherrn. "Die Kuxe waren teilbar, übertragbar und vererbbar. Im Unterschied zur Aktie besaßen sie keinen festen Nennwert, sondern eine Immobilienqualität als Anteilsquoten der einzelnen Gewerken, die die Höhe seiner Gewinne und Zubußen bestimmten"[69]. Die Grundeigentümer wurden durch eine Erweiterung der Bergordnung seit 1777 durch das 65. oder 130. Faß (die sog. *Traddekohle*) an der Fördermenge der Zechen entschädigt.

Das Bergamt als Aufsichtsbehörde setzte sich aus Bergdirektor, Bergmeister, Bergrichter, dem Obergeschworenen und dem Bergschreiber zusammen. Seit 1766 saß es in Hagen, später in Wetter. Den einzelnen Revieren standen unter Aufsicht des Bergmeisters Geschworene mit Oberschichtmeistern und Obersteigern vor. Die Betriebsleitungen der einzelnen Zechen, die Schichtmeister und Steiger, deren Lohn die Gewerken zahlten, bestellte das Bergamt, das sie auch vereidigte. Schichtmeister und Steiger durften mit den Gewerken nicht verwandt sein, jeglicher Einfluß der Gewerken auf sie sollte - in der Theorie - unterbunden sein. Neben einem dem Bergamt unterstellten "Beamtenapparat" schuf die "Revidirte Bergordnung" von 1766 und das ein Jahr später verabschiedete General-Privileg einen Typus von Bergleuten, der *Uns [sc. dem Monarchen] und Unserem Bergamt gehorsam und getreu sein* sollte[70]. Die hieraus hervorgehende Knappschaft und das Knappschafts-

[67] Kurt Pfläging, Die Wiege des Ruhrbergbaus. Die Geschichte der Zechen im südlichen Ruhrgebiet, Essen 1987, S.56.

[68] Text: Scotti (Anm. 28), Bd. 3, S.1697-1775 Nr.1933; Hermann Brassert (Hrsg.), Bergordnungen der preussischen Lande, Köln 1858, S.815-934.

[69] Wolfgang Köllmann, Beginn der Industrialisierung, in: Das Ruhrgebiet im Industriezeitalter. Geschichte und Entwicklung, Bd.1, Düsseldorf 1990, S.11-79, 27.

[70] Zitat: Brassert (Anm. 68), S. 883; vgl. Klaus Tenfelde, Sozialgeschichte der Bergarbeiterschaft der Ruhr im 19. Jahrhundert, Bonn-Bad Godesberg 1977, Teil 1.

register hatten zwar ältere Vorbilder aus anderen Regionen und aus anderen sozialen Gruppen, die Knappschaft gewann aber nach 1766/67 im Ruhrbergbau eine eigene, neue Qualität.

II. Die Gewerken

Die seit 1766 gewaltig anwachsende Staatstätigkeit wurde *in mehrfacher Beziehung für den märkischen Bergbau bedeutungsvoll... Die Vermehrung des Amts-Personals durch Geschworene und Obersteiger einerseits und Oberschichtmeister anderentheils ermöglichte den völligen Übergang der Privatgruben auf die Bergbehörde. Betrieb und Rechnungswesen wurden seitdem in streng büreaukratischer Ordnung geführt*[71]. Heinrich Achenbachs Urteil charakterisiert immer noch treffend die als Direktionsprinzip eingebürgerte preußische Verwaltung des Steinkohlenbergbaus in der Grafschaft Mark. Die historische Forschung nach Achenbach war sich darin sicher, daß das Direktionsprinzip "zur Bevormundung und letztlich (zur) Entmachtung der Gewerken geführt hat"[72].

Tatsächlich sind jedoch die Folgen des Direktionsprinzips auf das Engagement von Gewerken bisher wenig untersucht. Läßt sich etwa die folgende These von R. Volkert untermauern? Volkert hat behauptet, "der staatliche Zwang zum Stollenbau" habe Bauern und Kötter als Bergwerksunternehmer verdrängt. "Stollenbau verlangte sowohl nach einer Vereinigung von Arbeitskräften wie auch nach den dazu notwendigen Geldmitteln, durch die eine Bestreitung der Ausgaben (Löhne, Material etc.) möglich gemacht werden mußte, solange 'unproduktive' Arbeiten im Gestein Kohleförderung nicht zuließen und damit Geldeinnahmen verhinderten. Auch der mittlerweile unumgängliche Bau von Erbstollen ... erforderte große finanzielle Vorleistungen"[73]. Wie Volkert sah Pfläging die kleinen Gruben ins Hintertreffen geraten und erklärt ihre Schließung zur Mitte des Jahrhunderts mit dem Direktionsprinzip. Eine bemerkenswerte Zurückhaltung legte sich in dieser Frage Achenbach auf, der mindestens bei einzelnen Zechen zwischen 1727 und 1827 ebenso eine Kontinuität von Gewerken (Stock, Siepermann und andere) wie ihres Unmuts über die staatlichen Eingriffe nachweisen konnte.

Jegliche Aussage über die Gewerken muß solange spekulativ bleiben, wie es keine hinreichend abgesicherten Untersuchungen über die Besitzer von Kuxen im märkischen Bergbau des 18. Jahrhunderts gibt. An dieser Stelle werden wir deshalb quellenimmanent argumentieren, die Informationen des *Muth-, Verleih- und Be-*

---

[71] Achenbach (Anm. 28), S.211f.; vgl. hierzu Hans Dieter Krampe, Der Staatseinfluß auf den Ruhrkohlenbergbau in der Zeit von 1800 bis 1865, Köln 1961.
[72] Pfläging (Anm. 67), S.62.
[73] Volkert (Anm. 5), S.73.

stätigungsbuches auswerten und es durch andere veröffentlichte Verzeichnisse von Gewerken ergänzen. Heranzuziehen sind vor allem die Zechentabellen von 1755, die die meisten Gewerken und den Schichtmeister nennen[74].

Anhand der hier edierten Quellen sind zwei Fragen direkt zu stellen. Erstens: Wie viele Personen entfielen auf die einzelnen Gewerkschaften bzw. wie viele Zechen gehörten Alleingewerken? Zweitens: Wie war das Bergwerkseigentum gestreut? Welche Personen konnten vermehrt Anteile auf sich vereinigen? Ferner läßt es die Quelle zu, regionale Abweichungen zu rekonstruieren. Dazu ist in Ansätzen, vor dem Hintergrund personengeschichtlicher Aufzeichnungen aus dem 18. Jahrhundert, die soziale Zusammensetzung der Gewerken zum Stichjahr 1771/73 zu ermitteln. Die Recherchen stoßen freilich an Grenzen. Der mögliche, von Volkert vermutete Wandel in der Zusammensetzung von Gewerkschaften wird sich aus unserer Quelle nicht erschließen lassen, die These ist nur über weitere Arbeiten zu einzelnen Zechen mit günstiger Aktenlage zu testen. Immerhin ist es auch uns in einigen Fällen möglich, längerfristige Veränderungen vor 1773 nachzuweisen.

Die Zahl der Gewerken der hier vorliegenden insgesamt 139 Zechen oder Erbstollen variierte zwischen eins und zehn (vgl. Anhang 1). Rund ein Fünftel der Zechen kannte den Alleingewerken, ein weiteres Fünftel entfiel auf eine Zweiergewerkschaft. Nur 15% aller Bergwerke hatten mehr als fünf Gewerken. Streubesitz war also nicht die Regel, sondern die Ausnahme, die Gesamtzahl der Kuxe auf eine überschaubare Personenzahl verteilt. Wie noch darzulegen sein wird, spielten Familienzusammenhänge eine wichtige Rolle.

Die Zahl der Bergwerkseigentümer allein gibt noch keine Auskunft über die Konzentration des Bergwerksbesitzes. Um den Grad der Konzentration für jede einzelne Zeche und die Zechen in der Gesamtheit darzustellen, wurde die Fraktionierung der Bergwerksanteile erfaßt (Anhang 2). Danach vereinigte in 76 Zechen (= 59% sämtlicher Zechen) ein Gewerke mindestens die Hälfte der 128 Kuxe auf sich. Diese Gruppe von Gewerken verdient besondere Aufmerksamkeit, zumal einige unter ihnen Großgewerken waren. Im Amt Hörde lag das Konzentrationsmaß etwas niedriger als in der Gesamtheit der Reviere. Nur in 55% aller Zechen besaß ein Gewerke mindestens 64 Kuxe.

Das hing mit der vergleichsweise großen Streuung der Kuxen um Hörde zusammen. Keine andere Gewerkschaft wies mehr einzelne Besitzer auf als die *vereinigte Fündlinger und Urseler Gewerkschaft* (=Fündlinger Erbstollen) mit zehn Gewerken. Acht Gewerken hatte die Zeche Bickefeld 11/12, bei der ein Verkauf der Kuxe protokolliert wurde. Der Hörder Jude Leifmann hatte sein Sechstel Bergwerksbesitz von B. A. Artmann und H. Wilberg erworben. Im Herbeder und Stiepeler Revier war die Stückelung der Kuxen nicht so weit fortgeschritten wie im Amt Hörde. Nur die Zeche Anclam (Nr.85) machte mit acht Gewerken eine Ausnahme.

---

[74] Meister (Anm. 43), Bd. 2, S.175-182.

Kumuliert entfielen die meisten Anteile an Bergwerken auf die Witwe des 1768 verstorbenen Dr. jur. Johann Caspar Funcke[75]. Der in Funckenhausen bei Vorhalle lebende Funcke war einer der vielseitigsten Unternehmer in der Grafschaft Mark im mittleren 18. Jahrhundert. Er besaß nicht nur Hammerwerke und eine Tuchscherenmanufaktur, sondern beteiligte sich auch am Bergbau. Eisenerzgruben in Sundwig und bei Neuenrade zählten ebenso zu seinem Besitz wie Kuxen im Steinkohlenbergbau. Laut Muth-, Verleih- und Bestätigungsbuch war er an elf Bergwerken beteiligt. Hinzu kam weiterer Besitz in den Ämtern Wetter, Blankenstein und Bochum. Ständig erwarb und veräußerte Funcke Bergwerke. 1755 noch war er als Gewerke der (im Mutbuch fehlenden) Zechen Clara Maria, Elisabeth und Wesselbank im Amt Hörde ausgewiesen, 1773 schon nicht mehr. Falls er nicht Alleingewerke war, gründete er Gewerkschaften, in denen er die Mehrheit der Kuxe hielt und mit kleineren Anteilen die Schichtmeister beteiligte. Auf den Berghofener Zechen St. Caspar (Nr.35) und Knap Eule (Nr.53) räumte er beispielsweise Hermann Grote ein Sechstel der Kuxe ein, auf der Zeche Schürholtsbank im Amt Blankenstein hatte er 1755 Schichtmeister Trapmann beteiligt. Funckes Vorgehen zeichnete Planmäßigkeit aus, wie seine Aussagen anläßlich der Vermessung der Gottfriedsbank 1766 belegen (Nr.17). Diese Zeche lieferte an die Salzwerke bei Unna, sie hatte deshalb sicheren Absatz. Funcke ließ daher weitere Schächte abteufen und Erbstollen anlegen. Auch der kostspielige Bau des Marienberger und Hombrucher Erbstollen ging auf seine Initiative zurück. Eine Bilanz von Funckes Tätigkeit fällt schwer, seinen Nachlaß zu ordnen, dauerte mehrere Jahre. Er war nahe daran gewesen, sich finanziell zu übernehmen. Es scheint, daß die Anlage mehrerer Erbstollen auch ihn überforderte.

Der aus Bommern gebürtige Johann Caspar Hundeicker, der sich als Taxator von Funckes Nachlaß betätigte, verfolgte eine ähnliche Strategie wie Funcke. Er war an je zwei Zechen im Amt Hörde und im Gericht Herbede sowie an vier Bergwerken im Gericht Stiepel beteiligt, ergänzt durch Kuxe der Zeche Schelle im Amt Blankenstein. Der Großbauer Hundeicker trug Bergwerksanteile zusammen, die später auf seinen Schwiegersohn Berger übergingen. Er zeigte kein Interesse für ein einziges Revier, sondern legte sein Kapital dort an, wo Kuxe angeboten wurden[76].

Auf umfangreichen Bergwerksbesitz im Amt Hörde konnte der Hagener Kaufmann Johann Heinrich Elbers zurückgreifen. Gemeinsam mit seinem Schwiegervater Carl Johann Harkort hatte er die Zechen Gottessegen und Caspar Friedrich, mit Johann Heinrich Borggräfe aus Eppenhausen bei Hagen die Zeche Schanze im Ardey und Benjamin erworben. Dieser im Muth-, Verleih- und Bestätigungsbuch

[75] Eberhard Winkhaus, Funcke. 500 Jahre Lehnsträger und Gutsbesitzer auf Funckenhausen bei Hagen (Westf.), Mülheim 1936, S.73-103.
[76] Zur Familie Hundeicker vgl. Wilfried Reininghaus, Die Enneperstraße und Gevelsberg 1650-1850, in: Gevelsberg 1225-1886-1986, Gevelsberg 1988, S.19-44, 31, 34 sowie Westfälisches Wirtschaftsarchiv Dortmund (=WWA) N 24 Nr.144.

ausgesparte Besitz blieb im Familienbesitz und ging nach Elbers' Tod 1800 auf dem Erbwege an die Familie Johann Caspar Harkort zu Harkorten über[77].

Wie Funcke bzw. seine Witwe besaß der Hörder Gastwirt und Ratsherr Johann Wilhelm Crone Anteile an 13 Bergwerken. An der Zeche Crone (Nr.70) (!) war er mit Funcke gemeinsam beteiligt. Während jedoch Funcke nie unter einen Anteil von 50% ging, brachte Crone es selten auf mehr als 42 2/3 Kuxe (= 33,3 %). Meistens lag seine Beteiligung darunter. Die Zechen Kirschbaum (Nr.18) und St. Moritz (Nr.19) in Wellinghofen sind hervorzuheben. An ihnen besaßen mehrere Mitglieder der Bergmannsfamilie Crone Anteile[78].

Crone war 1773 der wichtigste Repräsentant der Hörder Bergwerksbesitzer neben Richter Johann Wilhelm Franzen. Dieser nahm die Interessen seiner Mutter, der Witwe des Hoffiskals Franzen wahr. Dieser hatte im Siebenjährigen Krieg als Syndikus die märkischen Gewerken vertreten; hierauf wird noch zurückzukommen sein. Die Familien Crone und Franzen sind nur die bedeutendsten Beispiele für die Bergwerksbesitzer in der Stadt Hörde. Sechs Haushaltsvorstände gaben im Salzprobenregister 1773 als Beruf *Kohlengewerken* an und tatsächlich können wir sie als solche nachweisen: Elias He(i)mesath, Heinrich Wilhelm Steinberg, Friedrich Hotz, Wilhelm Heitmann, Georg Heinrich Vetter, Jacob Perband. Inwieweit sie sich von Bergleuten (*Kohlarbeitern* im Salzprobenregister) wie Hermann Huster, Johann Christian Voss und Hermann Hengstenberg abhoben, die ebenfalls Kuxe hielten, ist nicht auszumachen. Hengstenberg war immerhin an drei Zechen beteiligt und kann kaum auf allen gleichzeitig tätig gewesen sein[79].

Der Bergwerksbesitz im Amt Hörde konzentrierte sich auf Bewohner der Stadt, die die Bergwerke vor den Toren Hördes betrieben. Es gab aber bemerkenswerte Ausnahmen. Im Osten des Amtes, in Annen, Stockum und Wullen, heute Stadtteile von Witten, hatten die Großgewerken des Raums Witten/Herbede Besitz. Dort trat aber auch eine rein bäuerliche Gewerkschaft bei Zeche Hamburg (Nr.33) auf.

---

[77] Die Zechen sind aufgeführt in: StAMs MBA Wetter 65; Akten dazu in: WWA N 18 Nr.104, 106, 117, 123; F 39 Nr. 465, 466, vgl. Wilfried Reininghaus (Bearb.), Das Archiv der Familie und Firma Johann Caspar Harkort zu Hagen-Harkorten im Westfälischen Wirtschaftsarchiv Dortmund, Münster 1991, S.231-233.

[78] Zur Hörder Familie Crone und zu den übrigen Kohlengewerken dort vgl. Wilhelm Brockpähler, Hörde. Ein Heimatbuch für die Stadt und ihre Umgebung, Hörde 1928, S.219-222,241-246; Wilfried Reininghaus, Hördes Wirtschaft und Gesellschaft im 18. Jahrhundert, in: G. Högl/Th. Schilp (Hrsg.), Hörde. Beiträge zur Stadtgeschichte. 650 Jahre Stadtrechte Hörde (1340-1990), Dortmund 1990, S.76-89, 82f. Die Hörder Crones sind nicht zu verwechseln mit der Familie Crone, die mehrere Bergbeamte stellte und aus dem Mansfeldischen stammte, vgl. W. Serlo, Bergmannsfamilien in Rheinland und Westfalen, Münster 1936, S.139.

[79] Das Salzprobenregister in: Stadtarchiv Dortmund Best. 15 Nr.2.

Alle Gewerken waren miteinander verwandt[80]. Auch Zeche Hummelbeck in Barop (Nr.2) gehörte noch Baroper Bauern, von denen einer namengebend war. Wilhelm Büscher aus Berghofen, Schichtmeister Gerhard Heinrich Dieckerhoff und Bergmann Johann Diedrich Wibbecke aus Wellinghofen waren ebenfalls an mehreren Bergwerken beteiligt. Mit Leonhard Winter und Christian Klewitz finden wir zwei der zugewanderten fremden Bergleute im Ardeygebirge als Gewerken.

Auf den Bergbau spezialisiert hatte sich ferner der Westhofener Johannes Boos. Er hatte den nicht unerheblichen Besitz des Hagener Kaufmanns Rump zusammen mit dem Herdecker Rüßmann erworben und betrieb nicht nur die Zeche Schleifmühle bei Syburg (Nr.72) in der Nähe seines Wohnorts, sondern auch die Krukkeler Zechen im Brunenbecker Siepen (Nr.30, 51) und den alten Stollen auf dem Keisberg (Nr.52). Boos' Mittel waren jedoch mit diesen Anlagen erschöpft. Bald nach 1771 gingen sie an den Iserlohner Kaufmann Johannes Rupe über[81].

Hielt sich der bäuerliche Bergwerksbesitz im Ardey in Grenzen, so lagen die Verhältnisse völlig anders im Raum Witten/Bochum, also in den Gerichten Herbede und Stiepel unserer Quelle, sowie in den im Muth-, Verleih- und Bestätigungsbuch fehlenden Ämtern Blankenstein und Wetter[82]. Johann Henrich Oberste Frielinghaus aus Bommern hielt z. B. Anteile an zehn Zechen in den Gerichten Witten und Herbede. Hinzu kam Zeche Bommerbank im Amt Blankenstein. Erkennbar war der Bergwerksbesitz in seiner Familie schon seit längerer Zeit vorhanden. Gleiches ist von den Familien Mittelste Berghaus und Oberste Berghaus aus Herbede zu behaupten, bei der die Kuxen aber weiter auf die Familienangehörigen gestreut waren. An Zeche Reiger (Nr.84) waren vier Stämme Berghaus beteiligt. Die Familie Levringhaus (Heinrich Peter aus Hiddinghausen und Peter Arnold, Schulte zu Sprockhövel), gehört in die gleiche Kategorie. Ihr Stammbesitz lag in den Nähe des große Hofes zu Levringhausen im Gebiet der heutigen Stadt Sprockhövel[83], wo sie als Gewerken der Zechen Schelle, Hasenberg und Dachsloch nachzuweisen sind. Darüber hinaus wurden sie im benachbarten Amt Herbede tätig. Eine 1766 bei Vormholz gemutete Zeche trug sogar den Namen Frielinghausen (Nr.106). Johann

---

[80] Zur bäuerlichen Gesellschaft im Amt Hörde grundlegend und von der modernen Sozialgeschichte noch nicht ausgewertet: Wilhelm Hücker, Die Entwicklung der ländlichen Siedlung zwischen Hellweg und Ardey, Münster 1939.

[81] Zu den Zechen aus dem Besitz von Boos bzw. Rupe vgl. demnächst meinen Aufsatz mit ausführlichen Quellenangaben in: Der Anschnitt; Boos ist nachgewiesen in StA Schwerte Best. 3.2 Nr.92 (Haus Nr.104 in Westhofen 1756).

[82] Vgl. hierzu zusammenfassend Hans Spethmann, Die geschichtliche Entwicklung des Ruhrbergbaus um Witten und Langendreer, Gelsenkirchen 1937, S.12-37; M. Wilhelm, Die Geschichte des Steinkohlenbergbaus im alten Stadtbezirk Witten, in: Jahrbuch des Vereins für Orts- und Heimatkunde in der Grafschaft Mark 53 (1939), S.1-53; Gerhard Kötter, Der Steinkohlenbergbau in Heven, in: Ernst Staperfenne (Hrsg.), Heven durch 11 Jahrhunderte, Witten 1990, S.169-212.

[83] Vgl. Peter Kleine, Über den ehemaligen Schultenhof Leveringhausen, in: Jahrbuch des Vereins für Orts- und Heimatkunde in der Grafschaft Mark 66 (1968), S.1-26, 23.

Peter Mercklinghaus aus Haßlinghausen hatte mit seinen Erwerbungen ebenfalls das Revier seiner unmittelbaren Nachbarschaft (u.a. 1755 Anteile an Zeche Merklingsbank) verlassen. 1773 gehörten ihm Kuxen der Zechen Ringeltaube in Annen (Nr.58), Fortuna im Muttental (Nr.87) sowie an weiteren vier Zechen im Gericht Witten. Mit Johann Caspar Hundeicker gründete er dort mehrere Gewerkschaften.

Auf beide, auf Mercklinghaus wie auf Hundeicker, trifft ebenso wie auf Funcke der Begriff Bergbauunternehmer zu. Ausdrücklich wurde Johann Wilhelm Müser mit diesem Titel (*Entrepreneur*) bedacht[84]. Müser war an mindestens sechs Zechen zwischen Witten und Essen beteiligt. Müser hieß jedoch *Entrepreneur* wohl nicht wegen seiner Kuxen, sondern weil er als Fuhrunternehmer mit seinem Sozius Noot den Transport zwischen den Revieren der westlichen Grafschaft Mark und dem Lippehafen Gahlen, westlich Dorsten und östlichster Punkt des Herzogtums Kleve, organisierte. Müser hatte bereits 1758 Kuxen an der Zeche Haarmannsbank bei Stiepel erworben und seinen Besitz stetig erweitert. Aus preußischer Sicht reichte sein Engagement nicht aus. 1770 stand er in der Kritik jener Bergwerkskommission, die den Absatz der Steinkohle an den Niederrhein untersuchte. Sie hielt ihn nicht für *vermögend* genug, so viel Kohle in die Niederlage bei Gahlen zu schaffen, daß die Nachfrage im Klevischen befriedigt werden konnte. Dabei hatte Müser 1770 zwanzig eigene Fuhrwerke angeschafft, die Bauern schuldeten ihm vermutlich Spanndienste. 1771 erhielt er einen (weiteren ?) Zuschuß von der preußischen Administration über 2000 Rtlr. *zur Erleichterung des Kohlen-Transports* nach Gahlen, ohne daß dies die bestehenden Engpässe beseitigt hätte. Erst der Ausbau der Ruhr als Schiffahrtsweg half ab. Für diesen Fall hatte Müser vorgesorgt, denn mit Blick auf den Kohlenumschlagplatz Ruhrort lagen seine Zechen sehr günstig. Müser vermarktete wahrscheinlich die Kohle seiner Bergwerke selbst. Diese Kombination mehrerer wirtschaftlicher Zweige war nicht ungewöhnlich im 18. Jahrhundert, wie die Geschichte der Zeche Hammerbank (Nr.91) belegt[85]. Das 1732 auf dem Kleff bei Wannen (heute Witten) gemutete und verliehene Bergwerk diente Peter Lange als Rohstoffbasis. Lange war 1722 aus Remscheid nach Witten gekommen und hatte dort einen Eisenhammer angelegt. Später baute er am Wannenbach einen Reckhammer für die Weiterverarbeitung des Eisens; dafür benötigte er Steinkohle, die er durch den Abbau auf dem Kleff erhielt, in unmittelbarer Nähe zum Reckhammer. Lange meldete 1741 Konkurs an, sein Besitz ging über eine Zwischenstation in Remscheid (Kaufmann Hartkop) auf den Freiherrn zu Boenen, den Wittener Chirurgen Alexander Herdegen und dessen Bruder. Die Kombination von Ze-

[84] Zu Müser vgl. Serlo (Anm. 78), S.168; A. Heinrichsbauer, Harpener Bergbau-Aktien-Gesellschaft 1856-1936, Essen 1936, S.327; Walther Kliche, Die Schiffahrt auf der Ruhr und Lippe im achtzehnten Jahrhundert, Diss. Göttingen, Elberfeld 1904, S.75ff.; eine sorgfältige Darstellung zu Johann Wilhelm Müser und seiner Familie ist ein Desiderat, nicht zuletzt wegen der damit verbundenen Vorgeschichte der Harpener Bergbau-AG. Die Ausführungen zu Müser im Jahr 1770 stützen sich auf GSTA Gen.-Dir. Mark Tit. CCXXXVI Nr. 1.
[85] Ausführlich dazu: Kötter (Anm. 82), S.173ff.

che und Reckhammer blieb bestehen, der Hammer hieß seitdem Herdegenhammer. 1771 erwähnt unsere Quelle den Freiherrn zu Boenen und Herdegen als Gewerken von Hammerbank. Die Nutzung der Steinkohle für die Salzwerke bei Unna reichte, wie dargestellt, ja schon in das späte 16. Jahrhundert zurück[86]. 1688/89 übernahm der Unnaer Richter Dr. Balthasar Caspar Zahn mehrere Salzquellen. Sein Sohn Diedrich Caspar behauptete diesen Besitz, obwohl das fiskalische Interesse am Salzwerk in Brockhausen wuchs und der private Eigner herausgedrängt werden sollte - was bis 1750 geschehen sollte. 1735/40 ließ die Familie Zahn ihren wahrscheinlich älteren Bergwerksbesitz rechtlich absichern, zuerst wurde die Zeche Caroline gemutet, dann um Belehnung für den Sommerberg zwischen Hörde und Schüren nachgesucht. Auch der Pächter der staatlichen Saline Königsborn, Johann Conrad Rappard, hat (auf den Spuren Zahns?) den Bergbau mit dem Salzwerk kombiniert. Von Dr. Funcke übernahm er Anteile an den Zechen Witwe (Nr.5) und Storcksbänke (Nr.16); um 1770 ließ er Johann Conrad (Nr.50), Schöne Kinder (Nr.64) und und Neue Hoffnung (Nr.67) muten.

Unter den Gewerken nahmen Adel und geistliche Einrichtungen 1771 insgesamt keine führende Rolle mehr ein. Sie waren jedoch wie Funcke Wegbereiter des Erbstollenbaus. Caspar Adolf von Romberg, Vater des späteren Präfekten Gisbert von Romberg[87], war Alleingewerke des Glückauf- und des Wesselberg-Erbstollens; bei mehreren Zechen meldete er Ansprüche an (Nr.15, 44, 50). Die Freifrau von Syberg hielt 64 der 128 Kuxe des Waldhorner Erbstollens (Nr.14) in Hacheney. Das Stift Clarenberg hatte allerdings die Berechtsame am Erbstollen, der seinen Namen trug (Nr.13), verkauft. Nur noch die Kanonissen von Vaerst hielten 1771 ein Sechstel der Zeche Dannenbaum.

Bemerkenswert, weil bisher von der Forschung übersehen, sind die Versuche des Klosters Scheda, 1770 den Bergbau in Strickherdicke auf dem Haarstrang wieder aufzunehmen[88]. Das Sölder Bergwerk Schwarze Adler des Freiherrn von Hövel fehlt ebenso im Muth-, Verleih- und Bestätigungsbuch wie die Zeche Carlsbank aus dem gemeinsamen Besitz des Freiherrn von Landsberg-Wocklum[89]. In die Reihe der

[86] Vgl. Timm (wie Anm. 13), S.22-25, ebd. S.28-31 zu Rappard.
[87] Vgl. Helmut Richtering, Das Ruhrdepartement im Herbst 1809. Eine Reisebericht des Präfekten von Romberg, in: Beiträge zur Geschichte Dortmunds und der Grafschaft Mark 55 (1958), S.65-107, vor allem S.72.
[88] Zum Schedaer Bergbau vgl. STAMs Kloster Scheda, Akten V,4 ("Nachrichten über die Zechen Paduan und Nepomuk bei Billmerich") sowie Willy Timm, Billmerich 890-1990, Unna 1990, S.19.
[89] Vgl. Wilhelm Schleef, Geschichte der Bauerschaft Sölde, in: Beiträge zur Geschichte Dortmunds und der Grafschaft Mark 44 (1938), S.1-368, 85f. Frank-Lothar Hinz, Die Geschichte der Wocklumer Eisenhütte 1758-1864, Altena 1977 behandelt den Besitz der Landsberg-Wocklum an Zeche Carlsbank nicht.

führenden Gewerken gehört auf jeden Fall der Freiherr von Elverfeldt[90]. Daß er mit Mercklinghaus, Hundeicker und Frielinghaus an der Zeche Ringeltaube (Nr.48) beteiligt war, zeigt den Kontakt zu den führenden bäuerlichen Gewerken des Raums. Seine Anteile an den Zechen Sauffberg (Nr.74) und Stralsund (Nr.80) verkaufte Elverfeldt, nur im Gericht Witten war er 1771 noch aktiv als einer der Gewerken der Zechen Rosenbaum (Nr.134), Verlorene Posten (Nr.135) und Knapsack (Nr.137). Aus diesem Engagement der Elverfeldts im 18. Jahrhundert lassen sich dann Verbindungen zum Bergbau der industriellen Phase ziehen, denn beispielsweise war die freiherrliche Familie an der Tiefbauzeche Helena bei Heven um 1840 beteiligt.

Die älteren Bergordnungen hatten vorgesehen, daß die Bergbeamten auf Kuxe verzichten sollten. Die Revidierte Bergordnung von 1766 wich von dieser Vorschrift ab, weil Preußen hoffte, *daß durch ihr [sc. der Bergbeamten] Exempel noch viele fremde BergLeute und BergwerkLiebhabere zu so mehreren Bau und Fortsetzung aufgenommener Bergwerke animirt werden.* Es war also künftig erlaubt, *einige Kuchse mit (zu) bauen,* jedoch sollte der Anteil der Bergbeamten unter einem Viertel sämtlicher Kuxe liegen. Bei Interessenkollisionen hatten Bergbeamte als Gewerke zurückzustehen[91].

Sofort nach 1766 machten Bergbeamte von diesem Angebot Gebrauch. Sie verstießen dabei gegen den Wortlaut der Bergordnung. Bergmeister Heintzmann und Berggeschworener Wünnenberg waren 1771 als die einzigen Gewerken (mit je 64 Kuxen) der Zechen Frisch Gewagt (Nr.123) und Wilhelminenbank (Nr.124) im Gericht Stiepel ausgewiesen. An der Mutung der Zeche Crone (Nr.70) hatte sich Heintzmann 1770 zusammen mit dem Bergschreiber Haardt und dem Geschworenen Brenner mit je einem Sechstel beteiligt. Brenner, der bei insgesamt sechs Bergwerken Kuxe hielt, über die vorgegebenen 32 Kuxe bei zwei Zechen im Loh, die wahrscheinlich von Schwerte, dem Sitz des Bergamtes aus, erschlossen worden waren. Mit 53 1/3 Kuxen war Brenner der führende Kopf eines Konsortiums, dem die Witwe des Zehnteinnehmers Glaser, der Schwerter Ratsherr Möller und der Schichtmeister Wibbecke angehörten.

Die Analyse der Gewerken zeigt ein vielgestaltiges Bild. Es würde noch bunter ausfallen, berücksichtigte man die Zechen in den Ämtern Blankenstein, Wetter und Bochum. Hier kann dies nur sehr knapp geschehen. Im Umfeld der Stadt Bochum ließen sich einige städtische Gewerken ermitteln, ansonsten herrschte Bergwerksbesitz von Bauern vor. Bei einigen konzentrierte sich der Bergwerksbesitz. Wahrscheinlich hatten diese Bauern längst einen Doppelberuf als Bauern und Gewer-

---

[90] Zu den Elverfeldt vgl. Bruno J. Sobotka, Die Besitzungen und Wirkungsstätte der Familie v. Elverfeldt-Herbede-Villigst, in: ders. (Hrsg.), Haus Herbede in Witten, Witten 1988, S.197-208, 198; Kötter (Anm. 82), S.193. Material zum Bergbau-Engagement der Elverfeldts befindet sich im Archiv v. Elverfeldt, Haus Canstein (frdl. Hinweis von Dr. Horst Conrad, Münster).
[91] Brassert (Anm. 68), S.863f.

ken. Wir hatten die Mercklinghaus, Frielinghaus und Levringhaus ja schon bei den Zechen der Gerichte Stiepel, Herbede und Witten kennengelernt. Gewerken wie Stock, Schellenberg und Sieper im Amt Wetter sind bereits im 18. Jahrhundert schon seit mehreren Generationen als Bergbaubetreiber nachzuweisen. Vor allem im Bereich des Hochgerichts Schwelm fehlte der Einfluß von außen nicht. Elberfelder Besitz (z. B. Wösthoff bei Zeche Seegen Gottes bei Horath, Wuppermann bei Zeche Trappe im Schlebuscher Revier) ist ebenso festzustellen wie Einzelbesitz von Kaufleuten und Hammerwerksbesitzern wie Johann Caspar Goebel aus (Ennepetal-)Voerde[92].

Obwohl genauere Untersuchungen über die Gewerken in der bergbaugeschichtlichen Umbruchzeit um 1770 notwendig sind, soll dennoch an dieser Stelle schon ein vorläufiges Resümee gezogen werden. Eine Zersplitterung des Besitzes, die später als Hemmnis für eine Modernisierung des Bergbaus beklagt wurde[93], kann im wesentlichen zu diesem frühen Zeitpunkt ausgeschlossen werden. Kennzeichnend war vielmehr eine Konzentration des Besitzes. Viele Gewerken sind nachzuweisen, die sich an mehreren Zechen beteiligten. Einige unter ihnen bauten ein eigenes Bergwerks-"Imperium" auf, der bedeutendste Gewerke war Dr. Funcke. Funckes wirtschaftliche Schwierigkeiten am Ende seines Lebens mögen auf die Grenzen einer solchen Strategie hindeuten. Unübersehbar ist die Rolle der Großgewerken bäuerlicher Herkunft. Sie kamen aus dem niedermärkischen Hügelland, aus dem Raum zwischen Ruhr, Wupper und Ennepe. Leicht können wir uns vorstellen, daß hier eine jahrhundertelange Vertrautheit mit dem Steinkohlenbergbau entstanden war. Im 18. Jahrhundert überschritten die Frielinghaus, Mercklinghaus und Levringhaus mit ihren Erwerbungen jedoch ihre engere Nachbarschaft. Dies werten wir auch als Indikator dafür, daß es so etwas wie einen Markt für Kuxen gegeben haben muß oder daß Investitionen außerhalb des eigentlichen Heimatreviers lohnend gewesen sein müssen. Hier wuchs eine Schicht von künftigen Bergbau-Unternehmern heran. Ihre ländlichen Wurzeln überraschen nicht. Sie "saßen" mit ihren Höfen fast auf der Kohle. Des weiteren lag der größere Teil des wirtschaftlichen Potentials der Grafschaft Mark ohnehin auf dem Lande. Dennoch waren die Städte nicht ohne Bedeutung. Hörde kann als Bergbaustadt par excellence charakterisiert werden, weil hier Honoratioren wie Gewerken und Bergleute sowie die Nagelschmiede als Verbraucher von Steinkohle auf engem Raum wohnten. Das Hörder Honoratiorentum beherrschte die meisten Zechen der näheren Umgebung. Nicht zufällig gab die exponierte Stellung Hördes im östlichen Kohlenabbaugebiet 1840 den Ausschlag für die Standortwahl Piepenstocks bei der Errichtung der Hermannshütte. Aber nicht nur in Hörde, auch in den märkischen Städten an der Ruhr, von Schwerte über Westhofen und Herdecke bis nach Hattingen sind Berg-

---

[92] Meister (Anm. 43), S.181 Nr.19.
[93] Tenfelde (Anm. 70), S.164f.

bau-Interessenten nachzuweisen. Leicht hätte sich, so denkt man, hier und im südlichen Bergland die umfassende Nutzung der Steinkohle für gewerbliche Zwecke durchsetzen lassen müssen. Doch was für die Nagelschmiede in Hörde seit dem Mittelalter und für die Klingenschmiede in Wetter und Eilpe seit 1680 selbstverständlich war, steckte bei den Hammerwerken im Süderland noch in den Anfängen. Allein auf den Reckhämmern wurde Steinkohle eingesetzt[94], ferner auf den Bleichen. Dies erklärt das Engagement einiger Gewerken wie Herdegen, Elbers, Hundeicker und Wuppermann. Stärker hatte sich die Verbundlösung rund um die Unnaer Saline ausgeprägt. Wegen Unna erhielten Beteiligungen des Staates oder seiner Beamten am Bergbau eine zusätzliche Förderung. Daß Beamte in der Grafschaft Mark Anteile an gewerblichen Anlagen besaßen, hatte 1770 schon Tradition. Kriegsrat Göring hatte in den 1740er Jahren sowohl Stapelanteile an der Iserlohner Messinggewerkschaft wie auch an Zechen erworben[95].

Eines ist allen Gewerken, über die wir näheres in Erfahrung bringen konnten, gemeinsam: Sie zählten zu den angesehensten Einwohnern ihrer Gemeinden, verfügten über Geld und wahrscheinlich auch über Macht in ihrer Umgebung. Zu "entmündigen" waren sie nicht ohne weiteres. Sie unterwarfen sich zwar dem Verfahren von Mutung, Verleihung, weil sie den Staat als Inhaber des Bergregals anerkannten. Deshalb zahlten sie, wahrscheinlich anfangs nicht ohne Proteste, den Zehnten, Rezeß- und Quatembergelder. Die Gewerken blieben jedoch nicht ohne Einfluß auf den Kohlenabbau zu Zeiten des Direktionsprinzips. Die erhaltene Korrespondenz des Gewerken Johannes Rupe aus Iserlohn, Nachfolger von Boos' als Besitzer der Zechen in Kruckel und im Amt Schwerte, zeigt, wie hartnäckig selbstbewußte Kaufleute dem Bergamt gegenübertraten. Anderes vermag man sich nur schwer von den Harkorts, Elbers, Hundeicker, Wuppermann und Berger nach 1770 vorzustellen, ganz zu schweigen von Adligen wie Elverfeldt und Romberg. Sie alle verfügten über nennenswerte Anteile an den Zechen an der Ruhr, ihr Engagement im frühen Steinkohlenbergbau bedarf weiterer Forschungen[96].

Das Selbstbewußtsein der Gewerken im 18. Jahrhundert spiegelte sich nicht zuletzt in ihrem quasi-korporativen Zusammenschluß wider. Im Vormärz gab es davon noch ausgeprägte Vorstellungen. Sie erfuhren 1843 bei den Verhandlungen des Provinziallandtages als Pläne zur Bildung einer Gewerkenkammer eine Renaissance[97]. Die Vorgeschichte der Gewerkenkammer reicht bis 1738 zurück, als die Kriegs- und Domänenkammer Kleve Deputierte [=Abgeordnete] aus den Revieren Herbe-

---

[94] Ich stütze mich auf die Durchsicht der Geschäfts-, vor allem der Hammerbücher der Firma Johann Caspar Harkort, WWA F 39.

[95] Ferdinand Schmidt, Der Kriegs- und Domänenrat Michael Christoph Göring ... als Orts- und Fabrikenkommissar in der Grafschaft Mark (1742-1763), Altena 1939, S.47.

[96] Vgl. u. a. den Nachlaß der Familie Berger im WWA (N 24).

[97] Vgl. Paul Hermann Mertes, Das Werden der Dortmunder Wirtschaft, 2. Aufl., Dortmund 1942, S.59-71.

de, Blankenstein, Bochum und Hörde nach Bochum zitierte, um sie auf das Bergamt zu vereidigen[98]. Dieser von Staats wegen angeordnete Zusammenschluß der Gewerken wiederholte sich fallweise, auch zu Anlässen, die nicht der Staat vorgab. Die Gewerken konnten durchaus Eigeninitiative ergreifen.

Im Siebenjährigen Krieg hatten sich alle Kohlengewerken in der Mark an Krediten beteiligen müssen[99]. Die Gesamthöhe betrug 10.023 Rtlr. Als die Rückzahlung stockte, formulierten die Gewerken 1768 eine Eingabe *derer sämtlicher Kohlengewerkschaften in der Grafschaft Mark wegen ihrer im letzten Kriege vorgeschossene und sonstigen Beyträge.* Als Deputierte traten Gerhard Heinrich Dieckerhoff aus dem Amt Hörde und Fr. Chr. Koch auf. Ihr Anwalt war zu Zeiten des Krieges der 1763 verstorbene Hörder Hoffiskal Franzen gewesen, der bezeichnenderweise *Syndicus* wie bei den Landständen hieß. Die Eingabe von 1768 listete die Schwierigkeiten der Gewerken und der gesamten märkischen Wirtschaft im Kriege auf: *Zu eben dieser Zeit verfolgten uns nicht weniger als alle übrigen Unterthanen die ordinaire und extraordinaire Contribution oder Accise, Kopfsteuer, andere Arten von Beyträgen, Einquartirung und Fouragelieferungen überauss stark und selbst unsere Kohlen hatten aus Mangel der Pferde und Fuhren keinen Abgang.* Die Gewerken störten sich nun daran, daß sie - ihrer Meinung nach als einzige - noch nicht ihre Kredite zurückerstattet erhielten. Sie wandten sich gegen die Kaufleute und Reidemeister des Eisengewerbes, deren Kredite schon erstattet seien, obwohl diese aus der Perspektive der Gewerken als Kriegsgewinnler und als Bevorzugte der preußischen Steuerpolitik galten: *Diese Kaufleute, diese Reidemeister geben von ihrem Gewinn und Gewerbe nichts ab, sie bezahlen nur von ihren liegenden Gründen auff dem platten Lande die gewöhnliche Contribution und in denen Städten von der Consumtion die Accise oder stattdessen das jetzo eingeführte Fixum. Wir Gewercke müsse dieses auch praestiren [sc. entrichten] und bey der Gefahr, der jeder Bergbau unterworfen ist und bey der großen Zubuße, so ansehnliche Berggefälle an Zehnd-, Meß- und Freykuxen-Geld abgeben. Dabei haben jene im Krieg einen überaus großen Gewinn und die Freyheit gehabt, ihre Waaren so hoch, wie sie gewolt und gekont haben, zu verkauffen, wir aber haben uns nicht nur an dem gesetzten geringen Preiße, sondern auch mit der geringhaltigen Müntze müßen begnügen lassen.*

Die vereinigten Gewerken bekamen in der Sache nur teilweise Recht, zwei ihrer vier Darlehen wurden nicht erstattet. Die Rivalitäten mit den Reidemeistern an der Enneperstraße besaßen freilich Tradition und dauerten an. Um sich gegenüber ihnen zu behaupten, bedurfte es ebenso wie zur Interessenvertretung gegenüber dem Staat ein Mindestmaß an Kooperation.

[98] Achenbach (Anm. 28), S.201f.
[99] GSTA Gen.-Dir. Mark Tit. CLXXIV Nr. 14, vor allem fol. 4-9, daraus die Zitate im folgenden.

Vorbild waren besagte Reidemeister, die seit etwa 1730 an der Enneperstraße einen Ad-hoc-Zusammenschluß gebildet hatten und ihre Interessen in Steuer- und Militärangelegenheiten durch *Fabrikendeputierte* wahrnehmen ließen[100]. Im Raum Lüdenscheid hatten sich die Osemundreidemeister unter Mithilfe des Staates zur *Osemundfabrik* formiert; sie erfüllte ähnliche Aufgaben. Die Gewerken kannten also Vorbilder für ihr geschlossenes Auftreten gegenüber dem Staat. Hieraus kam 1768 eine engagierte Interessen-Vertretung für den Bergbau. Eingaben in den folgenden Jahren lassen eine Fortdauer des Zusammenschlusses der Gewerken vermuten, z.B. 1770 bei einer Eingabe an das Bergamt, um eine Sitzverlegung nach Wetter zu befürworten[101]. Die Art und Weise, wie die Deputierten Oberste Frielinghaus, Spennemann und Crone 1784 zu Heynitz befohlen wurden, zeigt, daß sich der Staat - wie bei den Reidemeistern - des Sachverstandes dieser Berufsgruppe vergewissern wollte[102]. Auch auf diesem Feld der Bergbaugeschichte sind weitere Forschungen nötig, um den Kenntnisstand zu vergrößern.

III Bergbau, Bergverwaltung und Schriftlichkeit. Das sächsische Vorbild

Der Bergbau trug seit dem hohen Mittelalter entscheidend zur Herausbildung des sächsischen Territorialstaates bei. Die Landesherrn beanspruchten hier das Bergregal auf alle Metalle als Hoheitsrecht und damit den Zehnt[103]. Wegen dieser Ansprüche entwickelte sich in Sachsen früh ein Beamtenapparat mit Bergmeistern, -geschworenen und -richtern, der für den Bergbau in Kleve-Mark zum Vorbild werden sollte. Die schriftliche Niederlegung des sächsischen Bergrechts schritt seit dem 14. Jahrhundert voran, es bildete sich in mehreren Phasen bis zum Beginn des 16. Jahrhunderts heraus. Das *Berggeschrei* nach Erzfunden in der zweiten Hälfte des 15. Jahrhunderts trieb die schriftliche Fixierung der bergrechtlichen Normen voran. Die Bergordnung für das Gebiet außerhalb Freibergs von 1466 schrieb dem Bergmeister das Verleihrecht zu, jede verliehene Grube hatte der Bergschreiber in das Bergbuch einzutragen. In der landeseinheitlich gültigen Annaberger Bergordnung von 1509 erhielt das sächsische Bergrecht dann seine endgültige Fassung. Der Bergmeister hatte die Mutung aufzunehmen. Er stellte darüber dem Bergbauwilligen (dem *Aufnehmer*) einen Mutzettel aus. 14 Tage nach geschehener Mutung hatten Aufnehmer und Bergmeister den *entblößten* Gang zu besichtigen, woraufhin der

[100] Vgl. Reininghaus (Bearb.) (Anm. 108), S.41, 274-301, vor allem S.277.

[101] Gedruckt bei: Rudolf Buschmann, Wetter a.d. Ruhr. Beitrag zur Geschichte der Heimat, Wetter 1901, S.70-74.

[102] STAMs MBA Wetter 25, fol. 15.

[103] Vgl. dazu Hermann Löscher, Vom Bergregal im sächsischen Erzgebirge. Beiträge zu seiner Geschichte, in: Bergbau und Bergrecht. Freiberger Forschungshefte D 22, Berlin 1957, S.122-156; Laube (Anm. 34), S.48ff.

Bergmeister binnen weiterer 14 Tage nach Bergrecht dem Aufnehmer das Bergwerk verlieh und bestätigte. Der Lehenzettel sollte im Bergbuch liegen, das der Bergschreiber führte.

Der dem Bergschreiber gewidmete Artikel des Sächsischen Bergrechts hielt dessen Aufgaben bei der Führung der Bücher ausführlich fest: *Die Bergkschreiber sollen auff allen Leyhetagen neben den Bergkmeistern sonderliche Bücher halten.* Als weitere Bücher neben dem Bergbuch wurden solche genannt *vber alle fristung und stewer, vber alle schiede und vortrege, vber alle vormessen, nachlassen vnd anders, auch vber alle Retardata.* Der Gegenschreiber führte ein "Gegenbuch", in das die Gewerken eingetragen wurden. Die Schichtmeister leiteten die einzelnen Zechen und hatten dabei auch die Aufgabe, Register zu führen. Die Sächsische Bergordnung schrieb dem einzelnen Schichtmeister u. a. vor, über *seines einnemens vnd ausgebens alle viertel jahr auffn sonnabend für jetzlichem Quartal seine Rechnung (zu) beschliessen, ... mit Deudschen worten und zahl,* ferner *was mit vnd ohne geding arbeit sey, dieselben vnd alle arbeiter mit namen und zunahmen einzeichnen*[104].

Wie oben erwähnt, übernahm die Bergordnung für den Gesamtstaat Kleve-Mark/ Jülich-Berg 1542 wortwörtlich die meisten Normen des sächsischen Bergrechts. Hatte nun aber schon das sächsische Bergrecht Abstriche an der Schriftlichkeit mindestens der Schichtmeister zugelassen, so hielt sich die Schriftlichkeit im märkischen Bergbau in noch engeren Grenzen. Erst zu Zeiten des Bergmeisters von Diest wurde die Abfolge von Mutung, Belehnung und Bestätigung in schriftlicher Form eingehalten, ohne daß wir wissen, welche Bücher Diest oder die klevischen Behörden darüber führten. Die bei den in Schwerte residierenden Bergrichter König, Vater und Sohn, folgten Diest beim Ausstellen der Mutzettel und Verleihungsurkunden, die die klevische Kammer dann zu bestätigen hatte. Bergbücher wurden jedoch angeblich nicht geführt. Als Friedrich Nicolaus Voigtel 1711 die märkischen Reviere bereiste, traf er nicht nur die aus seiner Sicht kritikwürdigen Abbaumethoden, sondern auch fehlende Bergbücher an: *Ich meinestheils habe noch wenig [Zechen], so nicht räuberisch betrieben und nichts so recht bergmännisch angegriffen wird, angetroffen, auch von keinem bergbuche, darinnen unter anderen muth-, gewehr- und bestättigungen, caducirung, retardat und dergleichen zur nachricht eingeschrieben werden müssen, was erfahren können, viel weniger wie mit anschnitten, registern, befahrungen, marckscheiden, zumeßen, examinir- und beeydigung der gewerckendiener, in summa fast in keinem stücke berggebräuchlich und durch heilsahme gesetze vorgeschriebenermaße verfahren...*[105].

Voigtels Bericht ist nicht ohne Widersprüche. Möglicherweise beurteilte er die von Dr. König ausgeübte Bergverwaltung zu negativ. Befahrungsprotokolle aus den Jahren 1707 bis 1728 sind noch heute in den Akten des Märkischen Bergamts Wet-

---

[104] Hier zitiert in der Fassung von 1589, Brassert (Anm. 68), S.356 § 13.
[105] StAMs KlM LS 1191. fol. 10^V.

ter als Vorprovenienz erhalten. Ebenso ist 1773 festgehalten worden, daß die Zeche Forelle 1711 (Nr.9) in ein *Muth-, Verleih- und Bestätigungs-Buch* eingetragen wurde[106]. Aufzulösen sind wahrscheinlich die Widersprüche zwischen Voigtels Bericht und anderslautenden Nachrichten nicht mehr. Eine Konstante in den Berichten auswärtiger Bergfachleute blieb jedoch die mangelhafte Schriftlichkeit im märkischen Steinkohlenbergbau. So hielt Bergrat Deker 1735/36 dem amtierenden Bergrichter Marck vor, weder ein *Verleihe- oder Bestätigungs-Buch* noch ein *Nachlassungs- oder Fristen-Buch*, ein *Vertrag-Buch*, ein *Recess-Buch*, ein *Gegen-Buch* oder *Handels-Buch oder Berg-Protocoll* zu führen[107]. Decker hatte von den sächsischen Verhältnissen auf die Mark geschlossen und schlicht die Defizite festgestellt. Zentrale Bedeutung schrieb Decker dem *Verleihe-oder Bestätigungs-Buch* zu. Es ersetzte das *Bergbuch* älterer Bergordnung[108] und war deshalb so wichtig, weil man daraus *sehen könte, was ein jeder Gewerke vor Feld gemuthet und ihm verliehen worden*. Laut Decker fehlte dem Bergrichter Marck der Überblick, weil er kein Buch führte, aus dem hervorging, welche Bänke und Gänge überhaupt gemutet worden waren. Er vergab deshalb nach Meinung Deckers Lehen, *ohne nachzusehen, ob ein anderer älter im Feld die Muthung besaß*.

In der Bergordnung von 1737 schrieb Decker die genannten Bücher fest[109]. Doch auch, als das Bergamt längst seine Arbeit aufgenommen hatte, ließ die Buchführung zu wünschen übrig. Die Sitzungen im Bergamt Schwerte im Frühjahr 1755 offenbarten Minister vom Hagen erstaunliche Sachverhalte, die uns lehren, Ist- und Soll-Zustand im Absolutismus nicht miteinander zu verwechseln[110]. Vom Hagen ging mit den Beamten die Bergordnung von vorn bis hinten durch und stellte fest, daß *eben wenig in das Bergbuch notiret worden* ist und riet, ein ganz neues anzufangen. Es *wären die Bergbücher allemahl bey denen bergmeistern bißhero gewesen und geständlich nicht fortgeführet, weniger in ordnung*. Neben Berg- (bzw. Muth-, Verleih- und Bestätigungsbuch) und Gegenbuch ließen die Bergbeamten die vorgesehenen übrigen Bücher liegen. Ein Nachlaß- und Fristenbuch war bis 1755 *niemahlen zustande gekommen*, das Vertragebuch *zwar vorhanden, aber nicht complett noch in currenten train, weil darin die wenigsten gewerken sich bey verkauffen und cessionen gar selten meldeten. Das recessbuch wäre nicht in observantz gekommen, welche auch wegen des weiten umfangs und vielheit der zechen denen bisherigen bedienten nicht möglich gewesen, auch das Handelsbuch oder Bergprotocoll wäre ... außer gewohnheit gekommen.*

[106] StA Dortmund, Muth-, Verleih- und Bestätigungsbuch, fol. 771; vgl. unten Nr.9 dieser Edition.
[107] Achenbach (Anm. 27), S.193ff.
[108] Eine genaue Untersuchung zu Bergbüchern und zur Schriftlichkeit im Bergbau fehlt. Laube (Anm. 34), S.284 weist Freiberger "Verleihbücher" des 15./16. Jahrhunderts nach. Ein Bestätigungsbuch sowie die weiteren von Decker angeführten Bücher sind aus der Bergordnung für den Harz von 1593 bekannt, vgl. J. G. Voigt, Bergwerksstaat des Ober- und Unterharzes ..., Braunschweig 1771.

Vom Hagen ordnete die Einstellung eines weiteren Schreibers im Bergamt an, seitdem scheint zumindest die Führung der wichtigsten Bergbücher auf dem Bergamt reibungslos funktioniert zu haben, soweit das heute nachzuvollziehen ist. Im Muth-, Verleih- und Bestätigungsbuch von 1773 ließen sich bei den meisten Zechen ältere Mutungen nachweisen, ebenso wird auf Eintragungen in das Gegenbuch verwiesen. Im Berghypothekenbuch ist erkennbar, daß weitere Bergbücher in den 1770er Jahren kurrent waren. Mit der Revidirten Bergordnung von 1766, in der ein Schürfbuch als weiteres Typus hinzugekommen war, hat sich damit also offenbar die in Sachsen seit dem späten 15. Jahrhundert gebräuchliche Führung der Bergbücher endgültig durchgesetzt. Anhang 3 gibt die Vorschriften der Bergordnung von 1766 im Wortlaut wieder.

[109] Scotti (Anm. 27), Bd. 2, S.1180-1182.
[110] StAMs MBA Wetter 21, fol. 9^{v}-11^{v}, 22, fol. 8^{v}-9.

Anhang 1:

Anzahl der Gewerken je Bergwerk 1770/73

	1	2	3	4	5	6	7	8	10	?	Sa.
Reviere											
Amt Hörde	15	14	6	8	8	8	3	1	2	3	68
Amt Unna	3	1				1	1				6
Amt Schwerte	1										1
Gericht Herbede	5	8	6	6	5	1		1		3	35
Gericht Stiepel	4	6	4	3	1	3				2	23
Gericht Witten	1	2	2	3							8
Gericht Horst	1			1							2
Sa.	30	31	18	21	14	13	4	2	2	8	143

Anhang 2:

Verteilung der Anteile (= Kuxen) in den einzelnen Bergwerken,

geordnet nach: - Anzahl der Gewerken
- Anteil des größten Gewerken

	Reviere							
	Hörde	Unna	Schwerte	Herbede	Stiepel	Witten	Horst	Sa.
1/1	15	3	1	5	4	1	1	30
5/6 : 1/6	8							8
3/4 : 1/4	2				2			4
2/3 : 1/3	3			3				6
1/2 : 1/2	1	1		5	4	2		13
2/3 : 1/6 : 1/6	1				1			2
3/5 : 1/5 : 1/5					1			1
1/2 : 1/3 : 1/6	2							2
1/2 : 1/4 : 1/4	1			1	1			3
1/3 : 1/3 : 1/3	2			5	1	2		10
2/3 : 1/6 : 1/12 : 1/12	1							1
5/8 : 1/8 : 1/8 : 1/8						1		1
1/2 : 1/4 : 1/8 : 1/8				1				1
1/2 : 1/6 : 1/6 : 1/6	3							3
5/12 : 5/24 : 5/24 : 1/6	2							2
3/8 : 3/8 : 1/8 : 1/8				1				1
1/3 : 1/3 : 1/6 : 1/6	1			2				3
1/3 : 2/9 : 2/9 : 2/9				1				1
1/4 : 1/4 : 1/4 : 1/4	1			1	3	2	1	8
1/2 . 1/6 : 1/6 : 1/12 : 1/12	1							1
1/3 : 1/3 : 1/6 : 1/12 : 1/12	2							2
1/3 : 1/3 : 1/9 : 1/9 : 1/9					1			1
1/3 : 1/4 : 1/4 : 1/12 : 1/12					1			1
1/3 : 1/6 : 1/6 : 1/6 : 1/6	2							2
1/4 : 1/4 : 1/4 : 1/8 : 1/8				1	1			2
1/4 : 1/4 : 1/6 : 1/6 : 1/6	2							2
5/24 : 5/24 : 5/24 : 5/24 : 1/6	1							1
1/5 : 1/5 : 1/5 : 1/5 : 1/5				2				2
1/3 : 1/6 : 1/6 : 1/6 : 1/12 : 1/12	3							3
1/3 : 1/6 : 1/6 : 1/8 : 1/8 : 1/12	1							1
1/4 : 1/4 : 1/4 : 1/8 : 1/16 : 1/16						1		1
1/4 : 1/4 : 3/16 : 3/16 : 1/16 : 1/16					1			1
1/4 : 1/4 : 1/8 : 1/8 : 1/8 : 1/8						1		1
5/24 : 5/24 : 1/6 : 5/36 : 5/36 : 5/36	1							1
1/5 : 1/5 : 1/5 : 1/5 : 1/10 : 1/10	1							1
1/5 : 1/5 : 1/5 : 2/15 : 2/15 : 2/15	1							1
1/6 : 1/6 : 1/6 : 1/6 : 1/6 : 1/6	1	1				1		3
1/3 : 1/6 : 1/6 : 1/12 : 1/12 : 1/12 : 1/12	1	1						2
1/5 : 1/5 : 1/5 : 1/5 : 1/15 : 1/15 : 1/15	1							1
1/6 : 1/6 : 1/6 : 1/6 : 1/6 : 1/12 : 1/12	1							1
1/3 : 1/9 : 1/9 : 1/9 : 1/12 : 1/12 : 1/12 : 1/12				1				1
1/4 : 1/8 : 1/8 : 1/8 : 1/8 : 1/12 : 1/12 : 1/12	1							1
1/6 : 1/6 : 1/12 : 1/12 : 1/12 : 1/12 : 1/12 : 1/12 : 1/12 : 1/12	1							1
unbekannte Zahl der Gewerken	4			3	2			9
	68	6	1	35	23	8	2	143

Anhang 3:

Auszug aus der revidierten Bergordnung von 1766, in: J.J. Scotti, Sammlung der Gesetze und Verordnungen, welche in dem Herzogthum Cleve und in der Grafschaft Mark über Gegenstände der Landeshoheit, Verfassung, Verwaltung und Rechtspflege ergangen sind, vom Jahre 1418 bis zum Eintritt der königlich preußischen Regierungen im Jahre 1816, dritter Theil, Düsseldorf 1826, S.1704ff.

Caput V. ...

§ 3.

Die benöthigten Bücher bei Unsern Bergwerken sollen folgende seyn, als:

a) Das Schürffe-Buch.

Darin werden eingetragen alle ertheilte bergamtliche Concessiones auf Schürffen, und zwar wo und auf welchem Gebirge selbige ertheilet sind.

b) Das Muth-(,) Verleih- und Bestätigungs-Buch.

Darinn werden verzeichnet, die Lehnschaften, was ein jeder gemuthet, und wie ihm nach seiner Muthung die Zechen, Maassen, Stollen, Wasserfällen etc. etc. von dem Bergamte verliehen, bestätiget und vermessen seyn.

c) Das Nachlassungs- und Fristen-Buch.

Hierinn werden der Zechen ihre gesuchten Fristen und darauf erfolgte Bergamtliche Resolutiones eingetragen, wie sich nemlich ihre zugehörigen Maassen, welche sie, wegen Ungewitters, Wassers oder anderer hinlänglicher Ursachen halber nicht betreiben können, sondern vorher auf Stollen, Künste oder andere Hülfe warten müssen, nach deren Erfolg, wiederum betreiben, inzwischen aber dieselbige bei ihrer Gerechtigkeit, erhalten wollen und sollen, damit sie von andern nicht frey gemachet werden dürften. Desgleichen werden auch hierinn die Steuern, Wasser-Geld und der vierte Pfennig, wie sie den Zechen auf Erkenntniß des Bergamtes, besonders Bergmeisters und Geschwornen aufgeleget sind, notiret.

d) Das Vertrage-Buch.

In selbiges werden geschrieben und registriret, die Entscheidungen der Partheyen, so in Berg(-)Sachen streitig gewesen, welchergestalt, und wie sie vertragen und vereiniget seyn, auch so einer dem andern Arrest oder Kümmer auf Zechen, Kuchse, Berg-Gebäude, Ertz und Steinkohlen anleget.

e) Das Rezess-Buch.

In dieses wird angezeichnet ein Extract von jeder Zeche ihrer Quartal-Berechnung an Berg- und Hütten-Kosten, ferner was an Erz oder Steinkohlen gewonnen, Silber, Kupfer, Blei, Glötte etc. etc. ausgebracht und Geld dafür eingenommen, und was weiter die Zechen, dem Rechnungs-Extract nach, an Schuld oder Vorrath halten, item was auf jedes Quartal vor Zubusse angeleget, und wie viel Kuchse verleget worden.

f) Das Gegen-Buch.

Darinn findet man verzeichnet, alle Gewerckschaften der Zechen mit ihren Tauf- und Geschlechts-Namen, und werden darinn jeden Gewercken, auf Ansuchen, seine Theile oder Kuchse, ob er dieselben verkaufet und wie hoch, oder verschencket, oder verpfändet, ab- und zugeschrieben.

g) Das Handels-Buch oder Berg-Protocoll.

Hierinn werden die Rathschläge und Bedenken, was die Bergwercks-Officianten, als Berg-Director, Berg-Richter, Berg-Meister und Berg-Geschworner, etc. etc. jederzeit des Berg- und Hütten-Werks, aller Zechen Angelegenheit, Noth-Gebrechen und Nutzen halber deliberiren, handeln und beschliessen, registriret, davon auch jedesmal der Königlichen Kriegs- und Domainen-Cammer Copeyen zugeschicktet werden sollen.

.... Caput VI.

Von Erlängen des Schürffen(,) Muthen und Bestätigen.

[§ 1.]

Welcher Muther oder Aufnehmer auch Lehn-Träger, wie hier oben Capite IV. § 2 bereits festgesetzet ist, seine Muthung nach der Befahrung des Bergmeisters und Erkennung, daß es ein Gang, Bank oder Flötz sey, in vier Wochen nachhero sich nicht verleihen und bestätigen lässet, dasselbe soll alsdenn Uns wieder frey gefallen seyn. Dahingegen

§ 2.

soll den Schürffern und Muthern, wenn sie wegen der ihnen in Capite I. § 2 et Cap(ite) IV. § 2 bestimmten Obliegenheit Verhinderung erhalten, und deswegen Frist und Verlängerung suchen, das Bergamt dieselbige zwey auch höchstens drey-mal erlängen, weiter aber keine Frist, ohne specielle Approbation der Krieges- und Domainen-Cammer, wohin darüber zu referiren, geben; in allen Fällen aber zu-förderst die Ursachen wohl untersuchen, ob sie zur Frist Verstattung und Erlän-gerung der Schürff-Scheine und Muthungen hinlänglich und gegründet sind. Wür-de aber vermercket, daß ein Schürffer oder Muther sich zu seinem Vortheil und an-derem zum Schaden, Fristen suchete, und seine Muthung verlängen liesse, dem soll es nicht verstattet, und wenn es geschehen, unkräftig seyn.

II.

Joachim Huske/Thomas Schilp

Regesten - Inhaltliche Auszüge

Vorbemerkung - Grundsätze der Bearbeitung

Für die inhaltliche Einordnung des *Muth-, Verleih- und Bestätigungsbuches* in die Geschichte des märkischen Steinkohlenbergbaus können wir auf den einleitenden Aufsatz von Wilfried Reininghaus in diesem Buch verweisen. Nur so viel sei hier erwähnt: Die Durchsetzung des Direktionsprinzips in der Folge der revidierten Bergordnung von 1766 hatte zum Ziel, den bisher mehr oder weniger ungeregelten Steinkohlenbergbau durch die Einführung einer straffen staatlichen Bergverwaltung zu kontrollieren. Das staatliche Bergamt, gegründet 1738 in Bochum, wurde 1766 unter Erweiterung seiner Kompetenzen nach Hagen verlegt, um 1792 - inzwischen in Wetter - zum Oberbergamt erhoben zu werden (1815 Verlegung nach Dortmund).

Das *Muth-, Verleih- und Bestätigungsbuch* ist im Zusammenhang mit dieser Durchsetzung des Direktionsprinzips zu sehen: Angelegt zwischen 1770 und 1772/1773 fällt es damit in eine Übergangszeit. Es erfaßt die Rechtsverhältnisse der Zechen und Mutungen dieser Zeit. Da die Gewerken vor dem Bergamt zu erscheinen hatten, um die Rechtsverhältnisse ihrer Zechen und Mutungen nachzuweisen, verschaffte die Anlage dieses Buches den Bergbeamten - und damit auch uns - einen Überblick über den aktuellen Zustand und die Vorgeschichte der Zechen, die in einem Fall bis zum Jahr 1695 zurückreicht[1]. Die Gewerken hatten dem Bergamt nämlich nicht nur die Gewerken mit ihren Anteilen anzuzeigen, sondern auch Mutungen, Inaugenscheinnahmen, Vermessungen, Belehnungen, Besitzwechsel etc. durch Vorlage der entsprechenden Schriftstücke nachzuweisen, um den rechtmäßigen Betrieb der Zechen bzw. den rechtmäßigen Anspruch der Mutungen zu belegen.

Der einzigartige Quellenwert des *Muth-, Verleih- und Bestätigungsbuches* ergibt sich von daher eo ipso: Es enthält für eine Zeit, für die kaum Quellen zum Steinkohlenbergbau überliefert sind, nicht nur einen aktuellen Zustandsbericht über den märkischen Bergbau um 1770 mit zahlreichen Angaben über die Gewerken, Größen der Zechen, zur Bergbautechnik der Zeit, sondern erteilt darüber hinaus in mannigfacher Hinsicht auch Auskünfte über den Steinkohlenbergbau der vorangegangenen Dezennien.

---

[1] Vgl. Nr. 89 der vorliegenden Edition.

Leider umfaßt das *Muth-, Verleih- und Bestätigungsbuch* nur einen Teil der um 1770 gemuteten bzw. verliehenen märkischen Steinkohlenbergwerke. Es erfaßt Zechen bzw. Mutungen der Ämter Hörde, Unna und Schwerte sowie der Gerichte Herbede, Witten, Stiepel und Horst. Auslassungen, erkennbar an den Springnummern der Vorlage, sind für die erfaßten Ämter und Gerichte festzustellen. Daß das hier edierte *Muth-, Verleih-und Bestätigungsbuch* nur eine unvollständige Überlieferung beinhaltet, ergibt sich schon oberflächlich betrachtet daraus, daß es mit Blatt 739 beginnt und die Foliierung mit Blatt 1366 endet. Somit fehlt mit Sicherheit ein Band mit den Blättern 1 - 738, möglicherweise auch ein Folgeband, beginnend mit Blatt 1367. Deshalb müssen die Angaben für die Ämter Wetter, Blankenstein und Bochum als verloren gelten. Selbst das hier edierte *Muth-, Verleih- und Bestätigungsbuch* für die Ämter Hörde, Unna, Schwerte sowie die Gerichte Herbede, Stiepel, Witten und Horst umfaßt nicht alle Zechen, Mutungen und Verleihungen. Lücken schließt das gleichzeitig angelegte Berghypothekenbuch[2]. Zudem ist bei der Bewertung der Quelle insgesamt zu berücksichtigen, daß aufgrund der staatlichen territorialen Zuständigkeit des Bergamts nur der preußische Teil des Ruhrkohlenbergbaus in der Grafschaft Mark erfaßt ist, also weite Bereiche des damaligen Ruhrkohlenbergbaus (Stadt und Grafschaft Dortmund, Stift Essen, Kloster Werden sowie die gesamte westlich von Essen-Steele gelegene Region, die anderen Herrschaftsbereichen zugehörte) ausgeschlossen sind.

Wenngleich in der Regel nicht eindeutig erkennbar ist, ob sich die erfaßten Bergwerke in Betrieb befanden, ist dies häufig aus dem Zusammenhang zu ersehen. Hierbei ist in Aufschlußarbeiten, d.h. Vorleistungen zum Aufschluß des oder der begehrten Flöze, und in eigentliche Gewinnungsarbeiten zu differenzieren, welche im Grundsatz als Betrieb zu verstehen sind. Erschwert wird die Feststellung, ob sich ein Bergwerk in Betrieb (d.h. Kohlengewinnung) befand, dadurch, daß auch schon vor der Belehnung durch die Bergbehörde Kohlenabbau durchgeführt werden konnte. Andererseits ist eine Belehnung nicht mit dem Betrieb des betreffenden Bergwerks gleichzusetzen. Als eine gewisse Hilfestellung kann jedoch die Angabe dienen, daß die Rezeßgelder (Abgabe an die Bergbehörde zur Aufrechterhaltung der Belehnung bzw. des Anspruchs darauf) gezahlt wurden. Wiederholt wurde nämlich um Befreiung von dieser Zahlung gebeten, wenn den Gewerken durch aufwendige Aufschlußarbeiten hohe Ausgaben entstanden waren, denen aber noch keine Einnahmen durch Kohlenabbau und -verkauf gegenüberstanden. Die Angaben betreffend die Zahlung der Rezeßgelder wurden daher durchgängig in die Regesten aufgenommen.

---

[2] StAMs Märkisches Bergamt 64 und 65; vgl. die Ergänzungen im Anhang: Auszug aus dem Berghypothekenbuch S.165ff.

Das *Muth-, Verleih- und Bestätigungsbuch* wurde im wesentlichen von einer regelmäßigen Kanzleihand niedergeschrieben, nach dem Schriftbild offensichtlich innerhalb eines recht kurzen Zeitraums; einige Einträge, z.B. Nr.91, Bl.1175 - 1182 (Volltextedition Nr.V) weisen auf einen zweiten Schreiber. Die Schreiber sind nicht genannt. Das *Muth-, Verleih- und Bestätigungsbuch* ist ohne jede Behördensignatur, ohne Besitzvermerk oder sonstige Angaben, die mit Gewißheit auf Entstehung und Geschichte der Quelle hinweisen. Wir können aber davon ausgehen, daß es beim Bergamt entstanden ist. Möglicherweise handelt es sich um eine Abschrift des Bergamtes, die als Handexemplar eines hohen Bergbeamten diente. Da wir auch keine Indizien haben, wie die Quelle in private Hand gelangte, hat diese Annahme wohl die größte Wahrscheinlichkeit.

Das *Muth-, Verleih- und Bestätigungsbuch* wurde 1991 im Stadtarchiv Dortmund restauriert: Erneuerung des schadhaften Einbandes und der Fadenheftung; teilweise Reinigung und Konservierung schadhafter Blätter. Es wird heute im Stadtarchiv Dortmund unter der Signatur Bestand 450 Nr.1 aufbewahrt.

Erfaßt sind in den Regesten bzw. inhaltlichen Auszügen - soweit in der Vorlage erwähnt - in erster Linie: Name der Zeche bzw. Mutung; Ortsangaben; Datum der Mutung, Inaugenscheinnahme, Vermessung, Konzession, Belehnung etc.; die Gewerken mit ihren Anteilen (Kuxen) einschließlich der feststellbaren Besitzwechsel; Art und Größe der Zeche bzw. Mutung; Angaben über den Betrieb und dessen Umfang (Stollen, gebaute Flöze, Unterwerksbau, Schächte, Wasserzuflüsse, Betriebsdauer/-einstellungen etc.).

Die Regesten zu den einzelnen Zechen bzw. Mutungen sind formal einheitlich wie folgt gegliedert:

In der Kopfzeile wird die laufende Nummer des Eintrags angegeben; in ( )-Klammern folgt die Numerierung der Vorlage, der gebräuchliche oder modernisierte Name der Zeche bzw. Mutung mit Lokalisierung - soweit möglich, nach heutigen kommunalen Zugehörigkeiten -sowie rechtsbündig die Blattzahlen der auf diesen Bergbetrieb bezogenen Einträge.

Darunter folgt zunächst die Titelei der Vorlage für die jeweilige Zeche bzw. Mutung als Zitat. Die einzelnen Einträge zur Zeche bzw. Mutung folgen sodann in chronologischer Reihung, was in der Regel nicht der Reihenfolge der Vorlage entspricht. Zudem werden Angaben z.B. zur Vermessung oder zu Besitzwechseln, soweit sie datiert sind, entsprechend chronologisch durch Angabe eines Kurzbetreffs eingereiht. Zur Transparenz dieser Editionsform siehe die Muster in IV. Texte (Volltextedition) S.173ff.

In petit-Satz folgen am Ende eines jeden Eintrags Anmerkungen sowie Hinweise auf die Überlieferung in den Berghypothekenbüchern[3] und auf weiterführende Literatur. Hinsichtlich der Literaturangaben erfolgte eine Beschränkung - aus Gründen der Überschaubarkeit und der Gleichförmigkeit - auf Hinweise auf die

Angaben bei Aloys Meister[4], Joachim Huske[5] und Wilfried Reininghaus[6]. Für die Anmerkungen ist zu beachten: Textkritische (hochgestellte Kleinbuchstaben) und sachliche (hochgestellte Ziffern) Anmerkungen erläutern die - geringfügigen - Unregelmäßigkeiten der Vorlage bzw. geben Erläuterungen und/oder Zusätze der Bearbeiter.

Die Regesten zitieren häufig die Vorlage, um dem Benutzer eine Arbeit möglichst nahe am Wortlaut der Vorlage zu ermöglichen. Für die Erklärung bergbaufachlicher Begriffe und zeittypischer Ausdrücke ist hierbei grundsätzlich auf das Glossar im Anhang zu verweisen. Die Textgestaltung bei Übernahme von Zitaten der Vorlage greift geringfügig in die Form der Vorlage ein, um die Texte lesbar zu gestalten: Groß- und Kleinschreibung sowie auch die Interpunktion wurden normalisiert bzw. modernen Gesichtspunkten angepaßt; ebenso wurde die unregelmäßige Schreibung der Umlaute auf die heutige Form normalisiert (hier waren in der Vorlage aufgrund von Flüchtigkeiten der Schreiber Unregelmäßigkeiten festzustellen). Der Lautstand wurde jedoch ansonsten weitgehend beibehalten, auch die Unregelmäßigkeiten der Konsonantenverdoppelung wurden belassen. Die Unregelmäßigkeiten bei der Schreibung vor allem zusammengesetzter Substantive hingegen wurde stillschweigend vereinheitlicht und/oder korrigiert. Lateinische Formen werden durchgehend klein gesetzt (z.B. *ad acta, pro praeterito*); "Verdeutschungen" ursprünglich lateinischer Formen jedoch nach dem syntaktischen Zusammenhang nach heutigen Gesichtspunkten (z.B. *Extradierung, adjudiciret*).

Kürzungen bzw. Übernahme von Zitaten an anderer Stelle sind in ( )-Klammern aufgelöst bzw. gesetzt, Zusätze des Bearbeiters für offensichtliche Auslassungen in [ ]-Klammern hinzugefügt.

[3] StAMs Märkisches Bergamt 64 und 65.
[4] Aloys Meister, Die Grafschaft Mark. Festschrift zum Gedächtnis der 300jährigen Vereinigung mit Brandenburg-Preußen, Bd.2: Ausgewählte Quellen und Tabellen zur Wirtschaftsgeschichte der Grafschaft Mark, 1909; S.167-182: Zechen-Tabellen aus den Jahren 1754 und 1755.
[5] Joachim Huske, Die Steinkohlenzechen im Ruhrrevier. Daten und Fakten von den Anfängen bis 1986, Veröffentlichungen aus dem Deutschen Bergbau-Museum Bochum Nr.40, 1987.
[6] Wilfried Reininghaus, Hördes Wirtschaft und Gesellschaft im 18. Jahrhundert, in: Günther Högl/Thomas Schilp, Hörde. Beiträge zur Stadtgeschichte. 650 Jahre Stadtrechte Hörde (1340 - 1990), 1990, S.76-89.

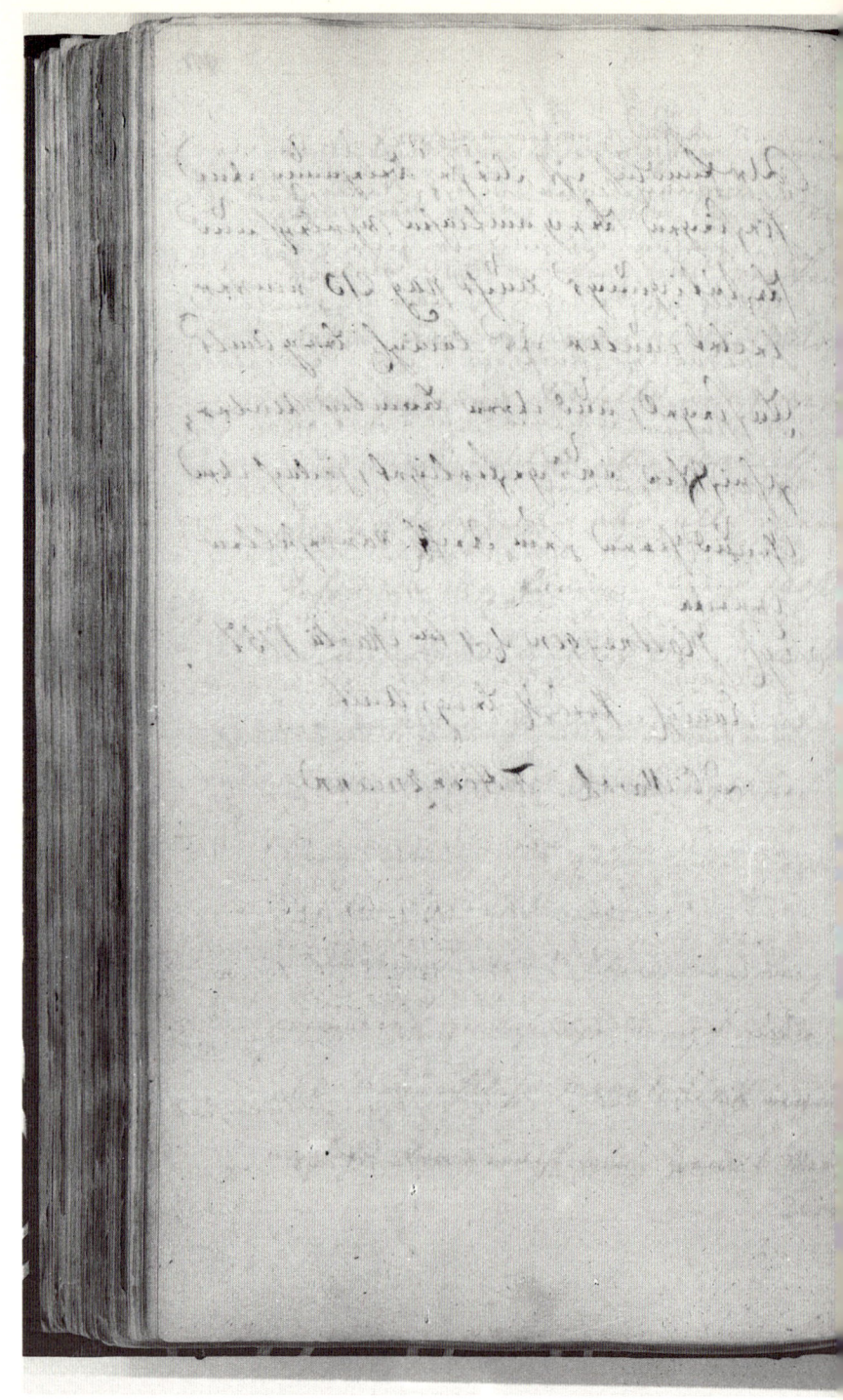

Reproduktion aus dem *Muth-, Verleih- und Bestätigungsbuch* Bl. 907^v/908^r: Zeche Hamburg 1/2, Witten-Annen, Dortmund Kruckel

Nro 44.

actum Wesen den 1ten Merz 1771.

d[...] Hamburg sub Nro 1 et 2.

[...] Conrad Henrich faarwinckel

[...] in [...], [...] zu [...]

[...]

1) Er Comparent zu 1/5

2) Anna Elisabeth
   Kracht 1/5

3) Bernhard Cerffman 1/5

4) Johan Henrich
   Gunnemann . . . 1/5

5) Catharina Elisabeth
   Wallermann

6. Anna Catharina Beckman

7. Else Margaretha fahrwinckel

zur qualification praesentir[en] Comparent die [...] vom 9ten febr 1740
nebst [...] de 7ten
                              febr

Edition

1 (1) Auf der kleinen Baroper Heide, Dortmund-Barop   (Bl.739-742)

Nro 1. Auf der kleinen Baroper Heyde Amts Hoerde gelegen.

1764: Zeche wird wegen *Mangel des Debits und weil ein neuer Stolle[n] angeleget werden müßen, auch die Arbeit bis zur Verdrückung gekommen*, von den Gewerken Jungfer Brockhaus und Thieheuer stillgelegt.

1771   18. April: Die Gewerken Frau Hoffiskalin Franzen (106 2/3 Kuxe), vertreten durch ihren Sohn Richter Franzen, und Gerhard Henrich Dieckerhoff (21 1/3 Kuxe) beantragen für die Wiederinbetriebnahme der Zeche die Verleihung des Kohlenfeldes hinter der *Verdrückung*.

1772   25. Mai: Verleihung des begehrten *unbekohlten Feldes* hinter der Verdrückung und Notierung im Berggegenbuch unter dem Namen Augenschein.[1]

[1] Das ehemalige *Kohlwerk auf der kleinen Baroper Heyde* wurde also mit dem Namen Augenschein erneut verliehen.
StAMs Märkisches Bergamt 64 Bl.293; Meister, 1909 S.175 Nr.34; Huske, 1987 S.90; Reininghaus, Hörde S.88.

2 (2) Hummelbeck, Dortmund-Eichlinghofen   (Bl.743-746)

Nro 2. Zeche Hummelbeck

1756   30. Dezember: Gewerke Hummelbeck gibt an, vor ungefähr einem Jahr sei ihm die Bearbeitung der Bank verboten worden, bis ein tiefer Stollen in die Bank getrieben sei. Nun habe die benachbarte Zeche Anna Catharina, vertreten durch die Gewerken *Thyhunern*[1] und Junckers, einen tiefen Stollen getrieben, von dem seit vergangenem Jahr querschlägig die Hummelbank[2] aufgeschlossen werde; man wolle einen gemeinsamen Betrieb führen.

1756   31. Dezember: Das Bergamt gestattet die notwendige *Durchhauung der Klancke* und die damit anfallenden Kohlen zu fördern. Der Querschlag sei zügig die noch geschätzten zehn Lachter bis zur Hummelbank zu treiben.

1757   18. Januar: Das Bergamt verpflichtet den vorgeschlagenen Schichtmeister Henrich Hermann Wortmann für den zukünftigen Betrieb auf Hummelbank.

1771   20. April: Namens der Gewerkschaft erscheinen Johann Diedrich Hummelbeck sowie Wissel Balsters Ehefrau und bitten um die notwendigen Urkunden, da sie keinen Mut- und Belehnungsschein hätten. Die Zeche wäre bis zu jenem Tage ordnungsgemäß geführt und schon vor Jahren vermessen worden.

Gewerken sind:

Johann Diedrich Hummelbeck	42 2/3 Kuxe
Wissel Balster	21 1/3 Kuxe
Henrich Thieheuer	21 1/3 Kuxe
Johann Henrich Jungebauer	21 1/3 Kuxe
Wilhelm Gillhaus	10 2/3 Kuxe
Andreas Junge	10 2/3 Kuxe

[1] Vermutlich identisch mit Thieheuer.
[2] Hummelbank = Hummelbeck.
StAMs Märkisches Bergamt 64 Bl.294; Meister, 1909 S.175 Nr.6; Huske, 1987 S.498; Reininghaus, Hörde S.89: Hummelbeck in Dortmund-Eichlinghofen, Ortsteil Auf der Heyde.

3 (3) Louisen Erbstollen, Dortmund-Barop   (Bl.747-758)

Nro 3. Louisen Erbstoll[e]n an der Balckhofer Brücken bei Barop Amts Hoerde angeleget.

1752   5. Januar: Mutung des Erbstollens durch Johann Wilhelm Franzen[1]: Der tiefe Stollen soll am Ende der Groß Baroper Heide beim Rüping angelegt werden, um die *von denen Alten schon überkohlten Kohlenbäncke zu frohen.*

1752   7. Januar: Das Bergamt ordnet die Inaugenscheinnahme an.

1752   10. Januar: Inaugenscheinnahme: Der Stollen ist bereits angefangen am Rüpings Kamp. Der zweite Stollen soll an der Rüpinger Mühle angesetzt werden, *zumahlen diese lauter gute Kohlen, so auf der Unnaischen Salzcoctur nicht entbehret werden können.*

Der Berggeschworene Wünnenberg berichtet zudem, daß ein an der Balck-hofer Brücke *auf das Allertiefeste* anzulegender Stollen wenigstens 16 Fuß Mehrteufe als der am Rüpings Kamp von Franzen *angewiesene Stollen* und damit bei den vielen Flözen, wie die alten Schächte beweisen, auch sehr viel mehr Kohlen einbringt und deshalb dort angesetzt und als Erbstollen ver-liehen werden sollte. Franzen erklärt sich in der Folge hierzu bereit und be-ginnt etwa im Mai mit der Auffahrung dieses Stollens in Richtung Süden zum Ardey.

1755 2. Januar: Mutung einer mit dem Stollen erreichten Kohlenbank.

1755 23. Dezember: Mutung *auf alle vorliegende Bäncke ... a Nro 1 bis 8 inclusive*, die mit dem *Generalstollen* an der Balckhofer Brücke bereits angefahren wur-den und noch angefahren werden.

In einer nachfolgenden Eintragung begehrt der Gewerke Franzen die be-reits angefahrenen Flöze Louise Nro 1 - 10, *allesambt auf Steinkohlen ... mehrenteils in alten Zeiten bekohlet, aber in vielen Jahren von niemand verrecessi-ret.*

1762 14. Dezember: Franzen begehrt die Belehnung.

1763 20. Dezember: Belehnung mit dem Erbstollenrecht und provisorisch mit den gemuteten Flözen, *und auf jeder zu frohenden Banck das Tiefste unter dem Stollen vermittelst Kunst- oder Pumpenwercks strecken.*

Die Flöze waren nach den weiteren Angaben specialiter einzeln zu muten und zu verleihen. Dementsprechend wurden dann auch seit 1764 die Mu-tungen eingelegt.

1771 18. April: Gewerken sind:
Richter Franzen für seine Mutter   85 1/3 Kuxe
Camerarius Maertmann bzw. sein Erbe[2]
Obergeschworener Spoerer   21 1/3 Kuxe
Gerhard Henrich Dieckerhoff   21 1/3 Kuxe
Die Rezeßgelder werden gezahlt.

---

[1] Wahrscheinlich Vater, eventuell Großvater des 1771 genannten Richters Franzen.
[2] Die Eintragung lautet: *modo deßen successor in thoro.*
StAMs Märkisches Bergamt 65 Bl.296; Huske, 1987 S.608; Reininghaus, Hörde S.89.
Vgl. Nr.40, S.94ff. Marienberger und Hombrucher Erbstollen, 1768 11. April: *Louise Nro 7 hieß vormahlen Schwarze Mantel.*

4 (4) Haberbank, Dortmund-Barop (Bl.759-762)

Nro 4. Von der Zeche Haberbanck auf der kleinen Baroper Heyde Amts Hoerde gelegen.

1771   18. April: Die Gewerken Richter C. W. Franzen namens seiner verwitweten Mutter und Gerhard Henrich Dieckerhoff erklären, daß diese Bank seit langen Jahren wegen Mangel an Debit, und weil der Stollen verschlämmt sei, stilliegt. Bei Wiederaufnahme müsse der Stollen aufgesäubert oder ein neuer aufgefahren werden. Die übrigen Gewerken hätten die fälligen Gelder nicht mehr bezahlt.

Hiermit wird eine neue Gewerkschaft gegründet, an welcher die Witwe Franzen mit 106 2/3 Kuxen und Dieckerhoff mit 21 1/3 Kuxen beteiligt sind. Die Gewerken erklären, *das Werck wiederum instandzusetzen*, und bitten, *ihnen das noch vorliegende unbekohlte Feld bis zur künftigen Vermeßung zu reservieren.*

1773   25. Mai: Belehnung.

StAMs Märkisches Bergamt 64 Bl.306; Meister, 1909 S.175 Nr.7; Huske, 1987 S.404; Reininghaus, Hörde S.88.

5 (5) Wittwe, Dortmund-Barop (Bl.763-765)

Nro 5. Von der Zeche Wittwen auf der Baropper Heyde Amts Hoerde gelegen

1738   12. April: Belehnung des Dr. Johann Caspar Funcke mit einer von ihm gemuteten *lange Jahren im freyen gelegenen Kohlenbanck, nunmehro die Wittwe genannt*, sowie mit einem ebenfalls von ihm gemuteten Erbstollen und mit der Order, *besonders sogleich einen tüchtigen Erbstollen oder Ackeldruft, wie solche ihnen von Bergamts wegen angewiesen werden wird, nach ihrer beliehenen Banck und Zeche treiben.*

1768:   Vermessung.

1771   22. April: Frau Dr. Funcke teilt mit, daß [- offenbar nach dem Tode ihres Mannes -] die Kuxe sich auf folgende Gewerken verteilen:

Frau Dr. Funcke	64	Kuxe
Kommissionsrat Rappard	42 2/3	Kuxe
Johann Wilhelm Crone	21 1/3	Kuxe

Die Rezeßgelder werden gezahlt.

StAMs Märkisches Bergamt 64 Bl.307; Huske, 1987 S.990; Reininghaus, Hörde S.89.

6 (6) Clausthal, Dortmund-Hombruch (Bl.766)

Nro 6. Von der Zeche Clausthal im Hombrucke Amts Hoerde beneben der Oelmühle gelegen.

1730:   Belehnung des Johann Wilhelm Franzen mit einer Fundgrube und zwölf Maaßen neben der Zeche Zellerfeld.[1]

1771   18. April: Richter Franzen teilt namens seiner verwitweten Mutter mit, daß sein Vater einen Mitgewerken genommen hatte. Die Kuxe verteilen sich auf:

Frau Franzen   106 2/3 Kuxe
Gerhard Henrich Dieckerhoff   21 1/3 Kuxe
Die Rezeßgelder werden gezahlt. Der Verkauf ist noch im Berggegenbuch einzutragen.

[1] Johann Wilhelm Franzen war Großvater des 1771 genannten Richters Franzen.
StAMs Märkisches Bergamt 64 Bl.308; Meister, 1909 S.175 Nr.10; Huske, 1987 S.176; Reininghaus, Hörde S.88.

7 (7) Buntebank, Dortmund-Hombruch (Bl.767/768)

Nro 7. Zeche Buntebancke langs dem Lenhofe im Hombruche Amts Hoerde gelegen.

1734   20. Dezember: Belehnung des Johann Wilhelm Franzen[1] und Mitgewerken mit einer Fundgrube und zwölf Maaßen nach Osten und Westen, umfassend eine Bank und eine daneben befindliche kleinere Bank; die Ackeldruft ist bereits angelegt; nachfolgend wurde die Bank ausgekohlt und die damaligen Mitgewerken von Franzen schieden aus. Daraufhin nahm der Vater von Richter Franzen den späteren Mitgewerken und fuhr einen neuen Stollen auf, um *das Tiefste zu strecken.* Beide Gewerken führten die Arbeiten fort.

1771   18. April: Gewerken sind:
Richter Franzen für seine Mutter 106 2/3 Kuxe
Gerhard Henrich Dieckerhoff   21 1/3 Kuxe
Die Rezeßgelder werden gezahlt.

[1] Johann Wilhelm Franzen war Großvater des 1771 genannten Richters Franzen.
StAMs Märkisches Bergamt 64 Bl.309; Meister, 1909 S.175 Nr.11; Huske, 1987 S.144; Reininghaus, Hörde S.88.

8 (8) Zellerfeld, Dortmund-Hombruch (Bl.769-771)

Nro 8. Von der Zeche Zellerfeld bei dem Eyerkämpgen im Hombrocke gelegen [a](neben der Öhlmühlen Clausthal)[a]

1730   9. Juni: Belehnung des Johann Wilhelm Franzen[1] (85 1/3 Kuxe) sowie Elias und Philipp Heimesath (42 2/3 Kuxe) mit einer Fundgrube und zwölf Maaßen (zwei Bänke, mit welchen *vormahlen der Freyh(err) von Brabeck* belehnt war und die *nunmehro ins Königl(ich) Freye gelegen*).

        Nachfolgend: Nach Auskohlung der Bank Ausscheiden der beiden Heimesaths; Richter Franzens Vater nahm als neuen Mitgewerken Gerhard Henrich Dieckerhoff, legte einen neuen Stollen an und baute die Kohlen bis zum Tiefsten.

1771   18. April: Gewerken sind:
        Richter Franzen für seine Mutter 106 2/3 Kuxe
        Gerhard Henrich Dieckerhoff   21 1/3 Kuxe

[1] Großvater des 1771 genannten Richters Franzen.
[a-a] Ergänzende Lokalisierung auf Bl.770[r].
StAMs Märkisches Bergamt 64 Bl.310; Meister, 1909 S.175 Nr.8/9; Huske, 1987 S.1002; Reininghaus, Hörde S.89.

9 (9) Forelle, Dortmund-Brünninghausen (Bl.772-775)

Nro 9. Zeche Forelle in der Bollmcke Amts Hoerde gelegen.

1743   8. November: Schürfschein für Franz Jacob Perband und Friedrich Hoz *auf eine vorzeiten schon bekohlte, aber anjetzo im Freyen liegende Kohlenbanck neben der Forelle nach dem Rininckhauser Felde zu streichend.*

1753   3. Mai: Mutung.

1754   4. Juli: Belehnung mit einer Fundgrube und sechs Maaßen unter dem Namen Forelle, Gewerken:

Wilhelm Friedrich Hoz	42 2/3 Kuxe
Jakob Perband	21 1/3 Kuxe
Wilhelm Heitmann	21 1/3 Kuxe
Wessel Klöpper	21 1/3 Kuxe
Elias Mellinghaus	10 2/3 Kuxe
Peter Becker	10 2/3 Kuxe

Der Stollen ist bereits angelegt; die Gewerken *demnechst unter dem Stollen das Tiefste vermittels Pumpenwercks strecken, die nöthige Pfeiler zur Erweiterung und Königl(ich)en Interesse stehen.*

1761: Vermessung: Eine Fundgrube und neun Maaßen.

1765 25. März: Quittung über gezahlte Vermessungsgebühren.

[1771]ᵃ: Eintragung in das Mutbuch; Gewerken wie 1754; die Rezeßgelder werden bezahlt.

ᵃ Der Eintrag ist nicht datiert, nach dem Zusammenhang wohl 1771.
StAMs Märkisches Bergamt 64 Bl.34; Meister, 1909 S.175 Nr.16; Huske, 1987 S.280; Reininghaus, Hörde S.88.

10 (10) Alteweib, Dortmund-Brünninghausen   (Bl.776-779)

Nro 10. Von der Zeche Alteweib Amts Hoerde im Renninghauser Felde gelegen.

1755 Oktober: Kohlenbank schon gefrohet.

1756 13. März: Mutung auf eine Fundgrube und vier Maaßen.

1756 16. Dezember: Mutung auf weitere zwei Maaßen.

1757 8. Januar: Belehnung an Johann Diedrich Schulte, Johann Christoph Schulte und Konsorten mit einer Fundgrube und sechs Maaßen (vier *ins Westen* und zwei *ins Osten*).

1761: Vermessung (eine Fundgrube und 8 1/4 Maaßen).

1765 17. März: Quittung über gezahlte Vermessungsgebühren.

1771 17. April: Elias Heimesath gibt nachstehende Gewerken an:
Heimesath   21 1/3 Kuxe
Wilhelm Crone   21 1/3 Kuxe
Henrich Wilhelm Steinberg   21 1/3 Kuxe
Hermann Huster   21 1/3 Kuxe
Witwe Diedrich Schulte   21 1/3 Kuxe
Witwe Johann Christoph Schulte   21 1/3 Kuxe.
Elias Heimesath legt die obigen Unterlagen zur Bestätigung der Belehnung vor. Die Rezeßgelder werden gezahlt.

StAMs Märkisches Bergamt 64 Bl.312; Meister, 1909 S.175 Nr.38; Huske, 1987 S.69; Reininghaus, Hörde S.88.

11 (11) Erbstollen Glückauf, Dortmund-Brünninghausen (Bl. 780-788)

Nro 11. Glückauffer Erbstolle[n] und dahin gehörige Kohlenbäncke Glückauf Nro 1., 2. et 3., durch die freyadeliche Bauet des Hauses Brüninghausen Amts Hoerde hinstreichend.

1752   8. April: Dekret: Drost Caspar Adam Freiherr von Romberg soll die betreffenden Bänke bauen.

1752   8. August: Erteilung des Schurfscheins.

1755   17. Juni: Einlegung der Mutung.

1756   17. Dezember: Mutung von Glückauf Nr.2 durch Schichtmeister W. Wallbaum.

1757   18. Januar: Belehnung mit der durch den Erbstollen überfahrenen Bank unter dem Namen Glückauf Nr.1.

1758   2. Dezember: Mutung der zweiten Bank unter dem Namen Frischgewagt.

1759   30. Januar: Belehnung mit der zweiten Bank, nun aber mit dem Namen Glückauf Nr.2.

1765   12. Juni: Mutung der Erbstollengerechtigkeit; der Erbstollen wurde bereits vorher *an der Emsche gegen der Dortmunder Mühle über, als dem tiefsten Puncte angelegten Hauptstollen* angesetzt.

1768   24. September: Freiherr von Romberg mutet und begehrt noch einmal das Erbstollenrecht sowie alle durch den Erbstollen gelösten und durch seine *freyadeliche Bauet streichende(n) Kohlenbäncke.*

1769   15. August: Verleihung des Erbstollenrechts und Belehnung mit allen durch den Erbstollen angefahrenen Bänken.

1771   19. April: Freiherr von Romberg legt die entsprechenden Unterlagen vor; ebenso die Mutung für die Kohlenbank Glückauf Nr.3, die noch nicht verliehen wurde.

StAMs Märkisches Bergamt 64 Bl.313; Huske, 1987 S.360; Reininghaus, Hörde S.88.
Vgl. die Volltextedition der Einträge zu Glückauf Nr.I S.175ff.

12 (12) Erbstollen Fündling, Dortmund-Hörde (Bl.789-791)

Nro 12. Fündlinger Erbstollen an der Emsche auf Hiempendals Dreysche angeleget und ins Süden durch Heempendahls Feld fortgetrieben.

1722   18. April: Verleihung der Bank unter dem Namen St. Ursula; später Vermessung, nachfolgend Auffahrung eines Stollens.

1768   27. Juni: Mutung der Erbstollengerechtigkeit für den Stollen.

1771   20. April: Wiedervorlage der Mutung durch *die nunmehro sich vereinigte Fündlinger und Urseler Gewerckschaft*, welche *diese bisher unter ihnen streitig gewesene Banck nun mehro alleine unter dem Nahmen Fündling bearbeiten ließen. Die Vermessung ist vor langen Jahren erfolgt*; die entsprechenden schriftlichen Unterlagen müssen sich beim Bergamt befinden.
Die Gewerken sind:

Camerarius (Johann Henrich) Wormstall	21 1/3 Kuxe
Freifrau von Reck zu Uentrop	10 2/3 Kuxe
Johann Henrich Himpendahl	10 2/3 Kuxe
Henrich Wilhelm Steinberg	10 2/3 Kuxe
Elias Dieckerhoff	10 2/3 Kuxe
Jobst Röttger Schubbe	10 2/3 Kuxe
(Johann) Wessel Franzen	21 1/3 Kuxe
(Franz) Jakob Perband	10 2/3 Kuxe
Schulte Bisping	10 2/3 Kuxe
Erben Büscher zu Berghofen	10 2/3 Kuxe

Die Rezeßgelder werden gezahlt.

StAMs Märkisches Bergamt 64 Bl.317; Meister, 1909 S.175 Nr.1/2; Huske, 1987 S.326; Reininghaus, Hörde S.88;

13 (13) Clarenberger Erbstollen, Dortmund-Hörde (Bl.792-800)

Nro 13. Clarenberger Erbstolle(n), welcher an der Emsche angeleget und durch die Marcksbecke und Benninghofen auf alle vorliegende Bäncke fortgetrieben.

Vor 1738: Vor *Introducirung des Bergamts einen tiefen Stollen an der Emsche auf bemelte und vorliegende Bäncke angeleget* durch die Gewerken Äbtissin von Clarenberg (Freifrau von Plettenberg) und Johann Henrich Wormstall.[1]

1735   16. Dezember: Ausstellung des Mutscheins.

1757   3. September: Verleihung der Erbstollengerechtigkeit und der zu über-
        fahrenden Bänke, welche aber bei Aufschluß dem Bergamt gesondert an-
        zuzeigen sind.

1766   10. September: D.C. von der Reck, geb. von Plettenberg, verkauft ihre von
        der Äbtissin von Clarenberg, Freifrau von Plettenberg, ererbte Hälfte am
        Erbstollen an den Salzkontrolleur Rollmann.

1766   22. Dezember: Konfirmation des Kaufvertrags durch das Bergamt.

1768   3. August: Mutung der Bank Nr.1.[a] Nach Entblößung der Bank soll die
        Inaugenscheinnahme erfolgen.

1770   28. Februar: Inaugenscheinnahme der durch den Erbstollen entblößten 2
        Fuß 4 Zoll mächtigen Bank.

1771   15. April: Mutung der Bank Nr.2, welche jedoch noch für die Inaugenschein-
        nahme durch den Erbstollen entblößt werden muß. Diese Bank war *bereits
        vor alters bekohlt* worden.

1771   19. April: Gewerke Wormstall legt die Belehnung des Erbstollens und die
        Mutungen der Bänke, welche noch nicht vermessen und verliehen sind, vor.
        Stollen und Bänke stehen in Betrieb. Gewerken sind je zur Hälfte (= 64 Kuxe)
        Johann Heinrich Wormstall und der Salzkontrolleur Rollmann. Letzterer
        hat seinen Anteil von der Äbtissin von Clarenberg käuflich erworben. Die
        Rezeßgelder werden gezahlt.

[1] Das Bergamt in Bochum wurde am 31. Januar 1738 eröffnet, der Stollen also vorher angesetzt.
[a] Die Stellungnahme des Bergamts vom gleichen Tage irrtümlich Nr.2.
StAMs Märkisches Bergamt 64 Bl.321; Meister, 1909 S.175 Nr.32; Huske, 1987 S.175; Reininghaus, Hörde S.88;

14 (14) Waldhorner Erbstollen, Dortmund-Hacheney   (Bl.801-820)

*Nro 14. Waldhorner Erbstollen, welcher zwischen Hackeney und dem Hause Erme-
linghofen in der Hellen Wies(c)hen Amts Hoerde angeleget.*

1749:   Mutung einer im Ermelinghofer Feld entblößten Bank, der Stollen (= Erb-
        stollen) befindet sich in Auffahrung.

1754   5. Juli: Mutung einer mit dem Erbstollen erreichten Kohlenbank unter dem

Namen Waldhorn. Die Mutung übergibt, ebenso wie die folgenden Mutungen, der Schichtmeister Johann Christoph Schulze.

1756 6. Januar: Generalmutung der mit dem Erbstollen zwischen der bereits entblößten Kohlenbank Waldhorn und der Kirschbaum genannten Bank noch zu lösenden Bänke *sub Nro. 3, 4, 5 und so ferner* durch [Johann] Christoph Schulze als Bevollmächtigtem des Freiherrn von Syberg sowie Johann Adolph Crone für die Mitgewerken. Bergmeister Heintzmann wird mit der Untersuchung der Verhältnisse bei der nächsten Befahrung beauftragt.

1757 17. Januar: Es handelt sich um folgende Bänke:
1. Die Schliggen Siepen Bancke
2. Eine Banck 8 Hand mächtig
3. Die gute Felds Bäncke
4. Die Hühner Egge
5. Die lembergische Banck
Die Bänke 1, 2, 3 und 5 sind noch unverritzt, die Hühner Egge ist *oben her schon ausgekohlet.*

1757 5. Februar: Die Gewerken des (tiefen Stollens) Dannenbaum auf der Zeche Waldhorn werden vom Bergamt aufgefordert, ihre Konzessionen vorzulegen, um festzustellen, ob sich durch die Generalmutung Überschneidungen ergeben.

1757 4. März: Verleihung der 1749 gemuteten Bank unter dem Namen Waldhorn Nr.2 mit einer Fundgrube und sieben Maaßen.

1757 12. März: Mutung einer mit dem Erbstollen erreichten Kohlenbank unter dem Namen Waldhorn Nr.3.

1757 2. April: Verleihung der Erbstollengerechtigkeit an Freiherrn von Syberg, Johann Adolph Crone, Johann Wilhelm Crone und Jakob Perband. Der Erbstollen wurde *schon vor vielen Jahren aus dem hellen Siepen ... auf vorbenante Bäncke getrieben.*

1757 Juli: Inaugenscheinnahme der am 12. März 1757 gemuteten Bank.

1757 8. Oktober: Verleihung der Bank Waldhorn Nr.3.

1758 23. Februar: Mutung einer Erweiterung der Bank Waldhorn Nr.2, nachdem der verliehene Teil fast ausgekohlt ist.

1758 28. Februar: Verleihung der Erweiterung mit sechs Maaßen nach Osten.

1768 13. Juli: Vergleich zwischen Waldhorn und Goyenfeld wegen eines Berechtsamsstreites.

1770 5. Juni: Gemeinsame Mutung durch die Gewerken der Zechen Waldhorn und Goyenfeld - *Nachdem wir...mit unsern gemeinschaftlichen Waldhorn und Go[y]enfeldtsbank tiefen Stollen eine neue Banck getroffen.*[1]

1771 16. April: Erbstöllner sind:

Johann Wilhelm Crone	21 1/3	Kuxe
Freifrau von Syberg	64	Kuxe
Witwe Crone (von Johann Adolph Crone)	21 1/3	Kuxe
Johann Albert Wallrabe (Anteil von Ratmann Perband erworben)	21 1/3	Kuxe.

Rezeßgelder wurden bisher nicht gezahlt; die Gewerken bitten für die Nachzahlung um Ermäßigung auf die Hälfte der Rezeßgelder seit Belehnung, da die Anlage des Stollens erhebliche Kosten verursacht hat.

Gleichzeitig sind die genannten Personen mit den gleichen Anteilen Gewerken der Zeche Waldhorn Nr.2 und Nr.3. Die Rezeßgelder werden gezahlt.

Gleichzeitig sind die genannten Personen mit den gleichen Anteilen Gewerken der Zeche Waldhorn Nr.4, die in gemeinsamem Besitz mit Goyenfeld (östlicher Teil) ist (die Gewerken von Goyenfeld sind: Wilhelm Crone, Elias Heimesath (beide 32 Kuxe), Diedrich Wibbecke, Hermann Hengstenberg, Johann Albert Wallrabe (alle 21 1/3 Kuxe). Inaugenscheinnahme und Vermessung müssen noch vor der Belehnung erfolgen.

1772 1. Juni: Verleihung Waldhorn Nr.4 an die beiden Gewerkschaften Waldhorn und Goyenfeld.

[1] 1772 unter dem Namen Waldhorn Nr.4 verliehen.
StAMs Märkisches Bergamt 64 Bl.326; Meister, 1909 S.175 Nr.12; Huske, 1987 S.950; Reininghaus, Hörde S.89.

15 (18) Schligge, Dortmund-Brünninghausen   (Bl.823-829)

Nro 18. Von der Zeche Schligge Amts Hoerde auf dem Schliggenfelde ohnweit Brüninghausen gelegen

1748: Schurfschein.

1750 31. Oktober: Mutung durch Johann Adolph Hollmann (fünf Teile) und Schliggemann (ein Teil); Schurfschein etwa zwei Jahre zuvor; Anlegung des Stollens nahe der Wiese des Herrn von Romberg.

1753 1. März: Nach den vorliegenden Unterlagen erneute Mutung.

1754 9. April: Vermessung.

1754   4. Juli: Belehnung von Adolph Hollmann und dessen Sohn Johann Adolph mit einer Fundgrube und acht Maaßen *ins Westen* unter dem Namen Schligge Nr.1; der Stollen hat die Kohlenbank erreicht.

1768   20./22. Juni sowie 22. August: Die Mitgewerken (Johann) Wessel Franzen, Sauerländer und Schulte zu Lemberg (je 1/3 Anteil, alle Schwäger von Johann Adolph Hollmann) scheiden aus, weil *gedachte Zeche aber nun viele Proceß und andere Kosten erfordert*; Schichtmeister ist Buhl.

1768   4. Juli: Vergleich mit Freiherrn von Romberg, ohne Angabe eines Inhalts.[1]

[1771][2]: Johann Adolph Hollmann ist alleiniger Gewerke. Die Rezeßgelder werden gezahlt.

1773   3. Mai: Vor dem Bergamt erschien Schichtmeister Wilhelm Thiemann von Hacheney *und declarirte nahmens derer Gewercke der Zeche Schligge Amts Hoerde, wie sie dieses Werck hiemit ins Königl(ich) Freye declarirt haben, und daran weiter keine Receßgelder entrichten wolten, mit Bitte, das nötige deshalb in denen Bergbüchern zu notiren und zu registriren.*

1773   7. Mai: Geschworener Heintzmann erklärt, der Assessor Haardt habe dies in die Bergbücher einzutragen und zu bemerken, *daß diese Zeche ausgekohlet seye und mit dem Glückauffer Erbstollen aufs Tiefeste wiederum gestrecket werde, mithin so lange stille liegen müsse.*

---

[1] Der angeführte Vergleich ohne Angabe eines Inhalts; nach der Mutung von 1750 war Freiherr von Romberg Grundstücksanrainer.
[2] Eintrag in der Vorlage nicht datiert, nach dem Zusammenhang wohl 1771.
StAMs Märkisches Bergamt 64 Bl.334; Meister, 1909 S.175 Nr.4; Huske, 1987 S.821; Reininghaus, Hörde S.89

16 (19) Storcksbänke, Dortmund-Brünninghausen   (Bl.830-833)

Nro 19. Die sogenanten Storcksbäncke Nro 1, 2, 3 et 4. Auf der Brüninghauser Heyde Amts Hoerde gelegen.

1743   20. Mai: Belehnung an Johann Henrich Lange, Caspar Storck und Konsorten mit einer Fundgrube und zehn Maaßen.

1744:   Vermessung der Bänke Nr.1 und 2 zu einer Fundgrube und elf Maaßen.

1768:   Vermessung der Bänke Nr.3 und 4.

1771   17. April: Es erscheint der Steiger Johann Wilhelm Schweizer als Vertreter der Witwe Funcke und teilt mit, daß der verstorbene Dr. Funcke die Zeche von (Johann Henrich) Lange und Konsorten gekauft habe, Frau Funcke habe die Hälfte an den Kommissionsrat Rappard übertragen. Rappard hat seinerseits 1/3 seines Anteils an Johann Wilhelm Crone verkauft; Gewerken sind also:

Frau Dr. Funcke	64	Kuxe
Kommissionsrat Rappard	42 2/3	Kuxe
Johann Wilhelm Crone	21 1/3	Kuxe.

Für die Bänke Nr.3 und Nr.4 ist noch keine Belehnung erteilt; die Rezeßgelder aber werden gezahlt.

StAMs Märkisches Bergamt 64 Bl. 335; Meister, 1909 S.175 Nr.14/15; Huske, 1987 S.887f.; Reininghaus, Hörde S.89.

17 (25) Gottfriedsbank, Dortmund-Niederhofen   (Bl.834-840)

Nro 25. Gottfriedsbanck im Eckey Amts Hoerde gelegen.

1767   20. Juli: Dr. Funcke beantragt die Vermessung von weiteren vier Maaßen nach Osten. Er habe den *Marienberger Stollen Ambts Hoerde vom Lemberge nach Wichlinghofen auf vorliegende Bäncke mit schweren Kosten treiben lassen.*[1] Bereits im Sommer 1766 habe er beantragt, die entblößte Bank Nr.3 nach Osten über die bisher verliehenen zwölf Maaßen hinaus weiter zuzumessen. Er müsse weiter östlich einen neuen Schacht teufen, um das angesetzte Quantum Kohle für die *Saltzcoctur* liefern zu können. Schichtmeister ist Lange. Das Bergamt beauftragt den Geschworenen Heintzmann mit der Inaugenscheinnahme.

1767   22. Juli: Der Geschworene Heintzmann befährt die Zeche und stellt fest, daß die Nebenbank innerhalb der verliehenen Maaßen bis zur Teufe des Gottfriedsstollens völlig ausgekohlt ist, während die Hauptbank noch einhalb Maaßen zurücksteht, weil viele Störungen - *in lauter Sprüngen gelegen* - vorhanden sind. Die Nebenbank wurde deshalb vorgekohlt. Bis zur beantragten Grenze, der *Niederhovischen adlichen Baut*, seien es noch ca. drei bis dreieinhalb Maaßen. Der Marienberger Stollen, am Lembergs Bache angesetzt und nach Süden getrieben, hat ungefähr 145 Lachter festes Gestein querschlägig durchfahren und wird noch 140 bis 150 Lachter bis zur Gottfriedsbank auffahren müssen. Er bringe 40 bis 48 Fuß Mehrteufe gegenüber dem Gottfriedsstollen sowie etliche Faden Mehrteufe gegenüber dem ostwärts bei Wellinghofen angesetzten Wilhelmsstollen ein[2]. Mit diesem habe zwar die Frau Generalin von Haus als Besitzerin [des adligen Hauses Niederhofen] am 16. Juli Mutung auf die nächsten 15 Maaßen nach Osten ab dem Feld Gottfriedsbank eingelegt, aber der Stollen habe kein Vorrecht, zumal er nur eine Konzession auf zwei bei Wellinghofen vorbeistreichende Bänke habe und der Marienberger Stollen tiefer liege.

1771   22. April: Frau Dr. Funcke ist alleinige Gewerkin der Gottfriedsbank. Ihr verstorbener Mann habe *solche schon über 20 Jahr betrieben, auch ihrem Marienberger Erbstollen vorläge, und mit demselben ins Künftige auf das Tiefste bekohlet werden könte, auch wäre selbige schon vor langen Jahren her zu einer Fundgrube und 12 Maaßen vermeßen*. Die Rezeßgelder werden gezahlt.

[1] Vgl. zum Marienberger Stollen Nr.40 S.94f.
[2] Vgl. zum Wilhelmsstollen Nr.63 S.112ff.
StAMs Märkisches Bergamt 65 Bl.343; Meister, 1909 S.175 Nr.23; Huske, 1987 S.378; Reininghaus, Hörde S.89.

18 (26) Kirschbaum, Dortmund-Wellinghofen   (Bl.841-844)

Nro 26. Von der Zeche Kirschebaum Amts Hoerde im Dorff Wellinghofen gelegen.

Um 1745: Mutung.

1747   2. November: Angeblich Vermessung.

1757   12. Januar: Belehnung des Johann Wilhelm Crone und der Mitgewerken mit einer Fundgrube und sechs Maaßen unter dem Namen Kirschbaum, nachdem vor mehr als zwölf Jahren *eine bey dem Dorfe Wellinghofen gelegene Kohlenbanck entblößet, dieselbe darauf gemuthet, auch schon längstens mit einer Fundgruben und sechs Maaßen vermeßen*.

1757   12. März: Gewerken sind:

Johann Wilhelm Crone	42 2/3 Kuxe
Moritz Wibbecke	21 1/3 Kuxe
Inspektor Wiethaus zu Schwerte	32 Kuxe
Johann Adolph Crone	32 Kuxe

1771   16. April: Gewerken sind:

Johann Wilhelm Crone	42 2/3 Kuxe
Johann Diedrich Wibbecke	21 1/3 Kuxe

Witwe (Johann) Adolph Crone 42 2/3 Kuxe
Friedrich Crone   10 2/3 Kuxe
Witwe Bernhard Henrich Crone 10 2/3 Kuxe
Friedrich Crone gibt an, daß sein verstorbener Vater den Anteil von Wiet-
haus gekauft und unter die Gewerken verteilt hat. Die Rezeßgelder wer-
den bezahlt.

StAMs Märkisches Bergamt 65 Bl.344; Meister, 1909 S.175 Nr.21; Huske, 1987 S.550; Reininghaus, Hörde S.89.
Vgl. Volltextedition der Einträge zu Kirschbaum Nr.II S.182ff.

19 (27) St. Moritz, Dortmund-Wellinghofen   (Bl.845-848)

*Nro 27. Von der Zeche St. Moriz Nro 1 et 2 nordwärts dem Dorffe Wellinghofen Amts
Hoerde gelegen.*

1760	2./14. Februar: Mutung durch die Gewerken von Kirschbaum, Moritz Wib-becke und Konsorten, auf eine *mit unserm Tieff[st]en auf dem Stollen abge-senckte Schächte entblößte und im Hangenden unserer Kirschbaums Zeche als deren Vierung getroffene Kohlenbanck zu einer Fundgrube und acht Maaßen ins Osten nebst einer Maaße ins Westen, die Vierung aber ins Liegende.* [d.h. einem von dem tiefsten Stollen abgehauenen Schacht]
1760	25. Februar: Belehnung mit der zwei Fuß mächtigen Bank unter dem Na-men St. Moritz an Moritz Wibbecke als Lehnträger und Konsorten.
1761:	Vermessung.
1771	16. April: Gewerken sind[1]:

Johann Diedrich Wibbecke   21 1/3 Kuxe
Wilhelm Crone   42 2/3 Kuxe
Witwe Johann Adolph Crone   42 2/3 Kuxe
Wilhelm Friedrich Crone   10 2/3 Kuxe
Witwe Bernhard Henrich Crone 10 2/3 Kuxe
Die Rezeßgelder werden gezahlt.

[1] Die Gewerken sind identisch mit den Gewerken der Zeche Kirschbaum, s. Nr.18, S.77f.
StAMs Märkisches Bergamt 65 Bl.345; Huske, 1987 S.868 (unsicher in der Ortsbestimmung);
Reininghaus, Hörde S.89.

20 (28) Blaue Geist, Dortmund-Berghofen (Bl.849-850)

Nro 28. Zeche Blauegeist, welche auf dem Berghofer Felde Amts Hoerde vor dem Wieaenbaencker tieffen Stollen gelegen.

1768   31. Mai: Mutung *eine[r] vor unserm tieffen Wienbäncker Stollen im Freyen liegende und mit dem untern 5ten Febr(uarii) a(nni) c(urrentis) concedirten Obern Stollen getroffene und entblöste Kohlenbanck auf eine Fundgrube und 12 Maßen ins Osten* durch Glaser, Koch, Lange, Möller und Wibbecke.

1770   12. November: Der Geschworene Brenner kauft den Anteil des Gewerken Lange.

1771   15. April: eine Vermessung ist noch nicht erfolgt; Gewerken sind:

Witwe des Bergrezeptors Glaser 26 2/3 Kuxe
Johann Gottfried Koch   26 2/3 Kuxe
Geschworener Brenner   26 2/3 Kuxe
Ratmann Möller   26 2/3 Kuxe
Moritz Wibbecke   21 1/3 Kuxe

Brenner beantragt im Namen der Gewerkschaft die Belehnung unter dem Namen Blaue Geist sowie die Vermessung.

StAMs Märkisches Bergamt 65 Bl.347; Huske, 1987 S.118; Reininghaus, Hörde S.88.

21 (29) Gojenfeldbank 2/3, Dortmund-Wellinghofen (Bl.851-857)

Nro 29. Zeche Gojenfeldbanck Nro.2 et (Gojenfeldbanck) Nro.3 am Hoerdischen Bruche ohnweit Wellinghofen gelegen.

1753   6./16. September: Mutung Gojenfeldbank mit einer Fundgrube und sechs Maaßen ins Westen.

1755   8./10. Juli: Mutung weiterer vierzehn Maaßen ins Westen, und zwar *nicht allein auf die eintzigen sogenandten Gojerfeldbanck, sondern auf ferner vorliegende mit dem Stollen zu frohende, und im Freien liegende Bäncke.* Nachfolgend Entblößung der Bank.

1756   10. Dezember: Belehnung mit einer Fundgrube und 20 Maaßen unter dem Namen Gojenfeldbank.

1761	11. März: Vermessung Gojenfeldbank Nr. 2.		

1767   17. Juli: Nach Aufschluß durch den *getriebenen Erbstollen* Mutung der Gojenfeldsbank Nr. 3. Auftrag des Bergamts an die Geschworenen Brenner und Spoerer, die Inaugenscheinnahme vorzunehmen.

1767   4. Oktober/17. Dezember: Belehnung mit einer Fundgrube und 20 Maaßen unter dem Namen Gojenfeldsbank Nr. 3.

1768:   Vermessung Gojenfeldsbank Nr. 3.

1771   16. April: Gewerken sind:

Johann Wilhelm Crone als Lehnträger	32	Kuxe
Elias Heimesath	32	Kuxe
Johann Diedrich Wibbecke	21 1/3	Kuxe
Jacob Perband modo Johann Albert Wallrabe	21 1/3	Kuxe
Hermann Hengstenberg	21 1/3	Kuxe

Die Rezeßgelder werden gezahlt. Wallrabe hat seinen Anteil vom Gewerken Perband gekauft.

StAMs Märkisches Bergamt 65 Bl. 348-350; Huske, 1987 S. 380; Reininghaus, Hörde S. 88.

22 (30) Bickefeld 11/12, Dortmund-Hörde   (Bl. 858-861)

Nro 30. Von der Zeche Bickefeld Nro 11 et 12 im Bickefeld zwischen Hoerde und Berghofen gelegen.

1760 21./24. Januar: Mutung *als zweye mit unsern tieffen Erbstollen im Bickenfelde zwischen Berghoven und Hoerde überfahrne Kohlbäncke zu 1 Fundgrube ins Westen und 2 Maßen ins Osten nebst der Vierung ins Liegende, und bitten, uns diese Banck unter den Nahmen Bieckenfeld Nro 11 und Nro 12 zu belehnen.*

1760   19. April: Belehnung.

1761   11. Februar: Der Jude Leifmann kauft seinen Anteil von den Gewerken Bernd Adam Artmann und Hermann Wilberg.

1771   17. April: Gewerken sind:

Richter D. J. Bielefeld	21 1/3	Kuxe
Johann Henrich Petersmann	42 2/3	Kuxe
Johann Wessel Franzen	10 2/3	Kuxe
Wilhelm Büscher	10 2/3	Kuxe
Peter Schneider	10 2/3	Kuxe
Hermann Peter, modo dessen Schwiegersohn Johann Diedrich		

Möllmann für dessen Ehefrau   10 2/3 Kuxe
Jude (Heimann) Leifmann   21 1/3 Kuxe
Die Rezeßgelder werden gezahlt; ob die Vermessung erfolgte, läßt sich nicht feststellen.

StAMs Märkisches Bergamt 65 Bl.351; Meister, 1909 S.175 Nr.28 (Bickefeld Nr.7); Huske, 1987 S.113f.; Reininghaus, Hörde S.88.
Vgl. Nr.43, S.97f.: Bunte Kuh: 1763 7. November: Bei einer Bereisung der Bergwerke durch das Bergamt wird festgestellt, daß der Abbau *im Bickenfelde* zuendegehe und daher die Zeche Bunte Kuh, welche seit langem stilliegt, wieder in Abbau genommen werden soll, um die Salzkoktur weiter mit guten Kohlen versorgen zu können.

23 (31) Hellenbank, Dortmund-Schüren   (Bl.862-866)

Nro 31. Von der Zeche Hellenbanck bey Schürenfelde Amts Hoerde gelegen.

1712   28. Juni: Mutung.

1716   5./15. März: Allgemeine Belehnung an die Bürgermeister Kipp zu Hörde (Kipp verkaufte später seine Kuxe an Mellinghaus) und Dümpelmann (letzterer Schwieger-Großvater von Bernhard Georg Straeter) und Konsorten; die förmliche Belehnung wird dahin erweitert, *waß sie etwa ferner mit ihre Ackeldrufft gewinnen und trocken machen könten.*

1736   3. Oktober: Belehnung mit einer Fundgrube.

1767   4. Februar: Nachdem die beliehene Fundgrube *ausgekohlet*, Mutung auf weitere 14 Maaßen nach Osten.

1767   4. August: Erneuerung dieser Mutung.

1767   4. September: Belehnung mit 14 Maaßen nach Osten.

1768   1. Oktober: Vermessung; Quittung des Bergboten Christian von Lünen.

1771   20. April: Gewerken sind:
Bernhard Georg Straeter   21 1/3 Kuxe
Bernhard Henrich Mellinghaus   21 1/3 Kuxe
Jürgen Schwacke   10 2/3 Kuxe
Johann Christian Voß   10 2/3 Kuxe
Arnold Henrich Mönnich   21 1/3 Kuxe
Georg Henrich Vette   42 2/3 Kuxe
Die Rezeßgelder werden gezahlt.

StAMs Märkisches Bergamt 65 Bl.352f.; Meister, 1909 S.175 Nr.3; Huske, 1987 S.450; Reininghaus, Hörde S.88.

24 (32) Sommerberg, Dortmund-Schüren (Bl.867-871)

Nro 32. [betrifft Sommerberg und Weißenstein in Schüren sowie Caroliner Erb-stollen in Holzwickede]

1735   12. Dezember: Auf die Bitte von Herrn Zahn zu Brockhausen Ausstellung des Mutscheins.

1740   25. November: Belehnung des Herrn Zahn junior zu Brockhausen mit ei-ner im Amt Hoerde *zwischen dem Dorffe Schüren und der Freyheit Hoerde gelegene(n) Kohlenbank, nunmehr der Sommerberg genant,* mit einer Fund-grube und vier Maaßen *ins Osten,* nachdem dieser die *bergrechtl(iche) Mu-thung* eingelegt und *zugleich auch die Belehnung hierüber gesuchet* hatte.

1771   22. April: Es erschienen die Vormünder der Zahnschen Töchter Advokat Wiethaus und Kaufmann Friedrich Albert Adrian und präsentierten die Be-lehnung vom 25. November 1740; die Mutung ist nicht mehr auffindbar. Die bis 1769/1770 gezahlten Rezeßgelder sollen wieder entrichtet werden; *da es ein altes Werck, so wird vermuthet, daß solches vermessen.*

Sie *bemerkten dabey zu gleicher Zeit, welchergestalt sie aus denen zu Brock-hausen vorgefundenen Vormundschafftsacten in specie aus den von der abge-lebten Frau tit(ulo) Zahn zum hochlöbl(ichen) Pupillencollegio eingeschickten verschlossenen Inventario mehr genommen, daß darin die Banck am Sommer-berge und am Weißen Steine als zwey verschiedene Wercke aufgeführt, jedoch glaubten sie, daß letztere Banck der ersteren in der Vierung liege, umb so mehr, als letzteres Werck auch die Schuer Banck genannt würde, woran sie soviel sie aus denen Briefschaften mehr genommen, keine Receßgelder bezahlt.*

StAMs Märkisches Bergamt 65 Bl.384; Huske, 1987 S.850, S.990; Reininghaus, Hörde S.89.
Vgl. Edition des Mutscheins von 1735 s. Volltextedition Nr.III S.185.

25 (33) Feldbank, Dortmund-Benninghofen-Berghofen (Bl.872-874)

Nro 33. Zeche Feldbanck

1747   19. November: Muten und begehren die *im Freyen liegende und vor alten Zei-ten schon bekohlte Steinkohlenbanck, so durch den Benninghovischen Busch und sogenante Eickeler Feld aus dem Westen ins Osten streichend auf eine Fund-grube 6 Maaßen die Fiehrung ins Liegende unter dem Nahmen die Feldbanck* die folgenden Gewerken:

Gerhard Werth	25 3/5	Kuxe
Friedrich Trapmann	25 3/5	Kuxe
Hermann Grote	25 3/5	Kuxe
Christian Vahlefeld	25 3/5	Kuxe
Adolf Kötter	25 3/5	Kuxe

1747   30. November: Nach einer für diesen Tag anberaumten Besichtigung an Ort und Stelle soll nach Befinden die Belehnung erteilt werden.

1768   6. Februar: Quittung über gezahlte Gebühren für die Vermessung und (Rezeß-gelder).

[1771][1]: Gewerken sind:

Johann Hermann Grote als Lehnträger	25 3/5	Kuxe
Gerhard Werth	25 3/5	Kuxe
Johann Diedrich Kötter	25 3/5	Kuxe
Christian Vahlefeld	25 3/5	Kuxe
Bernhard Trapmann	12 4/5	Kuxe
Johann Henrich Knolle	12 4/5	Kuxe

Die Gewerken erklären, *sie hätten davon gar keine Nachrichten mehr in Hän-den, sondern es wären ih(re)m Mitgewercken Werth solche im Kriege von den Franzosen mitgenommen.* Gewiß sei, daß sie gehörige Mutung eingelegt hät-ten. Die Gewerken bitten, da die Rezeßgelder bezahlt und die Zeche im Jahr 1768 vermessen wurde, um Ausfertigung der noch ausstehenden Beleh-nung.

[1] Der Eintrag ist undatiert; nach dem Zusammenhang wohl 1771.
StAMs Märkisches Bergamt 65 Bl.355; Meister, 1909 S.175 Nr.29; Huske, 1987 S.269; Reining-haus, Hörde S.89.

26 (34) Dannenbaum, Dortmund Benninghofen   (Bl.875-878)

Nro 34. Von der Zeche Dannenbaum

1755   14. Februar: Mutung.

1755   15. Februar: Belehnung des Rezeptors Bielefeld und des Johann Adolph Cro-ne mit einer Fundgrube und vier Maaßen (je zwei Maaßen *ins Osten* und Westen) unter dem Namen Dannenbaum *auff eine im Benninghover Felde Amts Hoerde befindliche und durch eine in der Benninghover Wiese angelegten und seit geraumer [Zeit] getriebenen Stollen gefrohete, im Königlichen Freyen liegende Stein-Kohlbanck.*

1771   16. Mai: Gewerken sind:

Witwe Johann Adolph Crone	64	Kuxe
Die beiden Kanonissen von Vaerst		
des Stifts Clarenberg	21 1/3	Kuxe
Rezeptor Bielefeld	21 1/3	Kuxe
(Gerhard) Amsthoff zu Duisburg	21 1/3	Kuxe

Ein tiefer Stollen ist angelegt. Die Rezeßgelder werden gezahlt. Entgegen der Belehnung waren die anderen Gewerken von Anfang an zu den angegebenen Anteilen berechtigt.

StAMs Märkisches Bergamt 65 Bl.356; Huske, 1987 S.200; Reininghaus, Hörde S.88.

27 (35) Trompette, Dortmund-Loh   (Bl.879-884)

Nro 35. Von der Zeche Trompette im sogenanten Lohe bey Benninghofen Amts Hoerde

1761   2. November: Mutung auf *eine im Lohe mit dem Stollen entblöste Kohlenbanck, auf eine Fundgrube und 6 Maaßen* durch Elias Heimesath junior, Henrich Wilhelm Franzen, Daniel Horster, Gerhard Mühlmann, C. Schmidding und Cornelius Wüste.

1763   10. Februar: Bericht der Berggeschworenen Spoerer und Vogt: Der Stollen ist im Moellenhoffs Siepen nahe Moellenhoffs Scheune angesetzt und soll in Richtung Südwesten zum Flöz aufgefahren werden; gewonnene Teufe: 2 1/2 Lachter, jedoch wegen des sehr flachen Einfallens etwa 35 - 40 Lachter flache Bauhöhe; es sind *Drückungen* zu erwarten.

1763   vor 23. Mai: Inaugenscheinnahme.

1763   3. November: Heintzmann befürwortet trotz gewisser Bedenken die Anlegung des Stollens.

1763   23. November: Konzession zur Anlegung eines tiefen Stollens durch das Bergamt.

1768   vor 15. Oktober: Vermessung der gemuteten Fundgrube und sechs Maaßen; Quittung über bezahlte Gebühren des Bergboten Christian von Lünen.

1771:   Die Belehnung ist noch nicht erteilt; Gewerken sind:

Leonhard Winter	10 2/3 Kuxe
Christian Klewitz	10 2/3 Kuxe
Peter Kost	21 1/3 Kuxe
Daniel Horster	21 1/3 Kuxe

Caspar Schmidding   21 1/3 Kuxe
Jodocus Schweer   21 1/3 Kuxe
Geschworener Brenner 21 1/3 Kuxe

Leonhard Winter hat seinen Anteil 1761/1762 von Cornelius Wüste gekauft und eine Hälfte davon an Christian Klewitz veräußert. Peter Kost hat seinen Anteil von Gerhard Mühlmann erworben. Der ursprüngliche Anteil der Familie Heimesath wurde an Brandt und von diesem an Jodocus Schweer abgetreten. Der der Familie Franzen zunächst an Tucht in Westhofen und wurde später dann Brenner überlassen. Die Rezeßgelder werden gezahlt.

StAMs Märkisches Bergamt 65 Bl.357; Huske, 1987 S.914; Reininghaus, Hörde S.89.

28 (36) Wienbank, Dortmund-Loh   (Bl.885-886)

Nro 36. Zeche Wienbanck und darauf angelegte tieffe Stolle(n) im Lohe Amts Hoerde gelegen.

1760   3. Mai: Mutung.

1771   16. April: Die Zeche ist noch nicht verliehen und vermessen, aber die Rezeßgelder wurden immer bezahlt. Gewerken sind:

    Geschworener Brenner   53 1/3 Kuxe
    Witwe Glaser   26 2/3 Kuxe
    Ratmann Möller zu Schwerte 26 2/3 Kuxe
    Johann Diedrich Wibbecke   21 1/3 Kuxe

StAMs Märkisches Bergamt 65 Bl.358; Meister, 1909 S.175 Nr.43; Huske, 1987 S.974; Reininghaus, Hörde S.89.
Vgl. auch Zeche Ludwigsbank, Nr.29 S.85f.: Beide gehörten den gleichen Gewerken und sind wahrscheinlich im Zusammenhang zu betrachten.

29 (37) Ludwigsbank 1, Dortmund-Loh   (Bl.887-893)

Nro 37. Zeche Ludwigsbanck Nro 1 bey Benninghofen Amts Hoerde in sogenanten Loh gelegen

1758   19. Dezember/1759 10. Januar: Moritz Wibbecke, Schichtmeister auf der Sophienzeche, beabsichtigt, nachdem er einen Teil der Kuxe von Wienbank erworben hat, die *Fortsetzung des ehedeßen auf der Wien und vorliegende(n) Bäncke(n) befangenen tieffen Stollen, da die Elisabethzeche mit der Zeit ein Ende gewinnen mögte*, aber die Umgegend, wie Schwerte und *sauerlaendische Gegend...mit der Zeit an der Feuerung Mangel haben dorffte*. Wibbecke hat von Lueg zu Hacheney und von Huster deren Anteile erworben. Mitgewerken sind derzeit die Soldaten im Feld Koster und Seelbach.

1760   13./16. Februar: Den Stollen nach der Wienbank und damit überfahrenen Bänken betreffend, wird Wibbecke die Erlaubnis gegeben, die bauwürdigen Flöze zwischen dem Stollenmundloch und der Wienbanck abzubauen. Er habe jeden neuen Flözaufschluß anzuzeigen und die Abbauerlaubnis einzuholen. Auch darf er wegen der zu erwartenden Erbstollen von Dannenbaum und Clarenberg keinen Unterwerksbau treiben. Allerdings wird die tiefere Erbstollenlösung noch etliche Jahre auf sich warten lassen, weshalb die Bergbehörde dem Wibbecke diese Erlaubnis erteilt.

1760   3. Mai: Moritz Wibbecke und Konsorten muten *als die schon vorhero bearbeitete Wienbanck im Lohe Amts Hoerde zu einer Fundgrube und zwey Maaßen*.

1770   20. Dezember: Mutung auf eine *dem Wienbaencker tiefen Stollen vorliegende Banck*.

[1771][1]: Gewerken sind:

Geschworener Johann Paul Brenner   53 1/3 Kuxe
Witwe Glaser   26 2/3 Kuxe
Ratmann Möller   26 2/3 Kuxe
Johann Diedrich Wibbecke   21 1/3 Kuxe

Inaugenscheinnahme und Vermessung sind noch nicht erfolgt, eine Belehnung ist bisher nicht erteilt. Die Rezeßgelder sollen von nun an gezahlt werden.

---

[1] Der Eintrag ist undatiert, nach dem Zusammenhang wohl 1771.
StAMs Märkisches Bergamt 65 Bl.359.
Vgl. auch Wienbank, Nr.28 S.85: Beide gehörten den gleichen Gewerken und sind wahrscheinlich im Zusammenhang zu betrachten. Zur Sophienzeche vgl. Nr.61 S.111; Elisabeth Zeche: Vermutlich Sybilla Elisabeth Nr.60 S.110 oder Elisabeth im Loh, vgl. Huske, 1987 S.244.

30 (38, 39, 40, 41) Anfang mit Gott, Gottfriedsbank, Danielsbank und Gabe Gottes, Dortmund-Kruckel, Dortmund-Schnee (Bl.894-901)

Nro 38, 39, 40, et 41. Zu denen Zechen Anfang mit Gott im Brunenbecker Siepen, so dann die Gottfriedtsbanck, Danielsbanck und Gabe Gottes, sämtlich im Ardey, Amts Hoerde, in sogenandt Schalckssiepen durchstreichende Kohlenbäncke.

1743 6. Dezember: *Ad Num(eros) 39, 40, et 41*: Belehnung des Gottfried Rump junior mit der Gottfriedsbank (eine Fundgrube und 30 Maaßen), der Danielsbank (eine Fundgrube und 24 Maaßen) und der Zeche Gabe Gottes (eine Fundgrube und 24 Maaßen).

1758 26. Juli: Ad Nr.38: Gottfried Rump, Gewerke der noch nicht verliehenen Zeche Anfang mit Gott, führt erste Verhandlungen bezüglich des Verkaufs des Bergwerkes.

1759 19. Juni/23. August: Ad Nr.38: Gottfried Rump, wohnhaft in Hagen, ersucht beim Bergamt zu Schwerte die Belehnung mit der Zeche Anfang mit Gott unter Einreichung eines Reskripts aus Berlin vom 19. Juni auf Bericht vom 7. Juni, das die Belehnung mit der Erbstollengerechtigkeit genehmigte.

1759 15. September: Johannes Boos und Rüssmann, die von Rump die Zeche Anfang mit Gott erworben hatten, haben den Vortrieb des tiefen Stollen wieder aufgenommen, erhalten die *Erbstollengerechtigkeit auf vorliegende Bäncke*, wobei der Stollen *im Gegenbuche pag(ina) 446 sub tit(ulo) Johannes Stollen erfindlich*. Jede angefahrene Bank ist getrennt zu muten, zu verleihen und zu vermessen.

1771 13. Mai: Gewerken sind:
Johannes Boos   85 1/3 Kuxe
Hermann Henrich Osthoff   42 2/3
Für die Zeche Mit Gott gewagt[1] war zunächst Rump in Hagen belehnt; dieser hat sie an Johannes Boos, Camerarius Wiendahl und Rüssmann in Herdecke veräußert; von letzteren hat Boos die Anteile erworben, um später davon ein Drittel der Kuxe an Osthoff zu verkaufen. Während für Anfang mit Gott und Gabe Gottes die Rezeßgelder ordnungsgemäß abgeführt worden seien, sei auf Gottfriedsbank und Danielsbank nur geschürft worden *und darauf noch keine Schächte eingeschlagen, mithin auch davon noch keine Recessgelder bezahlet, wozu aber Gewerke willig wären.*

---

[1] In der Vorlage wohl irrtümlich für Anfang mit Gott.
StAMs Märkisches Bergamt 65 Bl.361; Huske, 1987 S.76, 200 und 329; Reininghaus, Hörde S.88.
Vgl. auch Nr.51 S.104f.: Johannes Erbstollen.

31 (42) Mit Gott gewagt, Dortmund-Kruckel (Bl.902-904)

Nro 42. Zeche Mit Gott gewagt im Ardey oberhalb der Brunnenbeck Amts Hoerde gelegen.

1756   30. Mai: Die Eheleute Gottfried Rump verkaufen 64 Kuxe an Johann Bernhard Springorum; später werden die restlichen 64 Kuxe an Caspar Pfingsten und Henrich Demtröder veräußert.

1758   9. Mai: Johann Bernhard Springorum und Johann Demtröder muten und begehren die Erbstollengerechtigkeit für *einen auf unsere Zeche in dem Siepen über der Brunnenbecker anzulegenden tiefen Erbstollen.*

1764   5. November: Caspar Pfingsten kauft von Anna Katharina Reckert zu Ende 32 Kuxe.

1769   4. Februar: Einlegung der Mutung auf die nächsten acht Maaßen nach Westen durch den Gewerken Johann Bernhard Springorum.

1771   17. April: Gewerken sind:
Johann Bernhard Springorum   64 Kuxe
Caspar Pfingsten   32 Kuxe
Henrich Demtröder   32 Kuxe
Von den jetzigen Gewerken wurde *ein kostbarer Stollen getrieben.*

StAMs Märkisches Bergamt 65 Bl.365; Meister, 1909 S.175 Nr.33; Huske, 1987 S.647; Reininghaus, Hörde S.89.

32 (43) Kleine Johann, Witten-Stockum (Bl.905-907)

[Ohne Titel, es fehlt ebenfalls der Eintrag von 1771]

1752   2. Februar (2. September): Mutung einer Kohlenbank *in der sogenanten Maikämmer(er) Marck* auf eine Fundgrube und acht Maaßen *ins Osten* nebst der Vierung ins Liegende unter dem Namen Kleine Johann. [Der Muter ist nicht genannt.]

1757   4. März: Belehnung mit Kleine Johann in der Stockumer Mark an Henrich Jürgen Schraberg und Konsorten.

StAMs Märkisches Bergamt 65 Bl.366; Huske, 1987 S.552.

Nro 44. Von denen Zechen Hamburg sub Nro 1 et 2.

1740   9. Februar: Belehnung des Hermann Fahrwinckel und Konsorten mit einer Fundgrube und sechs Maaßen, da die Gewerken nicht wissen, *ob ihre Vorfahren auf solche Bäncke eine würckliche Belehnung erhalten oder ob dieselbe verlohren gegangen.*

1740/1741: Vermessung von Hamburg Nr.1.

1753   7. Februar: Belehnung des Henrich Fahrwinckel und Konsorten mit weiteren vier Maaßen nach Westen, nachdem *Hamburgs Zeche ostwerts biß an die vorliegende Klancke ausgekohlet und solche durch einen tiefferen Stollen, welchen sein Vater westwerts an der Hilgenbecke wider zu frohen vorhabens wäre.*

1768   10. September: Mutung der Bank Hamburg Nr.2, die *mit den tiefen Hamburger Stollen gefrohet.*

1769   18. Januar: Quittung über gezahlte Gebühren für die Vermessung von Hamburg Nr.2.

1771   1. März: Gewerken sind:
Konrad Henrich Fahrwinkel   1/5 [Anteil; 25 3/5 Kuxe]
Anna Elisabeth Kracht   1/5 [Anteil; 25 3/5 Kuxe]
Bernhard Korffmann   1/5 [Anteil; 25 3/5 Kuxe]
Johann Henrich Günnemann   1/5 [Anteil; 25 3/5 Kuxe]
Katharina Elisabeth Wattermann   [1/15 Anteil; 8 8/15 Kuxe]
Anna Katharina Beckmann   [1/15 Anteil; 8 8/15 Kuxe]
Else Margaretha Fahrwinkel   [1/15 Anteil; 8 8/15 Kuxe]
Die Rezeßgelder für Hamburg Nr.1 werden gezahlt, für Hamburg Nr.2 sollen sie gezahlt werden.

StAMs Märkisches Bergamt 65 Bl.367; Huske, 1987 S.411; Reininghaus, Hörde S.88.

Nro 45 et 46. Zeche Hessenbanck im Mentelers Felde bey Barop Amts Hoerde gelegen

1743   5. Januar: Belehnung des Johann Henrich Heimesath und Konsorten *auf eine im Amt Hoerde auf Mentlersfelde gelegen, bereits entblößete und besichtigte Kohlenbanck, der Schwartze Mantel Nro 2 genannt, und zwarn auf eine Fundgrube und 8 Maße ins Westen zu strecken.*

1746   20. April: Mutung.

1746   27. April: Belehnung von Menteler zu Barop und Konsorten mit einer Fundgrube und sechs Maaßen *ins Osten.*

1763   6. Mai: Menteler erklärt dem Geschworenen Brenner, daß er auf die zur Zeit in Fristen befindliche Hessenbank verzichtet, der Mitgewerke Rezeptor Bielefeld will aber die Zeche behalten, die rückständigen Rezeßgelder bezahlen und andere Mitgewerken nehmen.

1767   10. November: Bielefeld und Konsorten muten *eine von ohngefehr entdeckte unser Hessenbanck gegen Norden gelegene und bishero ebenso genante Banck nebst einem in der Emsche anzulegenden Hauptstollen und alle von da bis nach der Zeche Schwarzmantel befindl(iche) im Freyen liegende Kohlenbäncke, jede zu einer Fundgruben und 6 Maaßen.* Der Geschworene Spoerer wird mit der Inaugenscheinnahme beauftragt.

1771   24. April: Gewerken sind:

Rezeptor Bielefeld	42 2/3	Kuxe
Wilhelm Heitmann	16	Kuxe
Jakob Perband	16	Kuxe
Johann Henrich Rühl	21 1/3	Kuxe
Rudolph Heitman	21 1/3	Kuxe
Hermann Mellinghaus	10 2/3	Kuxe

Nach dem Abtretungsvertrag von 1763 hat Bielefeld die genannten Gewerken unter der Bedingung des freien Hausbrands von der Zeche für sich beteiligt. Der neue Stollen auf die Nebenbänke gemäß Mutung vom 10. November 1769 ist angesetzt und ein Querschlag hat bisher 18 - 20 Faden Länge, darauf sind zwei Schächte abgeteuft, auch bereits ein Flöz *gekohlet*; die Kohlen werden an das Salzwerk geliefert.

StAMs Märkisches Bergamt 65 Bl.368; Meister, 1909 S.175 Nr.25; Huske, 1987 S.467; Reininghaus, Hörde S.88.

35 (48) St. Caspar mit Papenbänker Stollen, Dortmund Berghofen
(Bl.927-928)

Nro 48. Von der Zeche St.Caspar Amts Hoerde, so mit dem Papenbaencker Stollen gefrohet

1757: Vermessung.

1765   12. Juli: Mutung auf eine Fundgrube *ins Westen* und sechs Maaßen *ins Osten, die Vierung in das Hangende*, unweit von Berghofen.

1771 (oder 1772)[a] 22. April: Gewerken sind:
Frau Dr. Funcke   106 2/3 Kuxe
Hermann Grote   21 1/3 Kuxe
Eine Belehnung ist noch nicht erfolgt, aber das Werk wird *in beständigen Receß erhalten*.

[a] Jahreszahl überschrieben.
StAMs Märkisches Bergamt 65 Bl.373; Huske, 1987 S.857; Reininghaus, Hörde S.89.

36 (49) Stephan, Witten-Stockum
(Bl.929-937)

Nro 49. Von der Zeche Stephan Amts Hoerde, im Stockumschen Felde gelegen

1765   1. Februar: Mutung.

1765   6. Juli: Belehnung des Stephan Caspar Schievelbusch mit einer Fundgrube und zwölf Maaßen am *Wennewege ohnweit Stockmanns Siepen.*

1766   5. Juli: Schievelbusch beabsichtigt die Anlegung eines Erbstollens *und denselben auf vorliegende Bäncke bis zur Zeche Margaretha durchzutreiben*; Mutung des Erbstollenrechtes.

1767   16. September: Vergleich mit den Gewerken der markscheidenden Ringelbank wegen der *Grentzscheidungen mit diesem ihren Stollen.*[1]

1768   19. Dezember: Quittung über bezahlte Vermessungsgebühren.

1769   9. Februar: Verleihung der Erbstollengerechtigkeit unter dem Namen Stephani Erbstollen sowie *mit denen damit bis zur Zeche Margaretha zu frohenden Bancken, jede nemlich zu einer Fundgrube und 20 Maaßen.*

1770 12. Dezember: Gewerken sind: Stephan Caspar Schievelbusch gen. König, Hiddinghausen, mit 96 Kuxen und Diedrich Ernst Spennemann von *Holte* mit 32 Kuxen; Spennemann hat am 24. August 1770 seine 32 Kuxe für 310 Reichstaler vom damaligen Alleingewerken Schievelbusch erworben.

[1] Gemeint ist wahrscheinlich die Zeche Ringeltaube, die in der Verleihung vom 9. Februar 1769 auch aufgeführt wird; vgl. Nr.58 S.109.
StAMs Märkisches Bergamt 65 Bl.374; Huske, 1987 S.880; Reininghaus, Hörde S.89.

37 (50) St. Martin, Dortmund-Berghofen (Bl.938-945)

Nro 50. St. Martiner an der Emsche in Koellermans Wiese Amts Hoerde angeleget.

1764 14. November: Mutung auf eine zwischen Berghofen und Aplerbeck mittels Probeschacht entblößte Bank unter dem Namen St. Martin zu einer Fundgrube und zwölf Maaßen *ins Westen* durch Dr. Funcke, Schubbe und Dieckerhoff. Auftrag des Bergamts an Bergmeister Rielcke und Brenner für die Inaugenscheinnahme.

1765 9. April: Konzession per Reskript aus Berlin unter dem Namen St. Martin.

1766 6. Juni: Mutung von *drey mit treibenden St. Martins Stollen frohende Steinkohlenbäncke zwischen Berghofen und Aplerbeck Amts Unna befindlich, nahmentlich Anna Sybilla und Elisabeth, und zwar jede Banck mit einer Fundgrube nebst zwölff Maßen ins Osten und zwölff Maaß ins Westen* durch Dr. Funcke[1]. Auftrag des Bergamts an Bergmeister Rielcke für die Inaugenscheinnahme.

1771 21. Februar: Steiger (Johann) Wilhelm Schweizer mutet die von Dr. Funcke überlassene Bank Anna Sybilla erneut auf eine Fundgrube und zwölf Maaßen.

1771 17. April: Die Witwe Funcke gibt an - auch für ihre Mitgewerken -, daß für die Bänke Anna Sybilla und Elisabeth noch keine Belehnung erteilt wurde; auch die Vermessung ist noch nicht erfolgt. Anna wäre *von keinem Belang* und wurde an den Steiger Schweizer abgetreten. Die Bank St. Martin Nr.2, genannt Elisabeth, soll aber gekohlt und der Stollen weiter nach Süden bis zur Feldbank vorgetrieben werden.
Gewerken sind:

Witwe Dr. Funcke	85 1/3	Kuxe
Geschworener Brenner	21 1/3	Kuxe
Jobst Schubbe	10 2/3	Kuxe
Wilhelm Dieckerhoff	10 2/3	Kuxe

Dieckerhoff und Schubbe haben inzwischen die Hälfte ihrer Anteile an Funcke abgetreten. Brenner weist sein Recht durch den *Cessionsschein* vom

10. März 1771 nach. Belehnung und Vermessung für St. Martin Nr.2 sollen erfolgen; die Rezeßgelder sind nachzuzahlen.

1771   17. April: Antrag auf Belehnung mit der von Johann Wilhelm Schweizer gemuteten Bank unter dem Namen St. Martin Nr.1, genannt Gotthilf. Gewerken sind:

Johann Wilhelm Schweizer	42 2/3	Kuxe
Johannes Schweizer (dessen Bruder)	42 2/3	Kuxe
Christian Klewitz	42 2/3	Kuxe

Die Inaugenscheinnahme und die Vermessung sind noch nicht erfolgt. Die Gewerken wollen die Rezeßgelder in Zukunft zahlen.

[1] Die ersten beiden Flöze lagen so dicht beieinander, daß sie als ein Flöz unter dem Namen Anna Sybilla bezeichnet wurden.
StAMs Märkisches Bergamt 65 Bl.377; Huske, 1987 S.863; Reininghaus, Hörde S.89.

38 (54) Glücksanfang, Dortmund-Löttringhausen   (Bl.946-950)

Nro 54.[a] Glücks Anfang. Zwei am Holthauser Wegen ostewerts Lüttringhausen gelegen und durch Lüttringhausen streichende Kohlenbäncke.

1767   22. April: Mutung unter dem Namen Glücksanfang; eine Fundgrube und 20 Maaßen nach Osten *nebst der Vierung ins Hangende.* Auftrag des Bergamts an Bergmeister Rielcke, Spoerer und Brenner für die Inaugenscheinnahme.

1767   12. Mai: Inaugenscheinnahme *an dem sogenanten Forscheholl auf der Landstraße von Dortmund nach Herdecke*: Es werden zwei Flöze von 2 1/2 und 4 Fuß Mächtigkeit vorgezeigt.

1769   3. Januar: Spoerer berichtet, daß die Anlage des Probeschachts erfolgreich war; die Gewerken bitten um die Erteilung der Konzession.

1771   17. April: Gewerken sind:

Johann Bernhard Springorum	64	Kuxe
Johann Georg Heber	21 1/3	Kuxe
Peter Bruggemann	21 1/3	Kuxe
Johann Henrich Hefemann	10 2/3	Kuxe
Johann Henrich Witthoff	10 2/3	Kuxe

Es erfolgte noch keine Belehnung, *weder auch eine Vermessung vorgegangen noch Recessgelder bezahlet, welches alles aber Gewercke zu seiner Zeit, da sie jetzo noch an der Stollenarbeit begriffen und dieser erst nach 2 ad 3 Jahren durchschlägig werden dürfte, erwarteten.*

[a] Der Eintrag ist in der Titelei der Vorlage als Nr.55 geführt, im weiteren Verlauf aber korrekt als Nr.54.
StAMs Märkisches Bergamt 65 Bl.384; Huske, 1987 S.365f.; Reininghaus, Hörde S.89.

39 (55) Henriette[1], Dortmund-Kirchhörde (Bl. 951-952)

Nro 55. Zeche Henriette, unter Kirchhoerde her streichende an der Kirchhoerder Bache unter der Koppendelle entblößte Steinkohlenbanck.

1765   13. November: Mutung durch Johann Henrich Funcke unter dem Namen Henrietta (eine Fundgrube vier Maaßen nach Osten und zwei Maaßen nach Westen). Bis zur Inaugenscheinnahme ist jede Bearbeitung untersagt.

1766   1. April: Konzession auf Reskript aus Berlin.

1771   22. April: Es erfolgten noch keine Belehnung und keine Vermessung; die Rezeßgelder werden gezahlt;
Alleingewerkin ist die Witwe Dr. Funcke.

[1] Nicht identisch mit Henriette in Dortmund-Eichlinghofen; bis 1771 bestand offenbar noch kein eigentlicher bergmännischer Betrieb.
StAMs Märkisches Bergamt 65 Bl.386; Huske, 1987 S.453; Reininghaus, Hörde S.89.

40 (56, 57) Marienberger und Hombrucher Erbstollen, Dortmund-Wellinghofen und -Hombruch (Bl. 953-972)

Nro 56. [und Nr.57] Von den beyden Erbstollens nahmentlich Marienberger und Hombrucher Erbstolle, ersterer auf der Wellinghofer Heyde, zweyter in der Hombrucher Bache Amts Hoerde gelegen.

[1. Nr.56, Marienberger Erbstollen]

1765   3. August: *H(err) Doct(or) Funcke ließ gehorsambst anzeigen, wie daß er mit dem Marienberger Stollen eine Banck erreichet, bath, ihm damit unter dem Nahmen Anna zu belehnen und ihm darauff, wie auch auf übrige vorliegende Clara Maria, Blaue Geist und Gottfried, sobald solche mit ged(ach)tem Stollen erreichet, und zwar auf jede derselben zehen Maaße mit einer Fundgrube ins Osten und ins Westen biß an die Kirchhoerder Bache jenseit dem Dortmundischen Wege zu meßen zu laßen. Auftrag an Bergmeister Rielcke, die Bank in Augenschein zu nehmen.*

1768   11. April/8. Mai: Inaugenscheinnahme.

1769   13. Januar: Steiger (Johann) Wilhelm Schweizer mutet für die Witwe Dr. Funcke *die Erbstollengerechtigkeit auf den tieffen Marienberger Stollen auf alle* vorliegende beliehene und freye Bäncke, zu einer Fundgrube und 20 Maaßen biß in Zeche Sophia und beantragt die Belehnung. Auftrag des Bergamts an Bergmeister Rielcke und Geschworenen Heintzmann für die Inaugenscheinnahme.

1769 7. Oktober: Stellungnahme des Bergmeisters Rielcke und des Berggeschworenen Heinzmann: Der Marienberger Stollen ist *in der Limbergs Bache unter Seepen Hoffe angeleget, und ins Süden bereits bey die 1200 Fuß durchlaufend festes Quergestein getrieben worden; und werden mit denselben die Zechen Clara Maria, Gottfriedts und andere vorliegende Bäncke ... gefrohet.* Der Stollen soll *auf 2/3* vorgetrieben werden, um schneller die Flöze zu erreichen.

1770 27. Juli: Konzession per Reskript aus Berlin zur Erteilung der Erbstollengerechtigkeit.

1770 19. Dezember: Mutung einer von dem Marienberger Stollen angefahrenen Bank durch Steiger (Johann) Wilhelm Schweizer für Frau Dr. Funcke unter dem Namen Maria und Beantragung der Belehnung (eine Fundgrube 16 Maaßen nach Osten und 4 Maaßen nach Westen).

1771 22. April: Alleingewerkin ist Frau Dr. Funcke. Sowohl der Marienberger Erbstollen als auch die Mutung Maria sind noch nicht verliehen, aber die Rezeßgelder bezahlt.

[2. Nr.57, Hombrucher Erbstollen]

1767 26. August: Dr. Funcke beantragt die Zumessung und Zuteilung für den *Hombrocker und Wittiben Stollen: ...mit dem ersteren gedencke ich, vorliegende Kohlenbäncke jenseits der Hombrocker Mühlenbache ins Westen, und mit letzterem die vorliegende vorhin schon außgekohlten biß in die Storcks- und Huhnerheckenbäncke zu frohen.*

1768 11. April: Inaugenscheinnahme durch die Geschworenen Heintzmann und Brenner: Der Wittwe Stollen liegt drei Fuß tiefer als der westlich gelegene Louiser Stollen und der östlich an der Emscher gelegene Glückaufer Stollen, jedoch ist seine Auffahrung nicht zu empfehlen, da zunächst *über 600 Lachter, ohne die geringste Kohle zu erreichen, fortgetrieben.* Der Hombrucher Stollen liegt zwar drei Fuß höher als der Louiser Stollen, aber er erschließt einige Flöze und sollte daher aufgefahren werden.

1769 13. Januar: Der Steiger (Johann) Wilhelm Schweizer mutet für Frau Dr. Funcke die Erbstollengerechtigkeit für den tiefen Hombrucher Stollen und *auf alle biß in die Friederichszeche aufm Blicke im Freyen liegende Kohlenbäncke zu 1 Fundgrube und 20 Maaßen* und beantragt die entsprechende Belehnung. Auftrag des Bergamts an Bergmeister Rielcke und Geschworenen Heintzmann für die Inaugenscheinnahme.

1769   7. Oktober: Stellungnahme des Berggeschworenen Heinzmann und des Bergmeisters Rielcke: Der Hombrucher Stollen *ist bekandtermaaßen schon vor
langer Zeit unter der Hombrucker Mühle angeleget und mit vielen Kosten ziem-
lich weit getrieben worden.* Er soll, wie am 26. August 1767 angegeben, bis
in das Holthauser Feld weitergetrieben werden, und er schadet nicht dem
am 8. September 1768 gemuteten, aber weiter westlich gelegenen Wien-
dahler Erbstollen.

1770   2. Juli: Konzession per Reskript aus Berlin zur Erteilung der Erbstollengerechtigkeit.

1770   27. August: Steiger (Johann) Wilhelm Schweizer mutet für Frau Dr. Funcke
zwei *auf der sogenanten Brüninghauser Heyde gelegene, aus Osten ins Westen
streichende Steinkohlenbäncke, sonst die Flehmsbäncke genannt* (eine Fundgrube 4 Maaßen nach Osten und 11 Maaßen nach Westen) unter dem Namen Wilhelmina Nr.1 und 2; er beantragt die Belehnung. Bis zur Inaugenscheinnahme ist die Kohlenförderung untersagt.

1770   6. Oktober: Inaugenscheinnahme.

1770   2. November: Verleihung Wilhelmina Nr.1 und Nr.2.

1771   22. April: Alleingewerkin ist Frau Dr. Funcke. Die Rezeßgelder sollen am
Ende des Jahres abgeführt werden; sobald der Stollen die Flöze erreicht, soll
die Vermessung erfolgen.

StAMs Märkisches Bergamt 65 Bl.387; Huske, 1987 S.486 und S.628; Reininghaus, Hörde S.89.

41 (58) Wiendahlsbank, Dortmund-Kruckel   (Bl.973-975)

*Nro 58. Zeche Wiendalsbanck durchgehendt neben Bovermans Hoff zu Kruckel und
deßen Länderey herstreichendt.*

1768   8. September: Mutung von drei Flözen zu je einer Fundgrube und 20 Maßen
sowie für einen auf *unbekante vorliegende Bäncke zu treibenden tieffen Erb-
querstollen* durch Camerarius Wiendahl und Johann Friedrich Lueg (je
zur Hälfte) unter dem Namen Wiendahlsbank und -Erbstollen; zugleich
Beantragung der Belehnung. Auftrag des Bergamts an die Geschworenen
Heintzmann und Brenner für die Inaugenscheinnahme.

1771   18. April: Gewerken sind:
       Camerarius Wiendahl   42 2/3   Kuxe
       Schulmeister Sturmfeld   42 2/3   Kuxe

Johann Friedrich Lueg   21 1/3 Kuxe
Caspar Henrich Dulmann   21 1/3 Kuxe

Lueg hatte inzwischen Sturmfeld und Dulmann je einen Sechstel Anteil verkauft.[1] Die Belehnung ist noch nicht erteilt; es erfolgte auch noch keine Vermessung; *die Zeche bestünde in zwey Bäncken, und von einer Banck die Recessgelder abgeführet*, [ist also in Abbau].

[1] Wiendahl müßte demnach darüber hinaus einen Sechstel Anteil an Sturmfeld abgetreten haben.
StAMs Märkisches Bergamt 65 Bl.395; Huske, 1987 S.974; Reininghaus, Hörde S.89.

42 (59, 60) Alter Mann/Verlorene Jungferschaft, Dortmund-Hörde
(Bl.976)

Nro 59 et 60. Zeche Alteman und verlohrnen Junferschaft ins Westen vom Fündling streichend.

1768   27. Juni: Mutung der beiden Flöze durch die Gewerken von Fündling.[1]

1771   20. April: Wormstall und Mitgewerken erklären, daß sie die beiden Flöze durch einen Querschlag, der vom Fündlinger Stollen aufgefahren werden soll, lösen wollen. Dann soll auch um Belehnung und Vermessung nachgesucht werden. Bis dahin wollen die Gewerken die Rezeßgelder zahlen.

[1] Zu den Gewerken der Zeche Fündling vgl. Nr.12 S.71.
StAMs Märkisches Bergamt 65 Bl.396; Reininghaus, Hörde S.88.

43 (61) Bunte Kuh, Dortmund-Schüren
(Bl.977-981)

Nro 61. Von der Zeche Bunte Kuh

1763   30. August: Friedrich Hoz zu Hörde beantragt bei der Bergbehörde - *der Kummer guter Kohlen besonders zum Behueff der königl(ichen) Saltzcoctur hat mich animiret -*, *...das sehr alte Werck die Bunte Kuhe wieder anzugreiffen. Es ist solches von den Alten Wegen der Klancke, so vermutlich sehr starck ist, verlaßen worden. Die Zeche liege gegen Schüren hin und damit der Salzkoktur am nächsten; daher wären die Fuhrlöhne auch gering.* Auftrag des Bergamts an die Geschworenen Spoerer und Brenner für die Inaugenscheinnahme.

1763 22. September: Inaugenscheinnahme *der alten und lange stille gelegenen Kohlenbanck die Bunte Kuhe ohnweit Schüren zwischen der Hellenbanck und Sommerbergsbanck belegen*; das alte Stollenmundloch befindet sich am *Schuerberge über den Hellenbancker Stollen an der Emsche und ist den alten Büngen nach diese Banck eine gute Strecke, und zwarn bis nahe vor Schüren und vor der Verdrückung* ᵃ*ausgekohlet, mithin werden gewiß ziemliche Kosten zu*ᵃ *der Aufräumung des Stollens, welcher aller Ansehen nach nicht mehr froh sein wird.* Friederich Hoz will hinter der Verdrückung das Flöz wieder aufschließen, soll aber die Bereisung der Bergwerke abwarten.

1763 7. November: Bei der *Bereisung der Bergwercke* wird mit Hoz vereinbart, daß dieser wie geplant das Flöz erschürft. Sobald dies geschehen ist, muß die alte Ackeldruft wieder aufgewältigt und durch die *Glancke durchgesetzt* werden, um die guten Kohlen dieses Flözes abbauen zu können. Die Versorgung der Salzkoktur muß sichergestellt sein, da der Abbau auf der Zeche Bickenfeld zu Ende geht.

1764 7. Januar: Einigung mit den Gewerken der Hellenbank, die schon 1736 belehnt worden waren.

1771 27. April: Die Gewerken Friedrich Hoz und Konsorten[1] *hätten die Schürfarbeit auf die Banck zwarn fortgesetzet, jedoch solche bis hiehin noch nicht auffinden können, wolten aber solche ferner continuiren.* Die Anteile sollen erst nach Schürferfolg festgelegt werden.

---

a-a Von gleicher Hand über der folgenden Streichung nachgetragen: *allem Vermuthen nach sehr starck sein kann.*
[1] Die Mitgewerken des Friedrich Hoz sind an keiner Stelle der Eintragungen genannt.
StAMs Märkisches Bergamt 65 Bl.398; Huske, 1987 S.217; Reininghaus, Hörde S.88.

44 (63) Erbstollen Felicitas, Dortmund-Hörde-Hacheney   (Bl.982-988)

Nro 63. Vom dem Erbstollen Felicitas genandt

1757 23. November: Mutung: Die Gewerken der Zeche Gojenfeldbank, Johann Wilhelm Crone, Moritz Wibbeke und Konsorten, beabsichtigen, *an Herlings(-) oder Himpendahl Wiese einen tiefen Erbstollen (welcher p(ro)pter 12 Lachter mehr Teuffe alß der auf besagter Zeche vorhandene einbringt) anzulegen.* Der Erbstollen soll bis zur Gojenfeldbank aufgefahren werden.

1758 9. Februar: Inaugenscheinnahme durch den Geschworenen Heintzmann: Der Erbstollen ist angesetzt. Der Stollen von Fündling, der zwar ebensoviel Teufe einbringt, ist jedoch nicht auf Erbstollengerechtigkeit gemutet und es wurden seit einigen Jahren keine Quatember- und Rezeßgelder mehr bezahlt, *sondern haben sich damit auf ihre gefrohete und vorhin beliehene Banck die Ursula gelagert und dieselbe durch die Drückung verfolgt. Mit dem Erbstollen werden alle durch das Hoerdische Feld zwischen dem Hause Brünninghausen und der Ursula durchstreichende viele Bäncke von neuem gefrohet werden können, mithin derselbe unter dem tiefen Waldhornstollen nach Abzug des Gefälles noch 6 1/2 Lachter Seyger Teuffe, welches nach der flachen Teuffe wenigstens 90 Fuß Kohlen auf jeder Banck beträget, einbringet.* Heintzmann rät, *diesen Stollen auf dero allerhöchst eigene Rechnung zu entriren,* d.h. der Fiskus sollte sich zu einem Drittel oder Viertel beteiligen.

1758   24. Mai: Das Bergamt teilt mit: Der Erbstollen soll den Namen Felicitas erhalten; der Fiskus beteiligt sich mit einem Sechstel (21 1/3 Kuxe).

1771   16. April: Gewerken sind:

Der preußische König	21 1/3	Kuxe
Johann Wilhelm Crone	26 2/3	Kuxe
Elias Heimesath	26 2/3	Kuxe
Johann Diedrich Wibbecke	17 7/9	Kuxe
Johann Henrich Himpendahl	17 7/9	Kuxe
Christian Ködder	17 7/9	Kuxe

Die Stollenauffahrung ist gestundet, da ein Prozeß mit dem Freiherrn von Romberg noch nicht entschieden ist. Deswegen haben die Gewerken die Rezeßgelder nicht abgeführt und auch noch nicht um die Belehnung nachgesucht. Crone hatte Heimesath eine Hälfte seines Anteils abgetreten, Wibbecke Himpendahl und Ködder zu je einem Drittel an seinem Anteil beteiligt.

StAMs Märkisches Bergamt 65 Bl.400; Huske, 1987 S.270.

45 (64) Himmelscrone, Dortmund-Eichlinghofen   (Bl.989-1003)

Nro 64. Von der Zeche Himmelscrone ... im Amt Hoerde ohnweit Eicklinghofen gelegen

1768   3. November: Mutation auf eine Fundgrube und sechs Maaßen nach Westen unter dem Namen Neuling durch Johann Henrich Gunnemann und Kortmann zu Annen, Hermann Heimesath zu Eichlinghofen und Konrad Henrich Fahrwinckel zu Wullen. Auftrag des Bergamts an Bergmeister Rielcke und Revierbediensteten Heintzmann für die Inaugenscheinnahme.

1768   4. November: Mutation auf eine Fundgrube und 20 Maaßen unter dem Namen Himmelscrone durch Stephan Caspar Schievelbusch, Johann Henrich Kreuckmann sowie dessen Nachbar, der Schneider [Caspar Henrich Bierhoff]. Da bereits die Mutung vom 3. November vorliegt, soll die Inaugenscheinnahme durch Rielcke und Heintzmann unter Anhörung beider Muter erfolgen.

1768   17. November: Inaugenscheinnahme: Der Geschworene Heintzmann stellt fest: Beide Mutungen betreffen das gleiche südwestlich von Eichlinghofen erschürfte Flöz. Westlich von Eichlinghofen im *Twersch Siepen* war von dem inzwischen verstorbenen Schulten zum Hofe ein Stollen von etwa 800 Fuß Länge nach Norden auf dieses Flöz zugetrieben worden. Bis zum Aufschluß des Flözes sind noch etwa 300 Fuß aufzufahren. Beide Parteien wollen diesen Stollenvortrieb wieder aufnehmen und schließen einen Vertrag: Die Mutung Himmelscrone soll Grundlage des weiteren Betriebes sein; die Finder der Bank, Caspar Henrich Bierhoff und Johann Henrich Kreuckmann werden mit 30 Reichstalern entschädigt. Die Anteile am gemeinsamen Werk sollen sich wie folgt gliedern:

Johann Henrich Gunnemann	1/8	= 16	Kuxe
Kortmann	1/8	= 16	Kuxe
Hermann Heimesath	1/8	= 16	Kuxe
Konrad Fahrwinkel	1/8	= 16	Kuxe
Stephan Caspar Schievelbusch	1/4	= 32	Kuxe
Johann Henrich Kreuckmann	1/12	= 10 2/3	Kuxe
Caspar Henrich Bierhoff	1/12	= 10 2/3	Kuxe
Adam Kuer	1/12	= 10 2/3	Kuxe

1768   1. Dezember: Geschworener Heintzmann behandelt die von Frau Dr. Funcke, vertreten durch den Steiger Schweizer, am 10. November eingereichte Eingabe, die er aber erst nach dem 17. November erhalten hatte. In dieser Eingabe behauptet Frau Funcke, ein Vorrecht auf die sogenannten *Schwalbenbäncke* zu haben. Am 5. November 1753 habe der inzwischen verstorbene Dr. Funcke darauf einen Schurfschein erhalten. Er habe anschließend zwei Stollen auffahren lassen, von denen einer das Flöz erreicht hat. Die weiteren Arbeiten wurden aber von der Bergbehörde verboten, weil der in der Rahmecke angesetzte Stollen, der schon über 70 Faden aufgefahren worden war, den benachbarten Dortmundern hätte auffallen können, weil die beiden abzubauenden Flöze ins *Dortmun(di)sche* streichen. Die Interessen des Königs sollten aber gewahrt bleiben, d.h. der Staat war an den Abgaben interessiert, welche bei Abbau durch die Dortmunder entfallen würden. Deshalb sei es auch zu keiner Belehnung gekommen. Wenn nun aber die beiden Flöze abgebaut werden sollten, freilich von einer anderen Stelle aus, habe sie dennoch die älteren Rechte.

Heintzmann hält das Begehren von Frau Funcke für berechtigt und bittet die vorgesetzte Behörde um weitere Entscheidung.

1770   12. Dezember: Die Zechen Neuling und Himmelscrone wurden inzwischen unter dem Namen Himmelscrone zusammengelegt. Schievelbusch hat ein Viertel, die Gewerken der Zeche Neuling drei Viertel Anteil. Schievelbusch hat Diedrich Ernst Spennemann 1/16 Anteil abgetreten.

1771   22. April: Frau Dr. Funcke bittet die Bergbehörde, ihr die ihrem Vorrecht entsprechenden Anteile an der Zeche Himmelscrone *zuzuschreiben*, nachdem bis dahin immer noch keine dementsprechende Entscheidung bzw. Einigung mit den Gewerken von Himmelscrone erfolgt war.

Aus den Unterlagen, die damit enden, geht nicht hervor, ob Frau Funcke an der Zeche mitbeteiligt wurde. Offenbar war die Zeche in Betrieb genommen und die Kohlenförderung aufgenommen worden, denn sonst hätte Frau Funcke sich nicht an die Behörde gewandt.
StAMs Märkisches Bergamt 65 Bl.401; Huske, 1987 S.471; Reininghaus, Hörde S.89.

46 (65) Schönfeld, Dortmund-Barop   (Bl.1004-1007)

Nro 65. (Schönfeld...unter der Hombruchs Kornmühlen ins Westen hin nach dem Dorff Pesebeck)

1763   31. August: Mutung auf Anlegung eines Erbstollens *unter der Hombruchs Kornmühlen ins Westen* in Richtung Persebeck unter dem Namen Schönfeld. Der Geschworene Brenner weist den Mutern den Stollen an.

1763   17. September: Das Bergamt tadelt Brenner wegen seines eigenmächtigen Vorgehens. Die Anweisung ist damit nicht rechtsgültig. Zunächst soll eine Inaugenscheinnahme erfolgen.

1771   18. April: Richter Franzen, Schichtmeister Diekerhoff und Schulte zu Holthausen geben an, daß sie neue Stollen anlegen wollen, wenn sie die Konzession hierzu erhalten.

StAMs Märkisches Bergamt 65 Bl.402; Huske, 1987 S.828.

47 (66) Hühnerheckenbank, Dortmund-Hacheney   (Bl.1008-1012)

Nro 66. Von der Hünerhecker Banck Amts Hoerde gelegen, so mit dem Waldhorner Erbstollen bekohlet

1768   24. Juni: Mutung der Hühnerheckenbank westwärts vom *Brauckerhofe* zu einer Fundgrube und 20 Maaßen durch Johann Wilhelm Crone und Wilhelm Friedrich Crone für seine Mutter. Das Bergamt beauftragt den Geschworenen Spoerer mit der Inaugenscheinnahme.

1771   12. April/21. Mai: Von seiten der Bergbehörde wird festgestellt, daß die beantragte Berechtsame die Interessen des tiefen Waldhorner Stollens berührt und deshalb eine rechtliche Entscheidung durch das Berggericht herbeigeführt werden sollte.

1771   17. April: Gewerken sind die Gewerken der Zeche Gojenfeld, ausgenommen 40 Faden vom Stollen nach Osten:

Wilhelm Crone	32	Kuxe
Elias Heimesath	32	Kuxe
Diedrich Wibbecke	21 1/3	Kuxe
Hermann Hengstenberg	21 1/3	Kuxe
Albert Wallrabe	21 1/3	Kuxe

Ferner die Waldhorner Gewerkschaft nebst 40 Faden vom Stollen nach Osten, das übrige

Freifrau von Syberg	64	Kuxe
Johann Wilhelm Crone	21 1/3	Kuxe
Witwe Johann Adolph Crone	21 1/3	Kuxe
Johann Albert Wallrabe	21 1/3	Kuxe

Die Rezeßgelder sollen nach der Inaugenscheinnahme gezahlt werden. Belehnung und Vermessung sind noch nicht erfolgt.

1771   25. April: Die Bergbehörde fordert die Waldhorner Gewerkschaft auf, ihre Ansprüche geltend zu machen[1].

1772   27. Januar: Die Bergbehörde verlangt von der Gewerkschaft Clarenberg die Vorlage des Vergleichs mit der Hühnerhekenbank, andernfalls die Gewerken der Hühnerheckenbanck *nach dem abgehaltenen protocollo eingetragen, und mit dieser Banck beliehen werden sollen*.[1]

[1] Keine weiteren Eintragungen; da aber bei beiden Zechen zum Teil gleiche Gewerken beteiligt waren, dürfte eine Einigung nicht schwierig gewesen sein.
StAMs Märkisches Bergamt 65 Bl.403; Huske, 1987 S.495; Reininghaus, Hörde S.89.

48 (67) Helena, Dortmund-Kleinholthausen   (Bl.1013-1014)

Nro 67. Von der Zeche Helena Amts Hoerde

1768   5. Dezember: Mutung auf *bey Lüdgen Holthausen Amts Hoerde aus der Banenbecke durch das Lüdger Holthauser Feld, und durch Löttringhausen und weiter auf den Blick nach dem Ardey durchstreichende Kohlen-Banck, so schon vom Herrn Springorum bekohlet und nach Osten bemuthet ist; nach Westen aus der*

Banen-Becke bis an benanten Herrn Springorum seine Maaßen, so wir mit dem Namen Helena benennen durch Johann Caspar Hundeicker und Schulte zu Holthausen. Sobald die Bank entdeckt ist, soll die Inaugenscheinnahme erfolgen.

1771   28. Februar: Gewerken sind:

Johann Caspar Hundeicker	96	Kuxe
Schulte zu Holthausen	32	Kuxe

Es ist noch keine Inaugenscheinnahme, Vermessung und Belehnung erfolgt. Die Rezeßgelder sollen dann bezahlt werden.

StAMs Märkisches Bergamt 65 Bl.404; Reininghaus, Hörde S.88.

49 (68) Isabellenbank, Dortmund-Renninghausen   (Bl.1015-1016)

Nro 68. Isabellen Banck ohnweit Renninghaussen aufm Mühlenberge Amts Hoerde gelegen mit dem darauf angelegten Hauptstollen

1769   2. März: Mutung auf eine *Kohlenbanck nebst einem in der Emsche anzulegende(n) Hauptstollen und alle damit zu entblößende in Königl(ich)en Freien liegende Kohlbäncke, besonders die nächst der Forelle ins Westen liegende Achthandsbank, jede zu einer Fundgrube und 10 Maaßen nebst der Vierung ins Liegende.*

1771   20. April: Mit dem Stollen wurde bisher eine Bank aufgeschlossen, die aber nicht bauwürdig war. Der Stollen soll weiter bis zur *Achthandsbanck* aufgefahren und dann um Belehnung und Vermessung nachgesucht werden. Dann sollen auch die Rezeßgelder gezahlt werden. Gewerken sind:

Rezeptor Bielefeld	85 1/3	Kuxe
Henrich Wilhelm Heitmann	42 2/3	Kuxe

StAMs Märkisches Bergamt 65 Bl.405; Huske, 1987 S.510?; Reininghaus, Hörde S.89.

50 (69) (Johann Conrad), Dortmund-Wellinghofen   (Bl.1017-1020)

Nro 69. (Muthung unter dem Nahmen Johann Conrad Amts Hoerde)

1770   27. Juni: Mutung durch Johann Konrad Rappard:
    1. auf jede von denen zwey Bäncken, welche ins Osten unter die Nahmen Gojenfeldbanck No. zwey und No. 3 bekohlet werden, und
    2. auf eine Banck, welche unter den Nahmen Hünerhekenbanck ins Osten vor-

mahls bekohlet worden und meinen gemeinschafftlichen Christiner und *Schondeller Stollen vorlieget, unter den Nahmen Johan Conrad zu belehnen* auf eine Fundgrube und 20 Maaßen nach Westen. Bis zur Inaugenscheinnahme ist die Kohlenförderung untersagt.

1770   15. November: Inaugenscheinnahme durch Rielcke und Brenner: Im *Huttenbruck* waren bereits zwei Schächte auf die beiden Flöze geteuft worden, jedoch noch kein Stollen angesetzt, so daß *die Kohlenförderung wieder stehengeblieben,* die beiden Flöze befinden sich etwa 450 Fuß südlich vom *Christiner Stolort* und sollen von dort mittels Querschlag gelöst werden. Südlich davon befindet sich die nach Osten und Westen mit Stollen gelöste Hünerheckenbank, welche in Abbau gewesen ist, *welches die vielfältigen alten Schächte nachweisen; es dürffte aber dieser Christiner Stollen noch eine betraechtliche Teuffe under der Alten Mann einbringen; diese ist von obiger gegen Süden 729 Fuß entfernet und wird mit diesen gemutheten Bäncken unsers Wissens niemanden in seinem beliehenen und vermeßenen Felder zu nahe getretten.*

1771   11. Mai: Rappard legt die Mutung in Abschrift vor; die Inaugenscheinnahme ist erfolgt. Er bietet an, die Rezeßgelder seit der Mutung zu zahlen.

1771   23. Juli: *Da der Glückauffer Erbstolle(n) auf alle vorliegende Bäncke bis an Kragen Hauß auf der Brüninghauser Heyde Concession hat und beliehen ist, und die von dem H(errn) Commissions[rat] Rappard bemutete Bäncke demselben mit vorliegen und aus den tieffsten Punct gefrohet werde(n), so wäre d(er) H(err) Muther (...) abzuweisen,* es sei denn, er weise seine Berechtigung nach oder einige sich mit dem Besitzer des Glückaufer Erbstollens, Freiherr von Romberg.[1]

---

[1] Die Mutung wird hiermit also offenbar abgewiesen.
StAMs Märkisches Bergamt 65 Bl.406.

51 (70) Johannes Erbstollen, Dortmund-Kruckel   (Bl.1021-1023)

Nro 70. Johannis Erbstollen in der Brunnenbeck Amts Hoerde gelegen.

1759   15. September: Verleihung der Erbstollengerechtigkeit unter dem Namen Johannes Erbstollen an Johannes Boos und Rüssmann. Vorheriger Gewerke war Rump.

1765   25. Februar: Rüssmann verkauft seinen Anteil (1/3 = 42 2/3 Kuxe) an Johannes Boos.

1771   12. Mai: Johannes Boos (2/3 Anteile = 85 1/3 Kuxe) legt die Belehnung vom 15. September 1759 vor. Den von Rüssmann gekauften Anteil hat er inzwischen Hermann Henrich Osthoff überlassen. *Indeßen hatten sie die Arbeit einige Zeit her wegen des großen Geldmangels und Theuerung müßen stehen laßen, es wären auch keine Recessgelder davon bezalet, zumalen noch keine eintzige Banck damit überfahren. Sobald aber dieses geschähe und sich in der Folge zeigen würde, daß die vorliegende(n) Bäncke in die ewige Teuffe fallen und das Tiefste mit dem auf die Zeche Mit Gott gewagt angelegten Oberstollen nicht gestrecket werden könte, als dan er Comparent nicht ermangeln würde, deshalb nähere Anzeige zu thun, auch praestanda zu praestiren.*

Vgl. auch Nr.30 S.87: Anfang mit Gott.
StAMs Märkisches Bergamt 65 Bl.407; Huske, 1987 S.520; Reininghaus, Hörde S.89.

52 (71) Johannesberg, Hagen-Werdringen   (Bl.1024-1025)

Nro 71. Von der Zeche Johannesberg bey Wedringsen aufm Geisberge[1] Amts Wetter gelegen.

1760   11. Januar: Mutung durch Johannes Boos aus Westhofen *als ein altes schon ausgekohltes bey Weteringhen aufm Geisberge Amts Wetter belegenes Kohlbergwerk zu einer Fundgrube und sechs Maaßen ins Westen nebst der Vierung ins Hangende und Liegende. Da nun dieses ein altes ausgekohltes und mit meiner Schleiffmühlenzeche connectirtes Werck, ja gar meine Banck ist, als bitte E(uer) löbl(ichen) Bergamt unterdienst(lich) nach allerg(nä)d(ig)sten Befehl d(e) d(ato) Berlin d(en) 1ten Juni 1759 mit dieser Zeche hochgeneigt, ohne davon vorher gewöhnliche Maaßen zu berichten, unter den Nahmen Johannesberg zu belehnen.* Bergmeister Heintzmann wird darauf am 5. Februar 1760 mit einer Inaugenscheinnahme beauftragt.

1771   13. Mai: Johannes Boos legt die Mutung vor; *es seyn zwran darauf ein Stollen fortgetrieben, sonsten aber noch kein Schacht darauf eingeschlagen, viel weniger also eine ordentliche Kohlenförderung vorgerichtet, noch keine Rezeßgelder bezahlt, auch bisher keine Vermessung vorgenommen worden.*

[1] Es handelt sich um den Kaisberg (Hagen-Vorhalle) bzw. -Werdringen (westlich vom Kaisberg).
StAMs Märkisches Bergamt 65 Bl.408.

53 (72) Knap Eule[1], Dortmund-Loh (Bl. 1026-1027)

Nro 72. Von der Knap Eule Amts Unna im Loh gelegen

1766   6. Juli: Mutung durch Johann Caspar Funcke *als eine mit dem Papenkamps Stollen in loco frohende, unter dem Berghover Kamp Amts Unna belegene Steinkohlenbanck Rappigte genandt, auf eine Fundgrube mit zwölff Maaßen ins Osten und zwy Maßen ins Westen.* Die Mutung wird salvo iure angenommen und Bergmeister Rielcke mit der Inaugenscheinnahme beauftragt.

1771   22. April: Frau Dr. Funcke teilt mit, daß bisher keine Vermessung und Belehnung stattgefunden haben, die Rezeßgelder werden vierteljährlich bezahlt. Gewerken sind:

Frau Funcke	106	2/3	Kuxe
Hermann Grote zu Berghofen	21	1/3	Kuxe

[1] Auch genannt Knapuhle, Ort nahe Wellinghofen; s. auch Nr.63 S.112ff.: Wilhelmsbank. StAMs Märkisches Bergamt 65 Bl.409.

54 (73) Löwe, Dortmund-Wichlinghofen (Bl. 1028-1030)

Nro 73. (...Kohlzeche Löwe im Amt Hoerde)

1766   27. November: (Johann Jürgen) *Niemeyer zu Wellinghoffen hat in der Finckklufter Marck in der Fahrenkuhle eine Kohlenbanck, der Löwe genandt, von sechs Hand die Fundgrube nebst 6 Maaßen ins Osten und 10 Maaßen ins Westen; wan die bemeldte Maaßen zu Ende, so verlange ich weitere Maaßen. Die Vierung ins Hangende und Liegende biß in die ewige Tieffede*[a]*, einen tieffen Stollen anzulegen unten am Elberg biß quer durch alle vorstreichende Bäncke biß auf den Hellweg*[1].

1770   11. April: Niemeyer legt die Mutung vor, um sein Erstrecht gegenüber möglichen anderen nachzuweisen.

1771   22. April: Advokat Wiethaus, *Curator Niemeyerschen Concursus,* teilt u.a. mit, daß an der Zeche Löwe *auch bereits schon von dem Niemeyer gearbeitet seyn soll* und die Gläubiger den Anspruch auf die Zeche aufrechterhalten. Ein Sechstel der Zeche Christine gehörte dem Niemeyer, die Belehnung dürfte erteilt sein.

¹ Die Straße Am Ellberg befindet sich in Wichlinghofen nördlich der Wittbräucker Straße.
ª Gemeint: Teufe.
StAMs Märkisches Bergamt 65 Bl.410; Reininghaus, Hörde S.89.

55 (74) Stuchtey, Witten-Annen   (Bl.1031-1033)

Nro 74. Von der Zeche Stuchtey Amts Hoerde

1736:   Schade und Konsorten erhalten Schurfzettel *auf eine durch die sogenannte Stuchtey im Amte Hoerde durchstreichende Kohlenbanck*, nachfolgend Entblö-ßung des Flözes und Inaugenscheinnahme.

1738   27. November: Belehnung mit einer Fundgrube und sieben Maaßen (sechs Maaßen nach Osten und eine Maaße nach Westen).

1771   2. März: Gewerken sind:
Der preußische König	42 2/3	Kuxe
Bernhard Schade zu Annen	21 1/3	Kuxe
Johann Schade	21 1/3	Kuxe
Bernhard Korffmann	21 1/3	Kuxe
Henrich Prein	21 1/3	Kuxe

StAMs Märkisches Bergamt 65 Bl.411; Huske, 1987 S.890; Reininghaus, Hörde S.89.

56 (75) Preußischer Adler, Dortmund-Kruckel, Witten-Rüdinghausen
(Bl.1034-1042)

Nro 75. Zeche Preuß(ischer) Adler in so genanten Ardey zwischen der Stockummer und Eichlinghofener Marck auf Landtheuers Wege im Wiehener Holtze Amts Hoer-de gelegen.

1768   30. Dezember: Johann Friedrich Schmidt, Hans Jürgen [sonst Johann Ge-org] Simrodt und Jürgen Ächterhoff muten eine entblößte Kohlenbank un-ter dem Namen Belohnung zu einer Fundgrube sowie 15 Maaßen nach Osten und fünf Maaßen nach Westen. Auftrag des Bergamts an Bergmeister Riel-cke und Geschworenen Heintzmann für Inaugenscheinnahme.

1769   6. Februar: Inaugenscheinnahme durch Bergmeister Rielcke und Ge-schworenen Heintzmann: Der Schurfpunkt befindet sich in der Landstraße in acht Fuß Tiefe. Die Mutung berührt keine anderen bergbaulichen Interessen, liegt *1 1/2 viertel Stunde* westlich von dem Stollen des Gewerken Springorum *im Brunenbecksger Siepen* und 1200 Schritt vom tiefen Stollen des Freiherrn von Vaerst, genannt *Kleine Jean*.

1769   3. März: Nach dem Reskript vom 21. Dezember 1768 sollen neue Zechen nicht zugelassen werden, da die Kohlenpreise fallen und dadurch die Einnahmen des Fiskus aus dem Zehnten gemindert werden. Daher soll den Mutern die Inbetriebnahme nur unter der Bedingung einer Beteiligung des Fiskus zu einem Drittel gestattet werden.

1769   30. März: Johann Georg Simrodt und Konsorten muten eine Kohlenbank unter dem Namen Glückstern zu einer Fundgrube sowie 15 Maaßen nach Osten und fünf Maaßen nach Westen. Auftrag des Bergamts an Heintzmann für Inaugenscheinnahme.

1769   17. April: Bergmeister Rielcke und die Geschworenen Heintzmann sowie Brenner beschließen: Die neu gemutete Kohlenbank Glückstern liegt etwa 100 Fuß südlich von Belohnung und kann auf Dauer als eigene Zeche nicht existieren. Beide können durch einen von Norden nach Süden zu treibenden Stollen gelöst werden. Da die Muter beider Mutungen dem König einen drittel bzw. einen halben Anteil zuerkennen wollen, wird der Mutung Belohnung der Vorzug gegeben, zumal die übrigen 'Königlichen Zechen' derzeit keine Ausbeute bringen, aber zunächst *einige 100 R(eichstaler)* notwendig werden. Die Zeche wird außerdem *umgetauffet* und erhält den Namen Preußischer Adler.

1771   15. April: Johann Georg Simrodt teilt mit, daß die Zeche den Namen Preußischer Adler Nr.1 und Nr.2 erhalten habe. Die beiden Bänke liegen ungefähr 80 Fuß voneinander entfernt. Gewerken sind:

Der preußische König	42 2/3	Kuxe
Johann Georg Simrodt	42 2/3	Kuxe
Johann Friedrich Schmidt	42 2/3	Kuxe

Die Bänke sind noch nicht vermessen. Sobald *das Werck in gehörige Förderung gesetzet*, sollen die Rezeßgelder, auch nach-, bezahlt werden.

StAMs Märkisches Bergamt 65 Bl.412; Huske, 1987 S.744; Reininghaus, Hörde S.89.

57 (76) Posaune, Dortmund-Hörde   (Bl.1043-1046)

Nro 76. Zeche Posaune bey dem adelichen Hause Ermelinghofen ohnweit Hacheney Amts Hoerde gelegen[1]

1766   1. April: Mutung zu einer Fundgrube und acht Maaßen nach Osten auf ein *abandonirtes, und ins Königl(iche) Freye verfallendes Kohlbergwerck, so vor-*

mahlen unterm Nahmen Waldhorn bekohlet unter dem Namen Posaune durch Elias Heimesath und Johann Albert Wallrabe. Bis zur Inaugenscheinnahme ist die Kohlenförderung untersagt.

1766   28. April: Inaugenscheinnahme: Es handelt sich um Waldhorn Nr.1. Die Bank ist nach Westen vermittels des Waldhorner Stollens abgebaut worden; und nach Osten gleichfalls mit einigen Schächten, aber ohne Stollen *auf Raub*, wie die alten Halden nachweisen. Ein neuer Stollen von 150 Lachter Länge muß unter dem Waldhorner Stollen aufgefahren werden, was die Gewerken auch machen wollen.

1771   16. April: Gewerken sind:
Elias Heimesath   32 Kuxe
Johann Albert Wallrabe   32 Kuxe
Johann Wilhelm Crone   32 Kuxe
Johann Diedrich Wibbecke   32 Kuxe
Sobald eine Belehnung erteilt und ihnen die Arbeit *verstattet* wäre, sind die Gewerken bereit, die Rezeßgelder abzuführen.

[1] Die Ermlinghofer Straße befindet sich in Hörde nördlich der Kreuzung Nortkirchenstraße/ Gildenstraße.
StAMs Märkisches Bergamt 65 Bl.413; Huske, 1987 S.739; Reininghaus, Hörde S.89.

58 (77) Ringeltaube, Witten-Annen   (Bl.1047)

Nro 77. Von der Zeche Ringeltaube Amts Hoerde

1769   16. September: Vergleich mit den Gewerken der benachbarten Zeche Stephan[1] wegen der gemeinsamen Markscheide.

1771   27. Februar: Gewerken sind:
Johann Peter Mercklinghaus   25 3/5   Kuxe
Johann Kipper   25 3/5   Kuxe
Johann Diedrich Ruhrmann   25 3/5   Kuxe
Freiherr Clemens August von Elverfeldt   17 1/15 Kuxe
Witwe Oberste Frielinghaus   17 1/15 Kuxe
Johann Caspar Hundeicker   17 1/15 Kuxe
Vor dem Berggericht war ein Prozeß gegen die Gewerken der Stephanszeche anhängig; dort müßten sich die entsprechenden schriftlichen Unterlagen befinden. Die Rezeßgelder werden gezahlt.

[1] Vgl. Nr.36 S.91f.
StAMs Märkisches Bergamt 65 Bl.414; Huske, 1987 S.779f.; Reininghaus, Hörde S.89.

59 (78) Jungfer, Dortmund-Hacheney (Bl.1048)

Num. 78. (...sub nomine Schwangerschafft bemutete, unter dem Namen Jungfer bekohlte Steinkohlenbanck Amts Hoerde)

1770   17. Januar: Mutung *sub nomine Schwangerschafft* durch Wilhelm Crone.

1771   6. Juni: Inaugenscheinnahme[1]: Das Flöz wurde *mit dem Christianstollen über-fahren, nachhero aber vor einer Klancke stehengelaßen worden*[2]. Der Gewer-ke des Christiner Stollens erklärt sich bereit, *die Zeche selbst bauen, mithin die restirende Recessgelder davon nachzahlen zu wollen.*

1771   10. Oktober: Die Mutung des Wilhelm Crone wird abgewiesen, obwohl er sie unter dem Namen Jungfer bereits in Abbau genommen hat. Die bereits aufgewendeten Kosten soll er sich von den Christiner Gewerken erstatten lassen.

[1] Die angekündigte Abschrift des Protokolls der Inaugenscheinnahme fehlt.
[2] Christian = Christine.
StAMs Märkisches Bergamt 65 Bl.332 und 415; Meister, 1909 S.175 Nr.35; Huske, 1987 S.533; Reininghaus, Hörde S.89.

60 (79) Sybilla Elisabeth, Dortmund-Loh (Bl.1049)

Nro 79. Von der Zeche Sybilla Elisabeth Amts Hoerde im Stiefftslohe gelegen.

1736   3. Oktober: Vermessung zu einer Fundgrube und 20 Maaßen.

(1771): Frau Dr. Funcke gibt an, daß sie weder die Mutungsbelege noch die Belehnung finden kann, aber die Rezeßgelder würden regelmäßig bezahlt.
Gewerken sind:
Frau Dr. Funcke   106 2/3 Kuxe
Hermann Grote   21 1/3 Kuxe

StAMs Märkisches Bergamt 65 Bl.416; Reininghaus, Hörde S.89.

61 (80) Sophia, Dortmund-Wichlinghofen(Bl.1050-1054)

Nro 80. Zeche Sophia ins Osten über Sauerlanders Feld neben dem Ardey Amts Hoerde gelegen.

1746   7. Oktober: Trotz Vertrag Auseinandersetzungen zwischen Dr. Funcke und Diedrich Wever, Jürgen Althoff und Melchior Hülsberg.

1747   11. Dezember: Vergleich zwischen Dr. Funcke und seinen Kontrahenten Diedrich Wever zu Westhofen, Jürgen Althoff und Melchior Hülsberg gen. Becker. Dr. Funcke hatte nämlich die Zeche Sophia aufgrund *eines älteren Schurffscheines ins Osten auf Sauerlanders Felde zu Wichlinghoven bereits entblösset, mithin gesonnen gewesen, einen tiefferen Stollen am Ekey zu frohen, davon aber durch gemelte Gewerken durch ihre neuerlich befangenen Arbeit turbiret würde.* Auf Einwendungen des Bergamts einigt man sich dahingehend, daß Wewer und Konsorten hinter einer mit dem Stollen angefahrenen Klanke das Flöz auf dreieinhalb Maaßen Länge auf eigene Rechnung bauen und *demnächst aber das gantze Werck im bauhafften tüchtigen Stande, dem H(errn) D(octo)ren Funcken, damit er solche zu seinem Nutzen bekohlen könne, ohnentgeltlich überließen.*

1769   3. November: Von seiten der Bergbehörde wird gegenüber der Witwe Dr. Funcke festgestellt, daß bisher keine Rezeßgelder für die Sophienzeche gezahlt wurden, *mithin solche schon längst im Freyen gelegen*; jedoch seien die Vergleichsunterlagen ad acta genommen worden und es werde geprüft, ob inzwischen jemand eine neue Mutung eingelegt habe.

1771   22. April: Trotz des Vergleichs von 1736 ist noch ein Appellationsprozeß wegen der *Durchsetzung des Melckertsbancker Stollens* anhängig. Die Arbeit ruht daher derzeit. Weder Belehnung noch Vermessung sind erfolgt. Die Rezeßgelder will die [Alleingewerkin] Frau Dr. Funcke zahlen und nach Beendigung des Prozesses Belehnung und Vermessung beantragen.

1755 in Betrieb, StAMs Findbuch A 357 II, Auszug aus N 21.
StAMs Märkisches Bergamt 65 Bl.417; Meister, 1909 S.176 Nr.45; Reininghaus, Hörde S.89.

62 (81) Neu Glückaufer Erbstollen, Dortmund-Brünninghausen
(Bl.1055-1059)

Nro 81. Erbstolle(n) bey Wesselberg ohnweit dem Hause Brüninghausen auf die über dem Wesselberg und Hackeneyer Kampe durch die freyadeliche Bauet streichend(en) Kohlenbäncke.

1768   24. September: Mutung der Erbstollengerechtigkeit und aller damit nach Süden angefahrenen Flöze zu einer Fundgrube und sechs Maaßen nach Osten durch Freiherrn Caspar Adolf von Romberg.

[1771][1] 19. April: Die Inaugenscheinnahme ist erfolgt, eine Belehnung aber noch nicht erteilt. Eine Vermessung ist noch nicht erfolgt.

1772   19. März: Konzession für die Erbstollengerechtigkeit per Reskript aus Berlin.

1772   26. Mai: Verleihung der Erbstollengerechtigkeit unter dem Namen Neu Glückaufer Erbstollen und aller mit dem Erbstollen angefahrenen, im Freien liegenden Flöze zu einer Fundgrube und sechs Maaßen nach Osten.[2]

[1] Der Eintrag ist ohne Jahresdatierung, nach dem Zusammenhang wohl 1771.
[2] Der Erbstollen wurde wahrscheinlich bis dahin noch nicht angesetzt.
StAMs Märkisches Bergamt 65 Bl.418.

63 (83) Wilhelmsbank, Dortmund-Wellinghofen   (Bl.1060-1074)

Nro 83. (...südwerts Wellinghofen durchstreichende zwei Bäncke...Wilhelmsbanck)

1763   3. November: Mutung von zwei Flözen südlich von Wellinghofen unter dem Namen Wilhelmsbank zu einer Fundgrube und 15 Maaßen nach Westen durch Obristlieutenant Freiherr von Haus, Elias Heimesath junior und Johann Wilhelm Crone.

1763   3. Dezember: Das Bergamt gestattet die Entblößung und Vorrichtung der beiden 3 bzw. 2 1/2 Fuß mächtigen Flöze, *als in der Nähe von Unna die Kohlen mehr und mehr, und behueffs der König(lichen) Saltzcoctur und sauerländischen Fabriquen sparsamer und rarer werden.*

1764   23. April: Erteilung der Konzession per Reskript aus Berlin.

1764 17. August: Die Bergbehörde weist den Ansatzpunkt für den aufzufahrenden tiefen Stollen *eben neben dem Kirschbaumer Stollen auf die nach Osten nach Benninghofen und die nach Westen neben Wellinghofen durchstreichend(en) und vorliegend(en) Bäncke* an, der nachfolgend auch aufgefahren wird.

1767 16. Juli: Die verwitwete Generalin Freifrau von Haus, geborene von der Recke, mutet als Vormund ihres Sohnes Friedrich von Haus die nächsten 15 Maaßen mit der Fundgrube *von der Gottfriedsbanck ins Osten mit der dabey liegenden Nebenbanck ..., so durch meiner freyad(elichen) zum Hause Niederhofen gehörigen Baut im Amt Hoerde streichen und darin mit den tieffen sogenandten und noch zur Zeit von meinem Herrn Schwager, des Herrn Obrist Lieutenants von Hauss betriebenen Wilhelmsstollens, womit und mit welchem wir diejenigen in unserer ad(elichen) Hovesaat befindlichen Bäncke entblössen und bekohlen werden* unter dem Namen Friedrich; sie bittet um Belehnung, sobald der Stollen diese Bank *getroffen*. Auftrag des Bergamts an die Geschworenen Spoerer und Brenner für die Inaugenscheinnahme.

1767 18. Juli: Inaugenscheinnahme: Die genannte Bank soll mit dem tiefen Wilhelmsstollen bekohlt werden; *dieser Stollen auch eine sehr große Teuffe einbringet und nicht allein viel tieffer unter den jetzigen Gottfriedsbäncker Stollen, sondern dem Vermuthen nach noch unter dem nach der Gottfriedsbank angelegten tieffen sogenanndten Marienberger Stollen herkomt.*

1767 20. Juli: Mutung einer Fundgrube und 20 Maaßen *auf eine an der Öhlmühlen des Hauses Niederhofen Amts Hoerde belegenen Kohlenbanck, welche ins Osten unter dem Nahmen Feldbanck betrieben und künftig mit dem tieffen Wilhelmsstollen wieder gefrohet wird*, unter dem Namen Rudolph durch Rudolph Henrich Christian Crone und Konsorten. Auftrag des Bergamts an die Geschworenen Spoerer und Brenner für die Inaugenscheinnahme.

1767 22. Juli: Die verwitwete Freifrau von Haus mutet weiterhin alle *mit dem im Betrieb stehenden Wilhelmsstollen zu lösenden* sowie *jede durch meine freyadlich Niederhovesche Baut streichenden sowohl jetzo bekandten als noch verborgenen Bancke, nemlich außer der Baut 12 Maaßen ins Westen und 4 Maaßen ins Osten.*

1767 23. Juli: Auf diese Generalmutung Auftrag des Bergamts an den Geschworenen Spoerer mit der Inaugenscheinnahme.

1767 12. August: Rudolph Henrich Christian Crone und Konsorten bekunden, ihre Rechte an der Wilhelmsbank und dem angelegten Stollen an Obristlieutenant von Haus verkauft und ihren Mutschein an ihn abgetreten zu haben. Eintragung des Kaufvertrags in das Berghandlungsbuch am 9. September 1767.

1767 30. August: Protokoll der Inaugenscheinnahme auf die Generalmutung vom 22. Juli: Der Geschworene Spoerer stellt fest, *daß die sämtlichen im Loh bekohl-*

ten Bäncke nebst der Knapuhle und Papagey südwerts wie auch diejenigen nordwerts, so über der Benninghover Heide ... setzend, ... sämtlich mit dem im Breicker-
hoff angelegten und bereits über 100 Lachter fort getriebenen tiefsten Wil-
helmstollen gefrohet. Bis zum letzten Flöz müsse der Stollen noch über 500
Lachter aufgefahren werden, wobei die streichenden Baulängen der Flöze
in der Baut maximal nur 12-13 Maaßen betragen und damit die Auffahrungs-
kosten des Stollens nicht gedeckt werden, es sei denn, man gebe außerhalb der Baut vier Maaßen nach Osten und zwölf Maaßen nach Westen noch
hinzu.

Nachfolgend kommt es zu einem Prozeß mit der Gewerkschaft Getreue
Freundschaft (Gewerken: Johann Christoph Wagner und Konsorten).

1771   8. Juni: Gütliche Einigung auf Vorschlag des Berggerichts der streitenden
        Parteien: Die Frau Generalin von Haus übernimmt gegen Erlegung der bis-
        her entstandenen Kosten sämtliche Rechte wie Mutung von der Gewerk-
        schaft Getreue Freundschaft.[1]

---

[1] Außer der Auffahrung des Wilhelmsstollens bis dahin offensichtlich keine Aktivitäten, auch
noch keine Verleihung.
StAMs Märkisches Bergamt 65 Bl.420; Huske, 1987 S.985; Reininghaus, Hörde S.89.

64 (84) Schöne Kinder, Dortmund-Brünninghausen   (Bl.1075)

Nro 84. (...Schöne Kinder Amts Hoerde)

1770   27. Juni: Mutung.

1771   11. Mai: Kommissionsrat Rappard legt die Mutung in Abschrift vor; das Berg-
        amt habe auch eine Inaugenscheinnahme vorgenommen. Zwar habe Frei-
        herr von Romberg *schon eine Muthung auf die vorliegenden Bäncke seines Erb-
        Stollens eingeleget, er glaubte aber nicht, weil die Bäncke schon in seinen Stol-
        len überfahren, daß ihm dies zum Praejudiz seyn könte, bäte dahero, die Mu-
        thung gehörig einzulegen und zu registriren. Er wolle auch gegebenenfalls die
        Rezeßgelder seit der Mutung zahlen.*[1]

---

[1] Wahrscheinlich wurde die Mutung nicht anerkannt, denn Freiherr von Romberg hatte bereits - bezogen auf den Glückaufer Erbstollen - am 15. August 1769 die Belehnung für die durch
den Erbstollen gelösten Flöze erhalten, vgl. Nr.11 S.70. Vgl. Anhang [Nr.152] S.167.

65 (87) Dahlacker, Dortmund-Hörde (Bl.1076 - 1080)

Nro 87. (Dahlacker auf dem sogenanten Obspring Amts Hoerde)

1762   4. Februar: Mutung einer alten Kohlenbank und zweier benachbarter kleiner Bänke *an dem sogenanten Aufspring* zu einer Fundgrube und sechs Maaßen nach Süden durch Johann Henrich Rühl.

1762   6. Februar: Auftrag des Bergamts an den Geschworenen Spoerer mit der Inaugenscheinnahme.

1771   19. November: Wilhelm Crone und Konsorten hatten am 27. Juni 1768 eine konkurrierende Mutung unter dem Namen Obspring eingelegt, ebenso Camerarius Wormstall am 14. November 1770 unter dem Namen Freier Vogel. Die Mutung von Wormstall wurde abgewiesen; nach dem an diesem Tage getroffenen Vergleich sind Gewerken:

Johann Henrich Rühl	21 1/3 Kuxe
Wilhelm Heitmann	42 2/3 Kuxe
Wilhelm Crone	21 1/3 Kuxe
Elias Heimesath	21 1/3 Kuxe
Henrich Wilhelm Steinberg	21 1/3 Kuxe

1772   10. Juni: Eine Belehnung soll nur dann erfolgen, wenn die Gewerken Rühl und Konsorten die Rezeßgelder seit der Mutung von 1762 innerhalb der nächsten vier Wochen nachbezahlen.

1771   16. November: Mutung weiterer sechs Maaßen nach Süden.

1773   16. Juni: Belehnung mit einer Fundgrube und zwölf Maaßen nach Süden.

StAMs Märkisches Bergamt 65 Bl.424; Huske, 1987 S.195; Reininghaus, Hörde S.88.

66 (4) Blumenthal, Dortmund-Aplerbeck (Bl.1081-1084)

Nro 4. Zeche Blumenthal Amts Unna im Aplerbecker Holtze gelegen.

1754:   Vermessung und Konzession an Christian Vahlefeld gen. Palcken.

1760   21. März: Die entblößte Bank ist 1 Fuß 8 Zoll mächtig, der Querschlag ist 150 Fuß lang. Die Gewerken wollen Mutung einlegen und die Belehnung beantragen.

1760   27. März: Mutung einer *mit dem uns angewiesenen Querschlage entblößete und im Königlichen Freyen liegende Kohlenbanck* unter dem Namen Blumenthaler Nebenbank zu einer Fundgrube und drei Maaßen nach Westen durch Christian Palcken und Matthias Schmitt (je 1/2 Anteil).

1760   31. März: Belehnung mit der Blumenthaler Nebenbank.

1771   15. April: Christian Vahlefeld gen. Palcken gibt an, er habe vor langen Jahren Mutung auf diese Bank eingelegt und *darauf einen Stollen getrieben*. Alle seine schriftlichen Unterlagen sind während des letzten [d.h. Siebenjährigen] Krieges verloren gegangen. Die Zeche liege zur Zeit wegen Mangel an Debit in Fristen.

Die einstigen Konsorten sind von der Betreibung der Zeche abgestanden; er aber wolle die Zeche als einziger Gewerke beibehalten; die Rezeßgelder seien auch bezahlt worden.

StAMs Märkisches Bergamt 65 Bl.438; Meister, 1909 S.176 Nr.7; Huske, 1987 S.120.

67 (5) Neue Hoffnung, Dortmund-Sölde   (Bl.1085-1086)

Nro 5. (im Sölder Holtze Amts Unna gelegenes Kohlenbergwerck Neue Hoffnung genant)

1768   9. Februar: Konzession per Reskript aus Berlin zu einer Fundgrube und 20 Maaßen, nachdem Kommissionsrat Rappard offenbar einen Stollen angelegt und mehrere Flöze gelöst hatte.

1771   10. Mai: Rappard gibt an, er habe die Belehnung erhalten, könne sie aber nicht auffinden; die Rezeßgelder bezahle er regelmäßig jedes Quartal und die Vermessung sei erfolgt.

StAMs Märkisches Bergamt 65 Bl.439; Huske, 1987 S.675.

68 (6) Christian, Dortmund-Aplerbeck   (Bl.1087-1090)

Nro 6. Zeche Christian nordwerts durch Aplerbecks Dorff Amt Unna streichend

1765   23. März: Mutung unter dem Namen Christian zu einer Fundgrube und fünf Maaßen nach Osten durch Christian [Vahlefeld gen.] Palcken und Hermann Grote. Bis zur erfolgten Inaugenscheinnahme ist die Kohlenförderung untersagt.

1765 17. Mai: Inaugenscheinnahme durch den Bergvogt Rielcke: Die Muter wollen an der Emscher zwischen Aplerbeck und Schüren einen Stollen anlegen und nach Norden treiben. Verschiedene Flöze, von denen eines früher ohne Stollen von oben gekohlt worden ist, sollen unter anderem durch Querschläge gelöst und abgebaut werden. Auch wolle man nach Westen tiefer als der Bickefelder Stollen einkommen, mit welchem die darüber befindlichen Kohlen abgebaut wurden, aber darunter noch anstehen.

1768 6. Oktober: Vermessung zu einer Fundgrube und vier Maaßen; Quittung über gezahlte Vermessungsgebühren des Christian von Lünen.

1771 15. April: Gewerken sind:
Christian Vahlefeld als Gewerke und
Lehnsträger   21 1/3 Kuxe
Johann Henrich Knolle   10 2/3 Kuxe
Bernhard Trapmann   10 2/3 Kuxe
Hermann Grote   21 1/3 Kuxe
Jürgen Grote, dessen Sohn   10 2/3 Kuxe
Andreas Grote   10 2/3 Kuxe
Johann Diedrich Kötter   42 2/3 Kuxe
Es wird um Belehnung gebeten; die Rezeßgelder werden bezahlt.[1]

[1] Der Stollen war wahrscheinlich bereits angesetzt worden.
StAMs Märkisches Bergamt 65 Bl.440; Huske, 1987 S.171f.

69 (7) Erbstollen Caroline, Holzwickede   (Bl.1091-1098)

Nro 7. (Carolinenzeche am Hüneknübel...in der Holtzwickeder Bache)

1735 12. Dezember: Mutung der mit einem unterhalb der Natorps Mühle anzulegenden Stollen zu lösenden Kohlenbänke, welche sich in der Holzwickeder Heide und Holz, wie auch in dem an dem Gehölze liegenden Felde und Holzwickeder Bache befinden.

1766 3. April: Die Witwe Zahn ersucht um Belehnung.

1766 24. Mai: Das Bergamt fordert Frau Zahn auf, die Mutung aus dem Jahr 1735 als Voraussetzung für eine Belehnung vorzulegen.

1767 25. Februar: Frau Zahn schließt einen Vertrag mit Herrn Dahlhausen, wonach dieser den Erbstollen auf eigene Kosten forttreibt und im Falle einer Kohlenförderung Frau Zahn oder die Erben mit einem Drittel beteiligt.

1767   24. März: [Der Vermögensverwalter der Zahnschen Töchter] Goecke er-klärt sein Einverständnis mit dem Vertrag vom 25. Februar 1767.

1767   18. August: Erlaubnis des Bergreviers an Frau Zahn zur Kohlenförderung *bey Fortsetzung des Stollens*.

1767   2. Oktober: Belehnung der verwitweten Frau Justizrätin Zahn mit dem Caro-linen-Erbstollen und den *damit zu frohenden Bäncken ins Osten und Westen, bis an das Ende des Buchholtzes.*

1768   5. Februar: Nach Verzicht des Freiherrn von Hövel zu Sölde wird diese Beleh-nung geändert: Sie gilt bis an das Ende des Buchholzes zum *Cranefelds*[a] *Sie-pen* und bis *an die Landes Crone.*

1769   19. Juni/24. Juni: Das Bergamt bestätigt den Vertrag vom 25. Februar 1767; Eintragung in das bergamtliche Vertragsbuch.

1771   18. April: Herr Dahlhausen übersendet dem Bergamt die verlangten Schrift-stücke betreffend die Carolinenzeche in Abschrift.

1771   22. April: Die Vormünder der Zahnschen Töchter, Advokat Wiethaus und Kaufmann Friedrich Albert Adrian, bitten, die Belehnung mit der Carolinen-zeche auf den Namen der Zahnschen Waisen (Elisabeth Sophia, Friederica Theodora und Charlotta Christiana Johanna Carolina) umzuschreiben. Zu diesem Zweck ist von Herrn Dahlhausen die Herausgabe der diesbe-züglichen Schriftstücke zu verlangen.[1]

---

[a] In der Vorlage verschrieben: *Crauefelds*.
[1] Offensichtlich war die Übersendung der Schriftstücke durch Herrn Dahlhausen vom 18. April 1771 noch nicht bekannt.
StAMs Märkisches Bergamt 65 Bl.441; Huske, 1987 S.157f.
Vgl. die Volltextedition der Einträge zum Erbstollen Caroline Nr.IV S.186ff.

70 (9) Die Crone, Dortmund-Schüren   (Bl.1099-1100)

Nro 9. (Die Crone; die Bäncke, welche eben nordwärts dem Hause Heidthoff Amts Hoer-de durchstreichen)

1770   23. März: Mutung auf eine Fundgrube und 15 Maßen nach Osten; Gewer-ken sind:
Bernhard Henrich Crone (Lehnträger)   21 1/3 Kuxe
(Julius Philipp) Heintzmann   21 1/3 Kuxe

(Johann Henrich) Wormstall	21 1/3 Kuxe
(Johann Paul) Brenner	21 1/3 Kuxe
(Henrich Jakob) Haardt	21 1/3 Kuxe
(Johann Henrich) Petersmann	21 1/3 Kuxe

1771   15. Mai: Aktenvermerk des Bergmeisters Rielcke: Bernhard Henrich Crone ist verstorben; die Mutung auf die *durch die adeliche Bauet des Hauses Schüren durchstreichende Bäncke* wurde zwar in Augenschein genommen, aber es ist noch keine Bank entblößt. Die Muter sollen die Bänke erschürfen und dann zur Besichtigung anzeigen.

StAMs Märkisches Bergamt 65 Bl.443; Huske, 1987 S.191f.

71 (10) Nepomuk, Fröndenberg-Strickherdicke   (Bl.1101-1104)

Nro 10. (Nepomuck)

1770   29. September: Propst von Bönninghausen und Capitular von Reusch des Prämonstratenserklosters Scheda muten und begehren *als eine Fundgrube und 20 Maaßen ins Osten nebst der Vierung ins Hangende auf die durch die Strickherdicker Heyde und Ardeyer Felde und Siepen streichende Kohlenbäncke, so auf der Strickherdecker Felde sich gleichfalls erstrecken dörften, belegen, und ins Westen nach dem Strickherdecker Siepen, ins Osten aber nach den Ardeyer Holtz streichen mit dem Nahmen Nepomucks-Grube benennet.*

Bis zur Inaugenscheinnahme untersagt das Bergamt die Kohlenförderung.

1771   10. April: Propst von Bönninghausen und Capitular von Reusch muten *als eine Fundgrube und 20 Maaßen ins Osten nebst der Vierung ins Liegende aus der Hohbönische(n) Bache durch den Busch des Stift Fröndenbergschen Kirchenholtzes von Westen nach Osten über des Schultzen Niehoff und Winckelschoffs-Felde streichende Kohlenbäncke Kirchspels Fröndenberg mit dem Nahmen Nepomuck benennet.* Die Mutung wird angenommen; sobald eine Bank entblößt wird, soll die Inaugenscheinnahme erfolgen und für die Konzession berichtet werden.

1771   25. April: Der Sekretär des Prämonstratenserklosters Scheda legt die Mutung vom 10. April vor. Es hätten noch keine Schürfarbeiten durchgeführt werden können, *weilen das Erdreich voller Waßer, die Felder besaamet und niemand keinen Schaden verursachen wollen.* Wenn man künftig die Bank entblößt, wolle man das ordnungsgemäß anzeigen.

119

1771   25. April: Der Sekretär des Prämonstratenserklosters Scheda präsentiert zu-
        dem eine Mutung auf ein altes Kohlenbergwerk bei *Strickherdicke, so mit
        dem Namen Nepomuck benennet.* Wenngleich bislang noch keine bauwür-
        dige Kohle gefunden wurde, soll die Arbeit fortgesetzt werden. Der Sekretär
        bittet, diese Mutung einzutragen.

        Die Zeche liegt im königlichen Freien, aber bisher sind noch keine Rezeßgel-
        der bezahlt. Die Rezeßgelder sollen seit der Eintragung in das Berggegen-
        buch sowie das Verleihungsbuch bezahlt werden; sobald eine Bank entblößt
        wird, ist dies dem Bergamt mitzuteilen und die Konzession, Belehnung und
        Vermessung zu beantragen.

StAMs Märkisches Bergamt 65 Bl.444; Huske, 1987 S.669.

72 Schleifmühle, Dortmund-Syburg   (Bl.1105-1107)

*Von der Zeche Schleiffmühle im Ambte Schwerte ohnweit dem Schloß Syburg nordwerts
der Rhur gelegen*

1740   31. März: Nachdem Diedrich Lohse, Eingesessener zu Syburg im Amt Schwer-
        te, und Konsorten *auf eine zwischen besagtem Syberg und dem Ruhrstrohm
        durchstreichende, schon bearbeitete und durch unterlaßenes Verrecessiren wie-
        der ins Königl(iche) Freye verfallene Kohlenbanck, welche ihr Streichendes ver-
        sus occidentem, ihr Fallendes aber versus septentrionem hat, und welche bereits
        wieder aufgesuchet und besichtiget, auch vor bauwürdig gehalten worden, und
        zwar auf eine Fundgrube und acht Maaßen, welche sämtlich versus orientem
        zu strecken, benebst der Vierung ins Liegende, bergrechtliche Muthung eingele-
        get, auch um die Belehnung geziemend gebethen,* erhalten sie die erbetene
        Belehnung.

        Der bereits vorhandene Stollen oder Ackeldruft in der Bank soll bergmän-
        nisch fortgetrieben, *auch unter solchen Stollen das Tiefste vermittelst ein-
        zurichtenden Pumpenwerck behörig* gestreckt werden, *die nöthige Pfeiler zu
        Bergvesten* stehen gelassen werden.

1753   14. August: Johannes Boos erwirbt die Belehnung von Johannes Peter Gott-
        fried Rump & Sohn, welche sie ihrerseits von Diederich Lohse erhalten hat-
        ten.

1771   13. Mai: Johannes Boos ist immer noch Alleingewerke. Er ließ die Zeche
        seit dem Erwerb im Jahre 1753 bis zu diesem Tage bearbeiten. Die Rezeßgel-
        der werden gezahlt. Die Zeche ist vermessen.

StAMs Märkisches Bergamt 65 Bl.451; Meister, 1909 S.176; Huske, 1987 S.820.

73 (1) Jungmann, Witten-Hammertal (Bl.1109-1112)

Nro 1. Von der Zeche Jungmann...aus dem Röncken Siepen durch den Pattenberg Gerichts Herbede

1759	14. Januar: Mutung auf eine Steinkohlenbank *aus dem Rönnecken Siepen durch den Pattenberg aus Westen ins Osten streichend* zu einer Fundgrube und vier Maaßen durch Mittelste Rüsberg, Jürgen Francken und (Caspar Diedrich) Weischede.
1759	1. Juni: Konzession per Reskript aus Berlin.
1759	15. September: Belehung.
1761	30. Mai: Quittung für die Zahlung der Vermessungs- und Belehnungsgebühren.
1771	11. März: Gewerken sind:

Diedrich Jürgen Mittelste Rüsberg
(Lehnträger)   32 Kuxe
Caspar Diedrich Weischede   32 Kuxe
Jürgen Francken   32 Kuxe
Peter Hasenberg   16 Kuxe
Hans Peter Hasenberg   16 Kuxe
Die Rezeßgelder werden gezahlt.

StAMs Märkisches Bergamt 65 Bl.454; Huske, 1987 S.533.

74 (2) Sauffberg, Witten-Hammertal (Bl. 1113-1114)

Nro 2. Von der Zeche Sauffberg Gerichts Herbede gelegen

1739	8. Oktober: Nach Angabe des Engelbert Wuppermann am 14. Dezember 1770 Vermessung der Zeche zu einer Fundgrube und 15 Maaßen.
1751	14. November: Johann Henrich Brackmann und Johann Christoph Henrich auf der Bracke erhalten eine Vollmacht zur Betreibung der Zeche.
1751	3. Dezember: Engelbert Wuppermann erwirbt die halben Anteile der Zeche von Peter Dickmann und Freiherrn von Elverfeldt.

1753   23. September: Engelbert Wuppermann erbt 1/4 der Anteile aus der *Lohmann-schen Theilung d(e) 17ten Aprill 1747*.

1756   2. Mai: Engelbert Wuppermann erwirbt das letzte Viertel der Anteile von Johann Henrich Brackmann und von Johann Christoph Henrich auf der Bracke, welche ihrerseits diese Anteile *lange vorher von dem Johan Melchior Küper oder deßen Erben an sich gebracht haben müßten*.

1768   17. März: Nach Angabe des Engelbert Wuppermann am 14. Dezember 1770 Zumessung der *übrigen 11 Maaßen*.

1770   14. Dezember: Engelbert Wuppermann vom Wuppermannshof ist Allein-gewerke, er besitzt jedoch *keine Originalmuthung noch Belehnung*. Es soll ihm eine neue Belehnung erteilt werden.

StAMs Märkisches Bergamt 65 Bl.455; Huske, 1987 S.808.

75 (3) Rummelskirchen, Witten-Vormholz   (Bl.1115-1118)

Nro 3. Von der Zeche Rummelskirchen Gerichts Herbede bei der Sand-Egge gelegen

1751   7. Februar: Belehnung mit einer Fundgrube und sechs Maaßen nach We-sten an Rudolph Spennemann zu Sprockhövel und Konsorten, nachdem sie schon vor einiger Zeit Mutung eingelegt hatten.

1754:   Vermessung.

1771   15. Januar: Gewerken sind:
        Rudolph Spennemann   85 1/3 Kuxe
        Henrich Jürgen Herberholtz   42 2/3 Kuxe
        Daß bey dieser Banck befindliche in der Vierung liegende Nebenstrieppen gehöre-te ihm Comparenten Spennemann privative zu, welches sein Vatter von des mit gegenwärtigen Herberholtzes seinen Vattern an sich gehandelt. Die Rezeßgel-der werden regelmäßig gezahlt.

StAMs Märkisches Bergamt 65 Bl.456; Meister, 1909 S.182 Nr.4; Huske, 1987 S.798.

76 (4) Rudolphsbank, Witten-Herbede (Bl.1119-1122)

Nro 4. Von der Zeche Rudolphsbanck Gerichts Herbede am Brennholtze gelegen

1749   28. Februar: Mutung auf eine *im Königlichen Freyen im Brandtholtze Gerichts Herbede liegende Steinkohlenbanck* durch Henrich Rudolph Spennemann zu Sprockhövel.

1754   3. Juli: Belehnung Henrich Rudolph Spennemanns als Lehnträger mit einer Fundgrube und sechs Maaßen nach Westen.

1761   20. Dezember: Vermessung zu einer Fundgrube und drei Maaßen.

1771   15. Januar: Gewerken sind:
Rudolph Spennemann   85 1/3 Kuxe
Henrich Jürgen Herberholtz   42 2/3 Kuxe
Die Rezeßgelder werden regelmäßig bezahlt.

StAMs Märkisches Bergamt 65 Bl.457; Huske, 1987 S.795.

77 (5) St. Georg, Witten-Vormholz (Bl.1123-1126)

Nro 5. Von der Zeche St. Georg Gerichts Herbede

1748   6. November: Henrich Wilhelm Hagemann erhält einen Schurfschein *auf eine im Keller Höhlgen im Herbeder Holtze Gerichts Herbede belegene Kohlenbanck,* nachdem er *nach vielen angewandten Kosten endlich nunmehro diese Banck würcklich getroffen.*

1759   3. März: Mutung auf eine Fundgrube und sechs Maaßen nach Osten durch Johann Henrich Haarmann und Peter Johann Henrich Hagemann unter dem Namen St. Georg.

1759   5. Mai: Belehnung an Henrich Wilhelm Hagemann und Hoffiskal (Johann Henrich) Staarman.

1771   26. Februar: Gewerken sind:
Peter Johann Henrich Hagemann
genannt Schwermann   64 Kuxe
Hoffiskal Staarmann   64 Kuxe
Die Vermessung ist erfolgt; die Rezeßgelder werden regelmäßig gezahlt.

StAMs Märkisches Bergamt 65 Bl.458; Huske, 1987 S.857.

78 (6) Tulipan, Witten-Vormholz (Bl.1127-1130)

Nro 6. Von der Zeche Tulipan Gerichts Herbede

1746   9. Juni: Johann Melchior Küper verkauft Johann Henrich Niermann zu Bommern ein viertel Anteil.

1752   23. Mai: Johann Caspar Hundeicker genannt Riesen zu Bommern erwirbt die Anteile des Johann Melchior Küper zur Hälfte (1771 1. März heißt es von Peter Wilhelm Wienbruck). Später beteiligt Küper den Caspar Bröcking, so daß dieser und er selbst je einen achtel Anteil halten.

1752   23. Juni: Belehnung zu einer Fundgrube und 30 Maaßen nach Osten *bis auf die Muttebecke* an Johann Caspar Hundeicker, Johann Henrich Niermann, Johann Melchior Küper und Caspar Bröking; der angefangene Stollen ist noch nicht durchschlägig.

1761/1765: Vermessungen *bei Anweisung des tiefen Stollens ad 30 Maaßen.*

1766   24. November: Schürfschein für zwei Nebenbänke, *wovon eine in der Vierung, die andere aber ausser der Vierung liege.*

1771   1. März: Gewerken sind:
Johann Caspar Hundeicker   64 Kuxe
Johann Henrich Niermann   64 Kuxe
Caspar Bröcking und Melchior Küper haben ihre Anteile (zusammen ein Viertel)inzwischen an Niermann verkauft. Auf die beiden Nebenbänke (vgl. 24. November 1766) legen sie Mutung ein. Die Rezeßgelder werden gezahlt.

StAMs Märkisches Bergamt 65 Bl.459; Huske, 1987 S.916.

79 (7) Thuegut, Witten-Vormholz (Bl.1131-1132)

Nro 7. Von der Zeche Thueguth Gerichts Herbede

1729   16. Februar: Mutung auf eine Kohlenbank *aufm Herberholtze in der Weßbergs Becke ins Osten, unter die Hagensegge ins Westen.*

1736   24. April: Belehnung an Jürgen Herberholtz und Johann Peter Rutenbeck.

1739: Vermessung.

1754   10. Januar: Rutenbeck und Herberholtz verkaufen eine Hälfte ihrer Rechte an Wegemann. Später kauft Rauendahl die andere Hälfte. Beide Gewerken beteiligen darauf die Witwe Oberste Frielinghaus zu einem Drittel an der Zeche.

1771   28. Februar: Gewerken sind:
Witwe Oberste Frielinghaus (vertreten durch
Johann Henrich Oberste Frielinghaus)   42 2/3 Kuxe
Peter Georg Rauendahl   42 2/3 Kuxe
Peter Georg Wegemann   42 2/3 Kuxe
Die Rezeßgelder werden gezahlt.

StAMs Märkisches Bergamt 65 Bl.460; Meister, 1909 S.182 Nr.7; Huske, 1987 S.902.

80 (8) Stralsund, Witten-Vormholz   (Bl.1133-1134)

Nro 8. Von der Zeche Stralsundt Gerichts Herbede

1726   28. November: Belehnung an Freiherrn Lieutenant von Elverfeldt *über eine stehende Steinkohlenbanck schießend vom Bommerholtz her durch die Lange Kamps Egge, um darauf in der sogenanten Diepen Becke im Gericht Herbede einzuschlagen, und ins Osten und Westen zu treiben.*

1739/1754: Vermessungen.

1748   20. September: Peter Jürgen Wegemann erbt einen halben Anteil von Lieutenant von Elverfeldt.

1750   5. Januar: Johann Diedrich Oberste Frielinghaus erbt einen halben Anteil von den *Stöltingschen Curatoren.*

1751   4. Februar: Nach dem Besitzwechsel umfaßt die Belehnung 15 Maaßen.

1771   28. Februar: Gewerken sind:
Witwe Oberste Frielinghaus (vertreten durch
Johann Henrich Oberste Frielinghaus)   64 Kuxe
Peter Georg Wegemann   64 Kuxe
Die Rezeßgelder werden gezahlt.

StAMs Märkisches Bergamt 65 Bl.461; Meister, 1909 S.182 Nr.8; Huske, 1987 S.889.

81 (9) Hazard, Witten-Vormholz   (Bl.1135-1138)

Nro 9. Von der Zeche Hazardt Gerichts Herbede

1757   3. März: Mutung einer mit ihrem tiefen Stralsunder Stollen entblößten
        Kohlenbank durch Johann Diedrich Oberste Frielinghaus und Peter Jürgen
        Wegemann zu einer Fundgrube und acht Maaßen nach Osten.

1757   10. August: Erweiterung der Mutung um sechs Maaßen nach Westen.

1757   6. September: Belehnung.

1771   28. Februar: Gewerken sind:
        Witwe Oberste Frielinghaus (vertreten durch
        Johann Henrich Oberste Frielinghaus)   64 Kuxe
        Peter Jürgen Wegemann   64 Kuxe
        Die Vermessung ist erfolgt; die Rezeßgelder werden gezahlt.

StAMs Märkisches Bergamt 65 Bl.462; Huske, 1987 S.432.

82 Kurze Eggersbank, Witten-Vormholz   (Bl.1141-1142)

Von der Kurtzen Egge Gerichts Herbede unter der Kirchschlege gelegen

1748   21. März: Mutung durch Henrich Johann Mittelste Berghaus auf *eine in der
        Kurtzen Egge vor alten Zeiten von seinen Vorfahren schon bekohlte im Gericht
        Herbede gelegene Kohlenbanck zu einer Fundgrube und 6 Maaßen, beydes ins
        Osten zu strecken.*

1771   26. Februar: Gewerken sind:
        Melchior Jürgen Mittelste Berghaus   42 2/3 Kuxe
        Johann Wilhelm Bornemann   28 4/9 Kuxe
        Johann Jürgen Mittelste Berghaus
        (vertreten durch Vormund Johann
        Röttger Mittelste Berghaus)   28 4/9 Kuxe
        Caspar Ernst Schumacher   28 4/9 Kuxe

Es ist noch keine Belehnung erfolgt, jedoch bereits die Vermessung zu einer Fundgrube und zwei Maaßen durchgeführt. Die Rezeßgelder sind vom Schichtmeister Schulte bezahlt.

StAMs Märkisches Bergamt 65 Bl.465; Huske, 1987 S.585f.

83 (13) Carthäuser Loch, Witten-Hardenstein   (Bl.1145-1148)

Nro 13. Von der Zeche Cartheuser Loch Gerichts Herbede beym Hartenstein gelegen

1724   8. Februar: Belehnung. *Demnach H(err) Melchior Georg Stölting, Renthmeister des Hauses Hardenstein im Gericht Herbede, angezeiget, wie daß er gesinnet wäre, auf die bishero bearbeitete Kohlenbanck, welche unter dem Hardensteiner und Niedersten Berghauser Hof und Gehöltze[a] herschießet, sodann gemelten Niedersten Berghauser Hof und Feld herschießet, eine neue Ackeldruft (weilen die alte etwas verstopfet) anzulegen. Als imgleichen eine darunter herstreichende Kohlenbanck mit Arbeit zu belegen und beyde nach Osten fortzutreiben.* Rentmeister Stölting erhält die Belehnung auf *sothanen beyden Bäncken.*

1751   31. Dezember: Die Brüder Hagedorn kaufen ein viertel Anteil von Falckenberg.

1754   12. November: Falckenberg erwirbt diesen Anteil zurück.

1768   23. Juli: Johann Diedrich Große Heidmann kauft ein viertel Anteil von Diedrich Peter Hagedorn.

1770   14. April: Heidmann verkauft ein achtel Anteil an Niederste Frielinghaus.

1771   26. Februar: Gewerken sind durch Ankauf bzw. Schenkung der Anteile:
Rentmeister Adolph Henrich Georg Falckenberg   32 Kuxe
Johann Diedrich Große Heidmann   16 Kuxe
Conrad Henrich Niederste Frielinghaus   16 Kuxe
Streitig zwischen Erben Stölting und Falckenberg 64 Kuxe; vor dem Berggericht ist ein Prozeß anhängig. Allerdings wäre *dieses Werck zur Hälfte unter denen Erben Stölting contra Falckenberg streitig.* Falckenberg behauptet, eine Hälfte der Zeche von den Eheleuten Unteroffizier Schmidt gekauft zu haben. Die Rezeßgelder wurden bezahlt.

[a] Von gleicher Hand nach gestrichen: *Feld.*
StAMs Märkisches Bergamt 65 Bl.466; Huske, 1987 S.163.

Nro 14. Von der Zeche Reiger sub Nro 1. et 2 Gerichts Herbede am Sunder Knapp gelegen

1695   10. November: Gerhard Mittelste Berghaus[1], Henrich Oberste Berghaus und Lutter Henrich Stölting erhalten zu je einem Drittel die Belehnung *über eine Steinkohlenbanck, welche am Sunder Knap oben den Hardensteine im Gericht Herbede gelegen.*

1739   9. Juli: Zumessung weiterer Maaßen *bis an des Niederste Berghauss Garten im Freyen liegende Feld.*

1759:   Vermessung.

1770   4. September: Vergleich zwischen Reiger und der auf dem gleichen Flöz *in Arbeit stehenden* Gewerkschaft Wesselbank:
        - Die Wesselbank behält den ganzen Nordflügel gemäß der Vermessung von 1739.
        - Wesselbank gibt an Reiger *von dem Südflügel noch eine Maaße* nach Osten ab.
        - Die Muldenlinie soll die Grenze zwischen beiden Gewerkschaften sein.
        - Beide Gewerkschaften teilen sich die Kosten des Vergleichs.

1771   26. Februar: Gewerken sind:

Johann Röttger Mittelste Berghaus	24	Kuxe
Melchior Jürgen Mittelste Berghaus	8	Kuxe
Diedrich Henrich Rahmann	24	Kuxe
Diedrich Henrich Schmidt	8	Kuxe
Konrad Oberste Berghaus	32	Kuxe
Johann Friedrich Oberste Berghaus	32	Kuxe

(Sohn des Konrad Oberste Berghaus)
Die erschienenen Gewerken 1 - 3 sagten, *daß sie zu diesem Wercke berechtiget wären, so wie zu dem alten also auch zu dem neuen Wercke.*[2]
Die Rezeßgelder werden bezahlt.

---

[1] Großvater des Johann Röttger Mittelste Berghaus.
[2] Offenbar gab es also eine Zeche, welche später als Altes Werk bezeichnet wurde. Außerdem gab es ein Neues Werk. Vgl. auch Weselbank Nr.89 S.131. Aus der Beschreibung des Muttentals: Der Stollen Reiger ist wahrscheinlich der älteste im Hardensteiner Tal. 1695 wurden ihm bereits zwei (?) Längenfelder verliehen. Nachfolgend Konsolidation zur Gewerkschaft Vereinigte Reiger (StAMs Oberbergamt Dortmund 980: Verzeichnis der ertheilten Verleihungen auf Steinkohlen im Märkischen Bergamtsbezirk, 2. Halbjahr 1858).
 StAMs Märkisches Bergamt 65 Bl.467; Meister, 1909 S.182 Nr.3; Huske, 1987 S.767.

85 (15) Anclam, Witten-Vormholz   (Bl.1155-1157)

Nro 15. Von der Zeche Anclam Gerichts Herbede in der Mittelsten Rhods-Egge gelegen

1727   3. November: Mutung *über eine Kohlenbanck aufm Herbeder Gehöltze in der Mittelsten Rhodes Eggen gelegen und von der tiefen Becken an bis auf die Mutte-becke streichend* durch Mittelste Berghaus.

1728   20. November: Belehnung an Mittelste Berghaus und Konsorten mit der gemuteten Bank nach Osten und Westen.

1735   18. März: Arnold Auvermann verkauft seinen Anteil (ein Drittel) an Oberste Frielinghaus.

1739:   Vermessung.

1771   26. Februar: Gewerken sind:

Johann Röttger Mittelste Berghaus	10 2/3 Kuxe
Melchior Jürgen Mittelste Berghaus	10 2/3 Kuxe
Diedrich Henrich Rahmann	10 2/3 Kuxe
Diedrich Henrich Schmidt	10 2/3 Kuxe
Johann Wilhelm Bornemann	14 2/9 Kuxe
Johann Jürgen Mittelste Berghaus	14 2/9 Kuxe
Caspar Ernst Schumacher	14 2/9 Kuxe
Erbgenahme Oberste Frielinghaus	42 2/3 Kuxe

Rezeßgelder werden bezahlt.

StAMs Märkisches Bergamt 65 Bl.468; Meister, 1909 S.182 Nr.5; Huske, 1987 S.76.

86 (16) Ankunft, Witten-Vormholz   (Bl.1159)

Nro 16. Von der Zeche Ankunfft Gerichts Herbede

1771   26. Februar: *... erschienen H(er)r Oberste Frielinghauss et Consorten und zeigten an, daß dieses Werck unter ihnen einigermaaßen in Streit gerathen und deshalben sich zu vergleichen suchen wolten, bath also, diesen Terminum zu Rectificirung des Bergbuchs aufzuheben und offerirte anbey binnen 14 Tage zu Hagen seine Declaration abzugeben.* [Keine weiteren Angaben.]

StAMs Märkisches Bergamt 65 Bl.469; Huske, 1987 S.77.

87 Zechen Fortuna, Witten-Vormholz (Bl.1161-1164)

Von denen Zechen Fortuna ins Westen im Gericht Herbede, von Osten im Amt Wetter gelegen, beyde nahmen in der Muttenbecke ihren Anfang, woselbst auch den Stollen angeleget

1742 5. September: Belehnung des Gerhard Peter Mercklinghaus mit einer *am Dicken Berge längs Overkamps Hof nach der Muttenbecke Amts Wetter streichende Kohlenbanck* mit einer Fundgrube und zwölf Maaßen nach Osten.

1749 3. Januar: Belehnung der Witwe Mercklinghaus (42 2/3 Kuxe) und des Oberste Frielinghaus (85 1/3 Kuxe) mit 25 Maaßen nach Westen, und zwar anschließend an die Belehnung nach Osten.

1764: Vermessung beider Zechen: Fortuna *ins* Westen mit einer Fundgrube und fünf Maaßen, Fortuna *ins* Osten mit einer Fundgrube und vier Maaßen.

1771 27. Februar: Beide Zechen gehören den gleichen Gewerken:
Geschwister Mercklinghaus   42 2/3 Kuxe
Erbgenahmen Oberste Frielinghaus   85 1/3 Kuxe
Die Zechen sollen in Zukunft getrennt geführt werden. Johann Peter Mercklinghaus *reservirte sich ... die Vermeßung der übrigen beliehenen Maaßen, respec(tive) ins Westen ad 20 und ins Osten ad 8 Maaßen, gehörig nachzusuchen.* Die Rezeßgelder werden für beide Zechen bezahlt.

StAMs Märkisches Bergamt 65 Bl.470; Huske, 1987 S.282.

88 Osterbank, Witten-Vormholz (Bl.1165-1166)

Von der Osterbanck Gerichts Herbede in der Rachmachers Egge gelegen

1750 19. Dezember: Mutung auf eine Fundgrube und sechs Maaßen durch Johann Henrich Mittelste Berghaus[1].

1751: Vermessung.

1771 26. Februar: Gewerken sind:
Johann Röttger Mittelste Berghaus   42 2/3 Kuxe
Melchior Jürgen Mittelste Berghaus   42 2/3 Kuxe

Johann Wilhelm Bornemann   14 4/18 Kuxe
Johann Jürgen Mittelste Berghaus   14 4/18 Kuxe
Caspar Ernst Schumacher   14 4/18 Kuxe
Rezeßgelder werden bezahlt. Die Belehnung wurde bisher nicht beantragt;
es wird hierum nunmehr gebeten.

[1] Johann Wilhelm Bornemann heiratete später dessen Witwe.
StAMs Märkisches Bergamt 65 Bl.471; Meister, 1909 S.182 Nr.11; Huske, 1987 S.715.

89 Weselbank, Witten-Bommern   (Bl.1167-1169)

Von der Zeche Weselbanck Gerichts Herbede

1739:   Vermessung von einer Fundgrube und sechs Maaßen, wobei die letzte Maaße
        an dem gegenwärtigen Förderschacht endet. Lehnträger ist Johann Mittelste
        Berghaus.

1770   4. September: Die Gewerken bitten, die Vermessung zu wiederholen, da die
        von 1739 so ungenau war, daß sie zur Zeit die Grenzen ihrer Berechtsame
        nicht bestimmen können (*der Orth aber, wo sich solche endigten, seye so
        dunckel bestimmet worden, daß sie selbst nicht wüsten, wo sie solchen finden
        solten*). Auftrag des Bergamts an Heintzmann, das *vermeßene Feld zu revi-
        diren und zu verlochsteinen*.

1770   8. September: Berggeschworener Heintzmann befährt mit Wünnenberg die
        Zeche, die auf dem Stollen Schächte geteuft hat; die sechs Maaßen sind
        auf dem Nordflügel vermessen.

1771   26. Februar: Gewerken sind:
        Johann Niederste Berghaus   42 2/3 Kuxe
        Niederste Frielinghaus   32   Kuxe
        Johann Henrich Niederste Frielinghaus 32   Kuxe
        Johann Henrich Oberste Frielinghaus   10 2/3 Kuxe
        Christian Kaesseler   10 2/3 Kuxe
        Rezeßgelder werden bezahlt.

Vgl. auch Nr.84 S.128: Reiger.
StAMs Märkisches Bergamt 65 Bl.472; Meister, 1909 S.182 Nr.2; Huske, 1987 S.964.

90 Widerlage, Witten-Bommern (Bl.1173-1174)

Von der Zeche Wiederlage Gerichts Herbede

1747   20. Februar: Inaugenscheinnahme.

1747   23. Februar: Belehnung auf Mutung und Inaugenscheinnahme mit einer Fundgrube und sieben Maaßen nach Westen an Jakob Niederste Berghaus.

1771   26. Februar: Alleingewerke ist Jakob Niederste Berghaus. Die Vermessung ist erfolgt; die Rezeßgelder werden bezahlt.

StAMs Märkisches Bergamt 65 Bl.473; Meister, 1909 S.182 Nr.6; Huske, 1987 S.973.

91 Hammerbank, Witten-Heven (Bl.1175-1182)

Nro 7. Von der Hammerbanck Gerichts Herbede

1732   21. Januar: Mutung durch den Stahlfabrikanten Peter Lange zu Witten *auf eine Steinkohlenbanck aufm Wanneschen Cleffe .., welche vor ohngefehr 6 ad 7 Jahren von dem Gerichtsschreibern Hagemann et Consorten bearbeitet worden, vor Jahren aber ins Königliche Frey verfallen und selbige bergmännisch und vermittelst einer anzulegenden Akeldrufft zu bearbeiten.*

1732   22. März: Belehnung an Peter Lange.

1733   9. Januar: Johann Diedrich Fischer und Johann Peter Schönebeck muten eine Kohlenbank im *Wanneschen Cleff.*

1733   13. August: Fischer und Schönebeck erhalten die Belehnung, nachdem sie die Ackeldruft bis zur Kohlenbank durchgetrieben haben.

1733   14. September: Johann Peter Schönebeck zu Wetter, Johann Diedrich Fischer zu Wetter und Konsorten erhalten einen weiteren Mutschein *auf die durch daß Hevische Feld streichende Kohlbanck, hiebevor angelegte und dem Angeben nach ins Freye verfallene Ackeldrufft.*

1736   17. September: Johann Peter Schönebeck (1/2 Anteil), Johann Diedrich Fischer (3/16 Anteil) und Hermann Vreede (5/16 Anteil) protestieren gegen die Aktivitäten des Peter Lange. Sie hätten *den Stollen mit schweren Kösten bis in die Banck durch harte Steinfelsen würcklich durchgetrieben,* Peter Lange zu Witten aber *uns dieses Glück mißgönnet.* Es sei eine gerichtliche Entscheidung anhängig; inzwischen solle das Bergwerk vermessen oder aber bis zur Entscheidung abgewartet werden.

1771   28. Februar: Gewerken sind:

Alexander Herdeegen	32 Kuxe
Wilhelm Herdeegen	32 Kuxe
Freiherr von Boenen zu Berge	64 Kuxe

Wilhelm Herdeegen gibt an, Peter Lange sei bankrott gegangen und der Vater Herdeegen sowie Freiherr von Boenen hätten am 14. Mai 1751 die Anteile je zur Hälfte erworben. Wilhelm Herdeegen teilt außerdem mit, *daß d(er) H(err) von Boehnen nur zum Oberwercke zu solchen Theile berechtigt wärre, daß Unterwerck aber und was da mit dem Stollen gefordert, gehörte ihm und seinem Bruder privative zu gleichen Theilen.* Die Rezeßgelder werden gezahlt.

[1] Schönebeck und Konsorten haben offenbar den Prozeß verloren, wohl deswegen, weil Lange bereits vorher die Belehnung erhalten hatte. Vermutlich hatte Lange jedoch noch keinen Stollen angesetzt oder war noch nicht bis zum Flöz gekommen. Wahrscheinlich mußte er aber dem Schönebeck und Konsorten die bis dahin entstandenen Kosten erstatten.
StAMs Märkisches Bergamt 65 Bl.474; Meister, 1909 S.182 Nr.9; Huske, 1987 S.415.
Vgl. die Volltextedition der Einträge zur Hammerbank Nr.V S.193ff.

92 Gottessegen, Witten-Durchholz-Hammerthal   (Bl.1183-1185)

Von der Zeche Gottesseegen Gericht Herbede im Roellenbecker Siepen gelegen

1758   29. August: Mutung durch Peter Niederndräing *auf ein altes im Königl(ichen) Freyen liegendes, durch den Roellenbecker Siepen Gerichts Herbede durchstreichendes Steinkohlenbergwercks zu einer Fundgrube und sechs Maaßen ins Osten.*

1760   3. Juni: Belehnung unter dem Namen Gottessegen; Lehnträger ist Peter Niederndräing.

1768   17. Mai: Vermessung: Eine Fundgrube und zwölf Maaßen aus dem Westen nach Osten.

1770   12. Dezember: Gewerken sind:
       Peter Niederndräing gen. Brass
       (Lehnträger)   25 1/5 Kuxe
       Caspar Diedrich Niederndräing
       (Bruder des Peter)   25 1/5 Kuxe
       Jürgen Munckers   25 1/5 Kuxe
       Jürgen Herberholtz   25 1/5 Kuxe
       Hans Peter Kickut   25 1/5 Kuxe

StAMs Märkisches Bergamt 65 Bl.467; Huske, 1987 S.378.

93 Magdalena, Witten-Herbede   (Bl.1189-1192)

Von der Zeche Magdalena Gerichts Herbede

1765   7. September: Mutung durch D(iedrich) J(ürgen) Mittelste Rüsberg *auf eine
       im Gericht Herbede an Ruttenberger Egge von meinen Vorfahren schon in Be-
       trieb gewesene und aus Westen ins Osten nach den Kemper Kotten hinstreichende
       Kohlenbanck, so ich benennet Magdalena,* zu einer Fundgrube und sechs
       Maaßen nach Osten. Bis zur Inaugenscheinnahme ist die Kohlenförde-
       rung untersagt.

1766   8. Januar: Konzession per Reskript aus Berlin.

1769   31. März: Vermessung, Quittung des Bergboten Christian von Lünen über
       bezahlte Gebühren.

1771   26. Februar: Gewerken sind:
       Johann Henrich Alexander Rautert   48 Kuxe
       Diedrich Jürgen Mittelste Rüsberg   48 Kuxe
       Plarsiepe   16 Kuxe
       Erbgenahmen Sauermilch (*Saule Mehle*)16 Kuxe
       Die Rezeßgelder werden richtig bezahlt.

StAMs Märkisches Bergamt 65 Bl.479.

94 St. Anna und Sybilla, Witten-Vormholz (Bl.1193-1204)

Von denen Zechen St. Anna und Sybilla im Herbeder Holtze gelegen

1750   19. Januar: Mutung der *an der großen Hagensegge und Lütkenwießberge im Herbeder Holtze belegener und erschürfften Steinkohlenbanck, nahmentlich St. Anna benennet* zu einer Fundgrube mit zwei Maaßen nach Osten und fünf Maaßen nach Westen durch Dr. Funcke und seine beiden Mitgewerken Siepmann und Haekerts.

1765   13. November: Mutung auf eine *neben meiner St. Annenbanck belegener und geschurfter Banck nahmentlich Sybilla als eine Fundgrube und sechs Maaßen ins Osten, die Vierung ins Liegende* durch Dr. Funcke; das Bergamt wird laut Vermerk eine Inaugenscheinnahme vornehmen; bis dahin bleibt die Kohlenförderung untersagt.

1768   29. Juli: Vermessung vom ersten Förderschacht ausgehend zu einer Fundgrube und elf Maaßen. St. Anna liegt etwa 30 Fuß im Liegenden von Sybilla entfernt und wird Nebenbank bezeichnet. Quittung des Bergboten Christian von Lünen für gezahlte Gebühren an Witwe Dr. Funcke.

1771   22. April: Alleingewerkin ist Witwe Dr. Funcke.

        Eine Belehnung liegt nicht vor; die Rezeßgelder aber sind richtig abgeführt.

1772   8. April: Belehnung mit St. Anna und Sybilla an Johann Diedrich Pottkämper, Rudolph Spennemann und Peter Arnold Zumbusch, die die Anteile von dem Erben Dr. med. Funcke am 30. März 1772 gekauft haben.

1772   21. Mai: Antrag der neuen Gewerken auf erneute Vermessung.

1772   26. Mai: Auftrag an Bergmeister Rielcke, die Vermessung bei seiner nächsten Bereisung vorzunehmen.

1772   19. Juni: Erneute Vermessung durch Bergmeister Rielcke. St. Anna ist Nebenbank von Sybilla, 30 Fuß entfernt.

1772   4. Juli: Antrag auf Erweiterung der Belehung um weitere fünf Maaßen nach Westen.

1772   9. Juli: Entsprechende Änderung der Belehnung.

StAMs Märkisches Bergamt 65 Bl.480f.; Huske, 1987 S.856.

95 Morgenstern, Witten-Vormholz (Bl.1205)

Von der Zeche Morgenstern Gerichts Herbede

1767 20. November: Mutung einer *unter Niederste Berghauser Hofe belegene platte Kohlenbanck mit Süd[-] und Nordflügelen durch Berghauser Hoff aus Osten ins Westen nach der Diepenbecke hinstreichende, so ich mit dem Nahmen der Morgenstern benennet,* zu einer Fundgrube und zehn Maaßen nach Westen durch Johann Henrich Oberste Frielinghaus. Die Geschworenen Heintzmann und Wünnenberg werden mit der Inaugenscheinnahme beauftragt.

1771 28. Februar: Gewerken sind:
Johann Henrich Oberste Frielinghaus   64 Kuxe
Frau Dr. Funcke   64 Kuxe
Bisher sind weder Belehnung noch Vermessung erfolgt; die Rezeßgelder aber wurden seit der Mutung gezahlt.

StAMs Märkisches Bergamt 65 Bl.482; Huske, 1987 S.655.

96 Taugenicht, Witten-Vormholz-Hammerthal (Bl.1207-1208)

Von der Zeche Taugenicht Gerichts Herbede

1763 13. Februar: Mutung einer Kohlenbank *streichend durch die Haggensegge, die Fundgrube nimt ihren Anfang in dem Siepen, daß in die Waltbecke fließet, bei Pott seiner Wiese im Herbeder Holtze von Westen ins Osten zu treiben* zu einer Fundgrube und zehn Maaßen nach Osten durch Johann Henrich Oberste Frielinghauß.

Es handelt sich um ein ins Freie gefallenes altes Werk, das der frühere Besitzer (Herberholtz) aufgegeben hat.

1771 28. Februar: Gewerken sind:
Johann Henrich Oberste Frielinghaus   42 2/3 Kuxe
Peter Georg Rauendahl   42 2/3 Kuxe
Peter Georg Wegeman   42 2/3 Kuxe
Eine Belehnung wurde noch nicht erteilt, die Vermessung ist noch nicht vorgenommen.

StAMs Märkisches Bergamt 65 Bl.483; Huske, 1987 S.895f.

97 Ferdinand, Witten-Herbede (Bl.1209)

Von der Zeche Ferdinandt im Herbeder Holtze gelegen

1765 19. Januar: Mutung auf eine *zwischen Voss und Collenbergs Egge Gerichts Herbede gelegene und aus Osten ins Westen nach der Collenbergs Wiese hinstreichende Kohlenbanck, so ich mit dem Nahmen Ferdinandt benennet* zu einer Fundgrube nebst zehn Maaßen nach Westen und zwei Maaßen nach Osten durch Johann Henrich Rust. Bis zur Inaugenscheinnahme ist die Kohlenförderung untersagt.

1771 28. Februar: Gewerken sind Kaufmann Johann Peter Sternberg und seine Miterben Sternbergs, die die Kaufbriefe über den Erwerb der Anteile in Händen haben.

Sämtliche Rechtsnachweise sind aber dem Bergamt noch vorzulegen.[1]

[1] Belehnung und Betrieb unbekannt.
StAMs Märkisches Bergamt 65 Bl.484.

98,99 Stettin und Neuglück[1], Witten-Hardenstein (Bl.1211-1217)

Von der Zeche Stettin Gerichts Herbede zwischen der Zeche Anclam und Hagesegge gelegen

Von der Zeche Neueglück im Gerichte Herbede zwischen der Zeche Anclam und Hagesegge gelegen

1770 14. August: Mutung *auf eine durch den Grüggels Siepen ins Osten nach Nieder-Bommern ohngefehr 80 Fuß von der Anclammer Zeche gegen Mittag streichende Kohlenbanck nebst deren Vierung im Liegenden...unter dem Nahmen Neuglück* durch Johann Caspar Dürholt, Peter Caspar Hyby und Johann Peter Kickut. Bis zur Inaugenscheinnahme bleibt jede Kohlenförderung untersagt.

1770 27. August: Mutung *auf der unterm 14ten dieses zu einer Fundgrube und 20 Maaßen ins Osten unterm Namen Neuglück von uns bemutheten Stein-Kohlen-Banck und in deren Vierung im Liegenden befindlichen Striepen, welche wir*

Stettin benennet zu einer Fundgrube und 20 Maaßen nach Westen durch Peter Caspar Hyby und Konsorten. Bis zur Inaugenscheinnahme bleibt jede Kohlenförderung untersagt.

1770   28. August: Auftrag des Bergamts an Bergmeister Heintzmann, die Inaugenscheinnahme zu veranlassen. Die Muter werden am 31. August unterrichtet.

1770   21. November: Inaugenscheinnahme beider Zechen.

1770   12. Dezember: Gewerken sind zu gleichen Teilen Johann Caspar Dürholt, Peter Caspar Hyby und Johann Peter Kickut.

1772   11. März: Die Belehnung wird mit Reskript aus Berlin befürwortet und die Konzession erteilt.

1772   28. April: Maehler an das Bergamt zu Hagen: Den Gewerken ist das Reskript vom 11. März mitzuteilen; sie sollen vom Bergamt aufgefordert werden, 10 Reichstaler für die Konzession innerhalb einer Woche zu bezahlen. Darauf soll die Belehnung mit dem Namen Neuglück und Stettin ausgefertigt werden.

1772   8. Mai[2]: Belehnung *mit der ins Osten nach der Muttenbecke, ins Westen aber nach der Hagesegge, sodann mit aus dem Grügelsiepen ins Westen streichenden Kohlenbanck, jede zu einer Fundgrube und 20 Maaßen* unter den Namen Neuglück und Stettin. Bezüglich Neuglück nach Osten *die Zeche Ankunft seye, mithin Muther darauf gleich renunciiret, und dagegen 56 Scheidt südwärts weiter im Siepen herauf eine andere erschürft(e) 3 Fuß mächtige Banck ins Osten nach der Muttenbecke, ins Westen aber nach der Hagesegge streichende...im Freyen gelegen.*

[1] Die beiden Bergwerke sind, wie aus den folgenden Regesten hervorgeht, für die Darstellung ohne starke Eingriffe in den Gang der Vorlage kaum zu trennen, wenngleich die Konsolidation erst später (1828) erfolgte (Huske, 1987 S.683).
[2] Durch Lagenbildung ist das zweite Blatt der Belehnung vom 8. Mai 1772 in der Vorlage Bl.1217. StAMs Märkisches Bergamt 65 Bl.486; Huske, 1987 S.683f.

100 Elephant, Witten-Durchholz   (Bl.1219-1220)

Zeche Elephante ins Osten am Knieppersbroche Gerichts Herbede gelegen

1758   6. Juni: Vor der Mutung wurde bereits eine Inaugenscheinnahme vorgenommen.

1765   12. Februar: Mutung auf eine Fundgrube und 20 Maaßen nach Osten *in Werbecks Siepen an Knappers Bruche Gerichts Herbede belegenen...aus Westen ins Osten nach der Wald Egge vorbeistreichend* durch Henrich Rudolph Spennemann.

1770 14. Dezember: Der Stollen ist *bereits bis in die Banck getrieben, aber noch keine Kohlen gefördert, mithin noch ungewiß, ob eines Theils die Banck bauwürdig, anderenteils Debit zu hoffen stünde.*
Gewerken sind:

Arnold Zumbusch	42 2/3 Kuxe
Jürgen Stöter	21 1/3 Kuxe
Diedrich Peter Niedergethmann	21 1/3 Kuxe
Henrich Rudolph Spennemann	42 2/3 Kuxe

Die Belehnung und die Vermessung sind noch nicht erfolgt, Rezeßgelder werden bislang nicht bezahlt.

StAMs Märkisches Bergamt 65 Bl.487; Huske, 1987 S.242.

101 Helena Gertrud, Witten-Bommern   (Bl.1221)

(Muthung...Helena Gerdruth)

1766 14. Oktober: Mutung durch Johann Caspar Hundeiker.

1767 7. April: Mutung auf einen *Tieffen Stollen.*

1768 13. September: Verlängerung durch den Muter.

1771 1. März: Johann Caspar Hundeicker bestätigt seinen Anspruch auf die Mutung.[1]

[1] Offensichtlich also 1771 noch keine bergmännische Aktivitäten.
StAMs Märkisches Bergamt 65 Bl.488; Huske, 1987 S.448.

102 Hertzberg, Gericht Herbede   (Bl.1223-1226)

Von der Zeche Hertzberg bey der Diepenbecke im Gerichts Herbede gelegen

1748 27. August: Mutung einer entblößten Kohlenbank zu einer Fundgrube und 23 Maaßen nach Westen in der Diepenbeck durch die Gewerken:

Peter Arnold Leveringhaus	21 1/3 Kuxe
Gottfried Grüter	42 2/3 Kuxe
Henrich Alexander Rautert	42 2/3 Kuxe
Henrich Peter Leveringhaus	21 1/3 Kuxe

1754   3. Mai: Belehnung an die genannten Gewerken.

1768   13. April: Vermessung der Zeche Diepenbeck zu einer Fundgrube und drei Maaßen; Quittung über bezahlte Gebühren.

1771   26. Februar: Gewerken sind:

Henrich Alexander Rautert	42 2/3 Kuxe
Gottfried Grüter	42 2/3 Kuxe
Peter Arnold Leveringhaus	21 1/3 Kuxe
Erbgenahmen Leveringhaus	21 1/3 Kuxe

Gerichtsschreiber Rautert gibt an, *die Recessgelder wären einige Jahre nicht bezahlt, indem das Werck in lauter Klancken und Sprünge lage*, aber der Rechtsanspruch bleibe bestehen.

StAMs Märkisches Bergamt 65 Bl.489.

103 Friedrich, Witten-Vormholz   (Bl.1227-1228)

Von der Zeche Friederich Gerichts Herbed(e)[a] *an der Voss-Egge gelegen*

1764   9. Januar: Mutung einer an der Voß-Egge von Osten nach Westen streichenden, vier Fuß mächtigen Kohlenbank, *sowie selbige von Westen durch die Seepmanns Wiese die Fuchslöcher hinauf biß nach der Muttebecke* zu einer Fundgrube und zehn Maaßen durch Henrich Alexander Rautert.

1765   7. Dezember: Schürfrecht für die von Norden nach Westen streichenden Bänke.

(1771)[a] 26. Februar: Henrich Alexander Rautert ist alleiniger Gewerke. Die Inaugenscheinnahme ist erfolgt. Der Stollen ist angesetzt und hat das Flöz noch nicht erreicht. Sobald der Stollen durchschlägig ist, soll um Belehnung und Vermessung nachgesucht werden; dann werden auch die Rezeßgelder entrichtet.

[a] Die obere rechte Ecke der Seite mit geringem Schriftverlust abgerissen.
StAMs Märkisches Bergamt 65 Bl.490.

104 Alteburg, Gericht Herbede   (Bl.1229-1230)

Von der Zeche Alteburch Gerichts Herbede

1745   8. März: Schurfschein.

1761   21. April: Mittelste Rüsberg teilt mit, daß das Treiben eines Stollens und die
       Senckung unterschiedener Schächte sehr viele Kosten verursacht hat, aber das
       Flöz noch nicht erschlossen sei. Um sein Recht zu wahren, mutet er die
       Bank in der Alteburg zu einer Fundgrube und zwei Maaßen unter dem
       Namen Alteburg und bittet um Belehnung. Das Bergamt beschließt, *die
       Belehnung zu extrahiren.*

1771   26. Februar: Gewerken sind:
       Henrich Alexander Rautert   32 Kuxe
       Peter Arnold Leveringhaus   32 Kuxe
       Konrad Henrich Limberg   32 Kuxe
       Diedrich Jürgen Mittelste Rüsberg   32 Kuxe
       Auf das Werk sind schon viele Kosten entfallen. Die Belehnung ist noch
       nicht erteilt, eine Vermessung noch nicht erfolgt. Rezeßgelder sind bisher
       nicht entrichtet worden.

StAMs Märkisches Bergamt 65 Bl.491.

105 Gideon, Witten-Vormholz   (Bl.1231-1232)

Von der Zeche Gideon Gerichts Herbede

1768   20. Juli: Mutung auf *eine Fundgrube und 10 Maassen ins Osten nebst der Vie-
       rung ins Hangende auf eine im Hellinger Siepen Gerichts Herbede belegene und
       aus Westen ins Osten nach dem Helwege hinstreichende Kohlenbanck* durch Jo-
       hann Henrich Niermann und Johann Henrich Oberste Frielinghaus. Auf-
       trag des Bergamts an den Geschworenen Heintzmann für die Inaugen-
       scheinnahme.

1771   28. Februar: Gewerken sind:
       Johann Henrich Oberste Frielinghaus   25 2/3 Kuxe
       Henrich Johann Oberste Frielinghaus   25 2/3 Kuxe

Johann Henrich Niermann	25 2/3 Kuxe
Medizinalfiskal Staarman	25 2/3 Kuxe
Hagemann gen. Schwermann	25 2/3 Kuxe

Die Inaugenscheinnahme ist erfolgt. Um die Belehnung und Vermessung soll nachgesucht werden, wenn der Stollen das Flöz erreicht hat. Dann sollen auch die Rezeßgelder entrichtet werden.

StAMs Märkisches Bergamt 65 Bl.492; Huske, 1987 S.350.

106 Frielinghaus, Witten-Vormholz-Hardenstein (Bl.1233-1238)

Von der Zeche Frilinghauss Gerichts Herbede

1768   25. Februar: Mutung einer *aus der Daepenbecke unter die Kortegge nach Osten unter Berghauser Feld streichende Kohlenbanck zu 1 Fundgrube und zehen Maaßen* durch Johann Henrich Oberste Frielinghaus.

1771   28. Februar: Johann Henrich Oberste Frielinghaus ist *zu diesem Wercke privative berechtiget*. Die Inaugenscheinnahme ist inzwischen durch Bergmeister Heintzmann erfolgt, die Belehnung wurde noch nicht erteilt, die Vermessung ist noch nicht vorgenommen. Die Rezeßgelder werden noch nicht gezahlt.

1772   3. Dezember: Die angelegte Rösche hat nach 20 Fuß Dammerde die Bank erreicht und es wurden bereits 80 Fuß im Flöz aufgefahren. Der einstige Kontrolleur Johann Wilhelm Stratmann von der Zeche Eulenbaum im Gericht Bochum, der sich in Niederste Berghausen niedergelassen hat, soll Schichtmeister werden. Stratmann schlägt als Kontrolleur den Bergmann Johannes Ringelsiepe vor. Der Berggeschworene Crone schlägt vor, sobald die Bauwürdigkeit festgestellt ist, einen tiefen Stollen anzulegen, welcher über 100 Fuß seigere Teufe einbringt.

1773   19. April: Die Aufschlüsse haben noch keine Bauwürdigkeit nachgewiesen. Nach Osten zum Muttenbach hin soll weiter untersucht werden.

1773   4. Juni: Beschluß des Bergamts: Eine Belehnung kann erfolgen, wenn die ausstehenden Rezeßgelder seit dem Mutungsdatum nachgezahlt werden.

StAMs Märkisches Bergamt 65 Bl.493; Huske, 1987 S.318f.

107 Glückauf, Witten-Vormholz (Bl.1239-1245)

Von der Zeche Glückauff im Gericht Herbede

1762 15. September: Der Berggeschworene Heintzmann nimmt eine Bank im Padberger Siepen in Augenschein, welche früher gekohlt, dann aber wegen der zu hoch angesetzten Ackeldruft aufgegeben wurde. Peter Jürgen am Wege bittet um Erlaubnis zur Wiederbearbeitung dieses Werkes, das er vor Jahren wieder aufgefunden hat; er hat bereits eine neue Ackeldruft tiefer angelegt. Zur Bestreitung der anfallenden Kosten sollen Henrich Peter Niepmann und Caspar Dürholt zu je einem Drittel beteiligt werden. Heintzmann befürwortet eine Belehnung zu einer Fundgrube und zwölf Maaßen aus dem Westen nach Osten unter dem Namen Glückauf.

1766 10. Januar: Konzession per Reskript aus Berlin zur beantragten Belehnung.

1771 28. August: Der Sohn des Peter Jürgen am Wege, Diedrich Henrich am Wege, und Caspar Dürholt teilen mit, daß die Belehnung zu einer Fundgrube und zwölf Maaßen aus dem Westen nach Osten erteilt sei. Der Mitgewerke Henrich Peter Niepmann sei *gleich anfangs* wegen der hohen Kosten ausgeschieden. Der Betrieb sei kurz darauf wegen der geringen Bauwürdigkeit eingestellt worden, soll aber nun mit dem neuen Gewerken Henrich Melchior Schachmann wieder aufgenommen werden. Die Gewerken sind nun:
Diedrich Henrich Wegmann   42 2/3 Kuxe
Caspar Dürholt   42 2/3 Kuxe
Henrich Melchior Schachmann 42 2/3 Kuxe
Die Rezeßgelder sollen jetzt wieder gezahlt und nötigenfalls die Belehnung neu ausgefertigt werden.

StAMs Märkisches Bergamt 65 Bl.494; Huske, 1987 S.358.

108 (1) Treue, Bochum-Stiepel (Bl.1247-1249)

Nro 1. Von der Zeche Treue im Gericht Stiepel gelegen

1749 24. April: Mutation auf eine *vor alten Zeiten schon bearbeitete Kohlenbanck im Gericht Stiepel unter dem Schultzen Umberger Busch und Feld herstreichend zu einer Fundgrube von 10 Maaßen in Osten* durch Chirurgus Jeremias Treuer zu Blankenstein, Johann Diedrich Striebeck, Albert Ostermann und Hermann Dellmann (je ein viertel Anteil).

1749   10. September: Belehnung an die Muter unter dem Namen Treue.

1765   4. Februar: Vermessung.

1771   17. Januar: Gewerken sind:
Jeremias Treuer   32 Kuxe
Johann Diederich Striebeck   32 Kuxe
Johann Peter Altena   32 Kuxe
Diedrich Jürgen am Wege   32 Kuxe
Die Rezeßgelder werden gezahlt. Altena und am Wege haben ihre Anteile
von den Mutern Ostermann und Dellmann gekauft.

StAMs Märkisches Bergamt 65 Bl.505; Meister, 1909 S.181 Nr.3; Huske, 1987 S.912f.

109 (3) Friedrich, Bochum-Brockhausen-Stiepel   (Bl.1253-1255)

Nro 3. Von der Zeche Friederich im Gericht Stiepel

1751   6. Dezember: Mutung auf eine *in der Stiepeler Marck ohnweit der Rauter Delle entblößete Kohlenbanck auf eine Fundgrube und 20 Maaßen* durch Freiherr
Küchmeister von Sternberg.

1752   14. Februar: Belehnung an den Muter.

1762   4. März/6. April: Erwerb durch Johann Wilhelm Müser, Drögehorn und
Vahlefeld.

1766: Vermessung.

1771   11. Januar: Der Wegeinspektor Friedrich Johann Müser erklärt für seinen
Vater, daß Gewerken sind:
Entrepreneur Johann Wilhelm Müser   76 4/5 Kuxe
Johann Jörgen Dröghorn   25 3/5 Kuxe
Friedrich Vahlefeld   25 3/5 Kuxe
Schichtmeister ist Jörgen Henrich Wünnenberg. Der Lochstein befindet sich
im *Krockhauss Bruch*. Die Rezeßgelder sind und werden bezahlt. Wegen des
Vorschusses von 2000 Reichstalern durch den Fiskus ist auf die Eintragung
zu St. Theodor verwiesen.[1]

[1] Vgl. Nr.127 S.154.
StAMs Märkisches Bergamt 65 Bl.507; Meister, 1909 S.182 Nr.6; Huske, 1987 S.303f.

110 (4) Sternberg, Bochum-Stiepel (Bl.1257)

Nro 4. Von der Zeche Sternberg im Gericht Stiepel

1771	18. Januar: Gewerken sind:	
	Johann Arnold Eymann	32 Kuxe
	Henrich Jürgen Tiggemann	32 Kuxe
	Peter Hülsenbeck	64 Kuxe
	[Keine weitere Eintragung]	

StAMs Märkisches Bergamt 65 Bl.508; Meister, 1909 S.181 Nr.5; Huske, 1987 S.881.

111 (5) Haarmannsbank, Bochum-Stiepel (Bl.1259-1262)

Nro 5. Zeche Haarmanns Banck in Stemmans Siepen gelegen und über Krockhaus Feld nach der Sandfurth streichend

1727   27. Juli: Belehnung an Ratmann Georg Henrich Wünnenberg und Konsorten auf eine von ihnen entblößte Kohlenbank, *und zwar auf eine Fundgrube und zehen Maaßen ins Osten* unter dem Namen Haarmanns Bank.

1744   27. Juli[1]: [Erneute] Mutung durch Georg Henrich Wünnenberg und Belehnung.

1754:   Vermessung.

1758   1. Oktober/1759 18. April: Erwerb aller Kuxe durch Johann Wilhelm Müser von den bisherigen Gewerken Georg Henrich Wünnenberg, Henrich Jakob Haarmann (die früheren Mitgewerken Stollmann und Konrad Schultze hatten ihre Anteile an diese verkauft) sowie von Friedrich Diergarten.

1766   24./25. August: Umschreibungen von dreimal 32 Kuxe auf Johann Wilhelm Müser.

1771   11. Januar: Wegeinspektor Friedrich Johann Müser teilt mit, daß die Zeche seinem Vater Johann Wilhelm Müser allein gehört. Der Lochstein befindet sich hinter dem Krockhauser Bruch im Busch Sandfurth. Die Rezeßgelder wurden bisher entrichtet. Die 2000 Reichstaler Vorschuß könnten, wie bei der Zeche St. Theodor bemerkt[2], auch auf diese Zeche eingetragen werden.

---

[1] Offensichtlich war die Belehnung vom 27. Juli 1727 ins Freie gefallen.
[2] Vgl. Nr.127 S.154.
StAMs Märkisches Bergamt 65 Bl.509; Meister, 1909 S.181 Nr.1; Huske, 1987 S.403f.

112 (6) Leibzucht, Bochum-Stiepel-Brockhausen   (Bl.1263)

Nro 6. Von der Zeche Leibzucht im Gericht Stiepel unter Ostermanns Felde gelegen

1771	18. Januar: Gewerken sind:	
	Obergeschworener Wünnenberg	21 1/3 Kuxe
	Ratmann Dornseiffen	21 1/3 Kuxe
	Diergarten der Alte zu Stiepel	21 1/3 Kuxe
	Nettlenbeck zu Stiepel	21 1/3 Kuxe
	Gerichtsschreiber Rautert	21 1/3 Kuxe
	Johann Diedrich Pleuger gen.	
	Behrenbeck zu Holthausen	21 1/3 Kuxe
	[Keine weitere Eintragung]	

StAMs Märkisches Bergamt 65 Bl.510; Meister, 1909 S.181 Nr.2; Huske, 1987 S.596.

113 (7) Ignatius, Bochum-Brockhausen-Stiepel   (Bl.1265-1266)

Nro 7. Von der Zeche Ignatius Gerichts Stiepel

1748   28. November: Mutung auf eine *im Hülsenberge vor Zeiten schon bearbeitete Kohlenbanck im Gericht Stiepel zu einer Fundgrube und zehen Maaßen* durch Henrich Jakob Haarmann, Jörgen Henrich Wünnenberg, Friedrich Brockhaus und Henrich Stollmann (je 32 Kuxe).

1771   11. Januar: Wegeinspektor Friedrich Johann Müser gibt namens seines Vaters Johann Wilhelm Müser, der 1767 und 1770 einen Teil der Kuxe von früheren Gewerken erworben hatte, folgende Gewerken an:

Entrepreneur Johann Wilhelm Müser	85 1/3 Kuxe
Johann Hermann Haarmann	21 1/3 Kuxe
Johann Henrich Haarmann	21 1/3 Kuxe

Henrich Stollmann hatte seinen sechstel Anteil zunächst an den Chirurgen Fischer verkauft, der ihn aber an Müser weiterveräußerte. Die Belehnung sei während des [Siebenjährigen] Krieges verloren gegangen und muß daher erneut ausgefertigt werden. Die Vermessung ist erfolgt. Der Lochstein befindet sich am Cronenbergs Feld. Wegen des Vorschusses durch den Fiskus ist auf St. Theodor verwiesen.[1]

[1] Vgl. Nr.127 S.154.
StAMs Märkisches Bergamt 65 Bl.511; Huske, 1987 S.505.

146

114 (8) Murmanns Bank, Witten-Hammertal (Bl. 1269-1271)

Nro 8. Von der Zeche Murmanns Banck Gerichts Stiepel gelegen

1751   25. Januar: *Muthung zu einer Fundgrube und 40 Maaßen nebst der Vierung ins Liegende unter dem Nahmen Muermanns Berg.*

1754   3. Juli: Belehnung an die Muter Peter Murmann und Peter Arnold Leveringhaus *über eine im Freyen liegende, durch den sogenannten Schulten Siepen Gerichts Stiepel streichende und erschürffte Steinkohlenbanck.*

1771   18. Januar: Gewerken sind:
Peter Arnold Leveringhaus   96 Kuxe
Peter Murmann   32 Kuxe
Die Zeche ist noch nicht vermessen; bisher sind nur der Stollen und einige Probeschächte getrieben. Die Rezeßgelder sollen am Jahresende gezahlt werden.

StAMs Märkisches Bergamt 65 Bl. 512; Meister, 1909 S. 182 Nr. 9.

115 (9) Anna Catharina, Bochum-Linden (Bl. 1273-1275)

Nro 9. Von der Zeche Anna Catharina Gerichts Stiepel

1763   8. Februar: Mutung einer im *sogenannten Dahler Siepen belegen(en)*, erschürften und Anna Katharina benannten Steinkohlenbank auf eine Fundgrube nebst zwei Maaßen nach Westen und eine nach Osten durch Konrad Schulte zur Oven und Henrich Johannn Werth zur Osten. Die Bank liegt *ins Westen nordwerts über dem Stiepeler Dorffe und ins Osten nach dem Hoff Erdeley.*

1765   23. April/6. Mai: Konzession per Reskript aus Berlin.

1771   18. Januar: Gewerken sind:
Henrich Johann Werth zur Osten   16 Kuxe
Konrad Schulte zur Oven   32 Kuxe
Johann Hermann Schulte zur Oven   32 Kuxe
Johann Henrich Schulte zur Oven   16 Kuxe
Evert Johann Korffmann   16 Kuxe
Johann Henrich Hellermann   16 Kuxe
Die Vermessung ist geschehen; die Rezeßgelder sind bezahlt.

StAMs Märkisches Bergamt 65 Nr. 513; Huske, 1987 S. 79.

116 (10) Getreue Bergmann, Bochum-Brenschede (Bl.1277-1281)

Nro 10. Von der Zeche Getreue Bergmann im Gericht Stiepel an der Brenscheder Becke durch Kranbergs Noken nechst bey dem Kottenbüscher Kotten durchstreichend

1764   13. Mai: Mutung auf eine erschürfte Kohlenbank zu einer Fundgrube und zehn Maaßen nach Westen durch Christoph Sander und Joseph Meindel unter dem Namen Getreue Bergmann. Bis zur Inaugenscheinnahme ist die Kohlenförderung untersagt.

1766   15. April: Konzession per Reskript aus Berlin.

1766   6. Mai: Aufforderung des Bergamts, die Gebühren für die Konzession zu entrichten.

1767   6. März: Belehnung an Christoph Sander, Joseph Meindel und Konsorten; Christoph Sander wird zum Lehnträger bestimmt.

1771   18. Januar: Gewerken sind:

Christoph Sander	32 Kuxe
Henrich Westermann	32 Kuxe
Henrich Jörgen Munckenbeck	32 Kuxe
Wilhelm Flügel	16 Kuxe
Schulte zur Oven	16 Kuxe

Die Belehnung sei [entgegen der Abschrift der Belehnung vom 6. März 1767] noch nicht ausgefertigt, die Zeche jedoch vermessen. Westermann und Munckenbeck sind bereits zu Anfang als Gewerken angenommen worden. Die beiden zuletzt genannten Gewerken haben ihre Anteile von Joseph Meindel erworben; ein Vertrag liegt nicht vor. Die Rezeßgelder werden bezahlt.

StAMs Märkisches Bergamt 65 Bl.514; Huske, 1987 S.347.

117 (11) Mit Gott gewagt, Bochum-Stiepel (Bl.1283-1285)

Nro 11. Von der Zeche Mit Gott gewagt, Gerichts Stiepel

1766   1. Mai: Chirurg Friedrich Fischer zu Blankenstein mutet *als die in den Rumbergs Siepen Gerichts Stiepel belegene und aus Westen ins Osten über die Hölter Egge durch den Erleyer Siepen streichende Kohlenbäncke zu einer Fundgrube und die übrigen Maaßen bis an den Erleyer Siepen, welche vorläufig zu 20 bestimmt werden.* Bis zur Inaugenscheinnahme ist die Kohlenförderung untersagt.

1766   3. November: Inaugenscheinnahme durch den Berggeschworenen Riel-
        cke; örtliche Festlegung des anzusetzenden Stollens im Rumbergs Siepen;
        die Auffahrung soll nach Süden geschehen.

1771   16. Januar: Friedrich Fischer ist alleiniger Gewerke. Die Belehnung ist noch
        nicht erteilt; sie wird erbeten; eine erneute Vermessung soll im Frühjahr er-
        folgen. Die Rezeßgelder werden quartaliter bezahlt.

StAMs Märkisches Bergamt 65 Bl.515; Huske, 1987 S.647.

118 (12) Mißgunst, Bochum-Querenburg   (Bl.1287-1288)

Nro 12. Von der Zeche Mißgunst Gerichts Stiepel gelegen

1765   10. April: Diedrich Ernst Winkelmann mutet *als eine Fundgrube und 5 Maaßen
        ins Westen und 2 Maaßen ins Osten nebst der Vierung ins Liegende auf eine im
        Gericht Stiepel auf der Schmees Egge im Stiepeler Holtze zwischen der Herbe-
        der und Sprockhöveler Bache belegene und aus Osten ins Westen streichende
        Kohlenbanck, so schon vor alten Zeiten betrieben worden* unter dem Namen
        Mißgunst. Bis zur Inaugenscheinnahme ist die Kohlenförderung untersagt.

1767   2. November: Diedrich Ernst Winkelmann und sein Bruder Diedrich Peter
        Winkelmann muten eine weitere, mittels *abgesenckten Schachte* gefundene
        Kohlenbank unter dem Namen Mißgunst Nr.2. Geschworener Heintzmann
        und Wünnenberg sollen die Inaugenscheinnahme vornehmen.

1770   14. Dezember: Gewerken sind zu gleichen Teilen die Brüder Diedrich Ernst
        und Diedrich Peter Winkelmann. Die Inaugenscheinnahme ist erfolgt.[1]

[1] Anscheinend ist bis 1770 also noch keine Belehnung erfolgt.
StAMs Märkisches Bergamt 65 Bl.516; Huske, 1987 S.646.

119 (13) Wohlgemuth und Hagensieperbank, Bochum-Stiepel
      (Bl.1291-1293)

*Nro 13. Von denen Zechen Wohlgemuth und Hager Sieper Banck im Gericht Stiepel
gelegen*

1766   23. Oktober: Hoffiskal J(ohann) G(eorg) Staarmann mutet eine *im soge-
        nannten Hagens-Siepen Gerichts Stipel entblößte Kohlenbanck zu einer Fund-*

grube und 12 Maaßen ins Osten und 8 Maßen ins Westen unter dem Namen Hagensieper Bank.

1766   8. Dezember: Inaugenscheinnahme der Kohlenbank Hagensiepen. Dabei zeigte der Gewerke noch eine weitere erschürfte Bank, *welche p(ro)pter 30 Fuß im Hangenden, mithin in seiner Vierung und Gerechtsahme lieget, der Debit gehet in und außer Landes und wird vor der Hand Gewercke in ermelten Siepen ein Probetrieb verstattet.*

1767   8. Dezember: Inaugenscheinnahme der am 23. Oktober gemuteten, dreieinhalb Fuß mächtigen Bank Wohlgemut. Dabei zeigte der Gewerke *noch eine Banck gegen Süden, so p(ro)pter 30 Fuß entlegen, mithin in seiner Vierung und Gerechtsahme lieget, der Debit gehet in und außer Landes und wird vor der Hand Gewerke einen Tagetrieb in gemelten Siepen zur Probe verstattet ... und wurde zugleich der tiefe Stollen ostwerts der alten Lohmühle an der Grünerdecker Bache gegen Heimanns Wiese nechst Süden unter des Wünnenberges Büsche angewiesen und sodann daß beyde erschürffte und gemuthete Wercke auf das Tiefste gefrohet werden, weilen selbige nur ohngefehr 160 Fuß voneinander entlegen.*

1771   18. Januar: Gewerken sind:
       Hoffiskal Staarmann   96 Kuxe
       Henrich Wilhelm Hagemann   32 Kuxe
       Weder Vermessung noch Belehnung sind erfolgt, auch wäre nach Staarmanns Angabe die Hagensieperbank *noch gar nicht recht untersuchet.* Die Rezeßgelder sollen auch künftig abgeführt werden.

StAMs Märkisches Bergamt 65 Bl.518; Huske, 1987 S.992.

120 (14 und 15) Anna Dorothea und Gotthilf, Bochum-Stiepel
(Bl.1295-1296)

Nro 14 et 15. Von der Zeche Anna Dorothea und Gotthilf Gerichts Stiepel gelegen

1749   15. Januar: Peter Arnold Leveringhaus begehrt in getrennten Mutungen:
- ... *als eine Fundgrube und 40 Maaßen auf das im Gericht Stiepel neben Trieplers Knap und Walbergs Egge und ferner ins Osten und Westen strichs belegenen und erschürfften Steinkohlenbergwerck mit dem Nahmen* <u>Anna Dorothea</u> *benennet,* und
- ... *als eine Fundgrube und 30 Maaßen auf die im Gericht Stiepel durch die sogenannte Quieck Egge und ferner streichend belegene und erschürffte Steinkohlenbanck mit dem Nahmen* <u>Gotthilff</u> *benennet.*

1771   18. Januar: Peter Arnold Leveringhaus ist alleiniger Gewerke. Es ist noch
        keine Inaugenscheinnahme bzw. Belehnung erfolgt. Er bittet, die Inaugen-
        scheinnahme zu beschleunigen, da die Mutungen sehr alt seien.[1]

[1] Demnach wahrscheinlich noch kein Betrieb.
StAMs Märkisches Bergamt 65 Bl.519; Huske, 1987 S.379.

121 (16) Neuehafen, Bochum-Stiepel   (Bl.1297)

Nro 16. Von der Zeche Neuehafen Gerichts Stiepel

1770   27. August: Mutung *als eine Fundgrube und zwantzig Maaßen ins Osten nebst*
        der Vierung ins Liegende auf die in der Straße beim Kampladen Gerichts Stie-
        pel erschürffte und aus Westen ins Osten über den Kirchenberg streichende
        Kohlenbäncke, so ich mit den Nahmen Neue Hafen benennet durch Chirurg
        Friedrich Fischer und Konsorten.

1771   10. Januar: Gewerken sind:
        Friedrich Fischer   32 Kuxe
        Philipp Julius Heintzmann   32 Kuxe
        Carl Wünnenberg   32 Kuxe
        Henrich Jakcob Haardt   32 Kuxe
        Noch keine Inaugenscheinnahme, Vermessung und Belehnung erfolgt.[1]

[1] Demnach wahrscheinlich noch kein Betrieb.
StAMs Märkisches Bergamt 65 Bl.521; Huske, 1987 S.685.

122 (17) Margarethenbank, Bochum-Stiepel   (Bl.1299)

Nro 17. Von der Zeche Margarethenbanck Gerichts Stiepel an der Woelberger Egge Stie-
peler Holtz gelegen

1765   6. Juni[1]: Belehnung.

1765   12. Juni[1]: Mutung.

1770   14. Dezember: Gewerken sind:

Arnold Pöting	32 Kuxe
Johann Peter Garnefeld	32 Kuxe
Johannes Pöting	32 Kuxe
Jörgen Dennemann	32 Kuxe

Es ist noch keine Vermessung erfolgt. Der Stollen hat die Bank noch nicht erreicht. Arnold Poeting kann nicht schreiben, unterschreibt mit drei Kreuzen neben seinem Namen, den Diedrich Ernst Winkelmann in seinem Auftrag niederschreibt.

[1] Die beiden Daten sind unstimmig, möglicherweise vertauscht oder die Mutung erfolgte entgegen der Angabe des Eintrags in einem früheren Jahr.
StAMs Märkisches Bergamt 65 Bl.522.

123 (1) Frischgewagt, Bochum-Brockhausen (Bl.1301)

Nro 18. Zeche Frisch Gewagt Gerichts Stiepel

1766 1. Mai: Obergeschworener C(arl) H(enrich) Wünnenberg zu Blankenstein mutet eine Fundgrube und sechs Maaßen auf eine erschürfte Steinkohlenbank *an der Bache nächst Schulte Umbergs Feld belegen*. Bis zur Inaugenscheinnahme ist jede Kohlenförderung untersagt.

1771 18. Januar: Gewerken sind:
C(arl) H(enrich) Wünnenberg   64 Kuxe
Bergmeister Heintzmann   64 Kuxe
Die Gewerken bitten um Inaugenscheinnahme und Belehnung.[1]

[1] Demnach wahrscheinlich noch kein Betrieb.
StAMs Märkisches Bergamt 65 Bl.524; Huske, 1987 S.320.

124 (19) Wilhelminenbank, Bochum-Stiepel (Bl.1303)

Nro 19. Zeche Wilhelminen Banck Gerichts Stiepel

1766 1. Mai: Obergeschworener C(arl) H(enrich) Wünnenberg mutet eine Fundgrube und je fünf Maaßen nach Osten (in das Gericht Stiepel) und nach Westen (in das Gericht Bruch) auf eine erschürfte Steinkohlenbank *auf der Grentze des Gerichts Stiepel und des Gerichts Bruch an dem Königl(ichen) Sondergehöltze streichet und gelegen*. Bis zur Inaugenscheinnahme ist jede Kohlenförderung untersagt.

1771   18. Januar: Gewerken sind:
        C(arl) H(enrich) Wünnenberg   64 Kuxe
        Bergmeister Heintzmann   64 Kuxe
        Die Gewerken bitten um Inaugenscheinnahme und Belehnung.[1]

[1] Demnach wahrscheinlich noch kein Betrieb.
Huske, 1987 S.983.

125 (20) Krockhausbank, Bochum-Stiepel   (Bl.1305-1307)

No 20. Zeche Krockhaus

1760   3. August: Konrad Krockhaus mutet *eine Fundgrube und 6 Maaßen auf eine erschürfte Steinkohlenbanck in Stemmans Siepen Gerichts Stiepel aus Westen ins Osten durch Krockhaus Feld streichend belegen.*

1771   11. Januar: Inspektor Friedrich Johann Müser vertritt seinen Vater Johann Wilhelm Müser. Gewerken sind:
        Konrad Krockhaus (Lehnträger)   32 Kuxe
        Entrepreneur Johann Wilhelm Müser   16 Kuxe
        Inspektor Johann Gottfried Schroeder   8 Kuxe
        Rezeptor Franz Grolmann   8 Kuxe
        Ratmann Wünnenberg   32 Kuxe
        Friedrich Vahlefeld   32 Kuxe
        Wegen eines inzwischen zu ihren Gunsten entschiedenen Prozesses wäre die Zahlung der Rezeßgelder unterblieben, soll aber nun wieder geschehen. Die Zeche ist noch nicht vermessen und es wurde noch keine Belehnung erteilt.[1]

[1] Demnach wahrscheinlich noch kein Betrieb.
StAMs Märkisches Bergamt 65 Bl.525; Huske, 1987 S.579f.

126 (21) Georg, Bochum-Stiepel   (Bl.1309-1310)

No 21. Von der Zeche Georg im Gericht Stiepel

1766   1. Juni: Johann Henrich Haarmann und Henrich Westermann muten eine Fundgrube und zwölf Maaßen nach Westen *auf eine in der Heymanns Bek-*

ke ohnweit dem Heymanns Hoff über der Haar streichend und vormahls durch uns betrieben worden und durch Mangel des Debits liegen laßen und die Haarbanck genennet worden und nunmehr mit dem Nahmen Georg benennen wollen. Bis zur Inaugenscheinnahme ist jede Kohlenförderung untersagt.

1771   18. Januar: Gewerken sind:

Henrich Westermann	42 2/3 Kuxe
Johann Henrich Haarmann	42 2/3 Kuxe
Entrepreneur Müser	42 2/3 Kuxe

Die Inaugenscheinnahme sei durch Bergmeister Rielcke geschehen *und wolte gebethen haben, da es ein altes überkohltes Werck seye, ihnen vom Bergamt die Belehnung zu ertheilen.* Die Vermessung ist noch nicht erfolgt.[1]

[1] Demnach wahrscheinlich noch kein Betrieb.
StAMs Märkisches Bergamt 65 Bl.526.

127 (22) St. Theodor, Bochum-Stiepel   (Bl.1311-1312)

No 22. Von der Zeche St.Theodor im Gericht Stiepel

1766   2. Mai: Johann Wilhelm Müser mutet *eine Fundgrube und 20 Maaßen ins Osten nebst der Vierung ins Hangende auf eine der Zeche Friedrich Gerichts Stiepel p(ro)pter 100 Fuß in Hangenden liegende und vor undencklichen Jahren bereits in Betrieb gewesene* unter dem Namen St. Theodor. Die Inaugenscheinnahme soll sobald als möglich erfolgen.

1771   11. Januar: Wegeinspektor Friedrich Johann Müser erklärt im Namen seines Vaters Johann Wilhelm Müser, daß dieser alleiniger Gewerke sei. Bisher erfolgte noch keine Vermessung und Belehnung, aber quartaliter werden die Rezeßgelder gezahlt. Entrepreneur Johann Wilhelm Müser hat am 11./15. Oktober 1770 vom Fiskus 2000 Reichsthaler *zur Erleichterung des Kohlentransports* ausgezahlt bekommen[1].

[1] Wohl für die Verbesserung des Kohlentransports auf der Gahlenschen Kohlenstraße zwischen der Ruhr und Dorsten, vgl. den Aufsatz von Winfried Reininghaus in diesem Band, S.36.
StAMs Märkisches Bergamt 65 Bl.527; Huske, 1987 S.871.

St. Georgen Erbstollen Gerichts Stiepel

1772   9. Januar: Rentmeister Johann Georg Müser und Konsorten muten *einen an der Stöltings Bache im Gericht Stiepel anzulegenden und auf alle vorliegende sowohl im Gange seyende Zechen als im Königl(ichen) Freyen liegende Bäncke aus Suden nach Norden bis ins Wethmar Holtz an die Papenbanck zu treiben-den tiefen Haupt[-] und Erbstollen, welchen ich mit dem Nahmen St. Georgen Erbstolle(n) benennet.*

1772   17. November: Inaugenscheinnahme durch Bergmeister Heintzmann: Die *aus der Teuffe zu frohende(n) Zechen* sind:
Ignatius
Preußischer Zepter
Friedrich
St. Theodor
Krockhausbank
Haarmannsbank,
und zwar alle 60 Fuß tiefer. Der Muter soll den Erbstollen treiben, allerdings von der Königlichen Zeche Preußischer Zepter nicht das Stollenneuntel erhalten, weil die nördlicher liegenden Zechen Friedrich, St. Theodor, Krockhausbank und Haarmannsbank ohnehin gelöst werden müssen. Der Muter habe sich damit einverstanden erklärt.

1772   23. Dezember: Konzession per Reskript aus Berlin auf Bericht des Bergamts.

1773   25. Mai: Belehnung mit dem Erbstollenrecht.

Huske, 1987 S.858.

129 (24) Altemann, Bochum-Stiepel   (Bl.1325-1331)

(Zeche Alte Mann Gerichts Stiepel)

1751   7. Januar: Mutung *der an der Knödders Egge Gerichts Stiepel erfindlichen Kohlbanck oder liegen gebliebener alten Zeche unterm Nahmen* <u>Alten Mann</u> *zu ei-ner Fundgrube und vier Maaßen durch Johann Diedrich Wesselsiepe, Johannes Schulte im Hof Stiepel, Jörgen Diedrich Kamplade, Johann Diedrich Kortwig, Johann Henrich Rumberg und Friedrich Wilhelm Kamplade.*

1751   28. Oktober: Kamplade, Brüggeney und Konsorten muten eine in der Stie-
        peler Mark erschürfte Kohlenbank, *welche sie wieder aufzunehmen gesonnen
        und dahero bey dem Bergamte um gebührende Concession Ansuchung gethan.*

1752   4. Februar: Belehnung an Kamplade, Brüggeney zu Stiepel und Konsorten
        mit einer Fundgrube und zwei Maaßen nebst der Vierung ins Liegende.
        Nachfolgend Abbau, dann aber wegen Mangel an Debit Betriebseinstellung.

1771   13. Januar: Vizebergmeister Heintzmann an das Bergamt: Die Zechen Glocke
        im Amt Blankenstein und Altemann im Gericht Stiepel hätten seit einigen
        Jahren keine Rezeßgelder mehr gezahlt und liegen damit gemäß der Berg-
        ordnung im Bergfreien. Er selbst wolle beide Zechen für den zu erwarten-
        den Absatz auf der demnächst schiffbaren Ruhr wieder in Betrieb nehmen
        und *protestire gegen alle Eintragung derer alten Gewercken und deren Antei-
        le*[1]. Dem Bergassessor Haardt und Maehler wird aufgetragen, für beide Ze-
        chen keine andere Gewerkschaft einzutragen.

1772   12. November: Kamplade und Konsorten an das Bergamt: Sie hätten die
        Rezeßgelder regelmäßig an den Schichtmeister der Königlichen Zeche Preußi-
        scher Zepter mit dem Auftrag der Weitergabe gezahlt. Auch wären nach bis-
        herigem Brauch überfällige Rezeßgelder eingetrieben und die Gewerken
        erst angehört worden, bevor man ihre Zeche ins Freie fallen ließ. Sie ver-
        langen Gerechtigkeit und wollen die Zeche behalten.

1773   28. Januar: Heintzmann, am 13. Dezember 1772 zur Stellungnahme aufge-
        fordert, antwortet, daß nach der Bergordnung ein Bergwerk ins Freie
        falle, wenn die Rezeßgelder ein Jahr lang nicht bezahlt werden. Das sei hier
        der Fall. Die Gewerken könnten jedoch das ehemalige Werk neu muten und
        um Belehnung ansuchen.[2]

[1] Gemeint ist sicher die Eintragung in das vorliegende Muth-, Verleih- u. Bestätigungs-Buch.
[2] Unbekannt, ob die Gewerken dies taten.
Meister, 1909 S.175 Nr.7; Huske, 1987 S.60f.

130 (2) Sophia, Witten-Borbachtal   (Bl.1335-1337)

Nro 2. Von der Zeche Sophia Amts Witten

1747   29. November: Bernhard Drees mutet eine *in der Wittener Marck am Hohen
        Stein gelegene und entblößete Kohlenbanck* zu einer Fundgrube und vier Maaßen.

1747   4. Dezember: Belehnung an Bernhard Drees.

1754   11. April: Mutung weiterer viereinhalb Maaßen nach Osten.

1754   4. Juli: Entsprechende Vermessung und Änderung der Belehnung.

1771   28. Februar: Johann Caspar Hundeicker ist alleiniger Gewerke, nachdem er am 16. Februar alle Rechte von den Nachkommen des gestorbenen Bernhard Drees erworben hat. Er will künftig regelmäßig die Rezeßgelder zahlen.[1]

---

[1] Die Zeche war mindestens 1754/1755 in Betrieb, StAMs Findbuch A 357 II Auszug aus N 21. StAMs Märkisches Bergamt 65 Bl.543; Meister, 1909 S.176 Nr.1; Huske, 1987 S.853.

131 (4) Hamburg, Witten-Annen   (Bl.1339-1340)

Nro 4. Von der Zeche Hamburg Gerichts Witten

1751   30. Januar: Mutung einer *von Spreckelmans Hofe durch die Rüsselbecke durch den Wittenschen Bruch streichende Kohlenbanck im Gericht Witten zu einer Fundgrube und fünfzehn Maaßen* durch Johann Henrich Niermann und Johann Henrich Ruhrmann, beide zu Bommern, sowie Johann Diedrich Ruhrmann zu Witten.

1763   25. Juli: *Clevische Urthell*, das die Gewerken in ihren Rechten schützt.[1]

1771   1. März: Gewerken sind:
         Johann Diedrich Ruhrman   80 Kuxe
         Bernhard Korffmann   16 Kuxe
         Johann Henrich Günnemann   16 Kuxe
         Johann Henrich Eickmann   16 Kuxe
         Die Vermessung ist geschehen und die Rezeßgelder werden bezahlt.

1772   31. März: Johann Caspar Hundeicker erklärt für Johann Diedrich Ruhrmann, daß dieser seinem Vetter Johann Henrich Ruhrmann zu Bommern bzw. dieser seinem Schwiegersohn Peter Arnold Kniep den viertel Anteil der Zeche Hamburg übertragen hat und somit im Berggegenbuch zugunsten des Peter Arnold Kniep umgeschrieben werden können.

---

[1] Leider ohne nähere inhaltliche Angaben.
StAMs Märkisches Bergamt 65 Bl.545; Huske, 1987 S.411.

132 (5) Juliana, Witten-Annen (Bl.1341-1346)

Nro 5. Von der Zeche Juliana Gerichts Witten

1765   20. Juni: Mutung einer *in der Porbecke Gerichts Witten belegene und aus dem Westen ins Osten durch den Hochsteine streichende Kohlenbanck* auf eine Fundgrube und acht Maaßen nach Osten durch Johann Jürgen Niederste Frielinghaus. Bis zur Inaugenscheinnahme ist jede Kohlenförderung untersagt.

1765   3. Juli: Inaugenscheinnahme durch Bergmeister Rielcke: Anweisung des aufzufahrenden Stollens unter dem ehemaligen Hammer an der Porbecker Wiese.

1766   24. Juni: Konzession (nach einem Extrakt aus dem an die Clevische Kammer ergangenen Reskript aus Berlin).

1766   2./6. September: Quittung des Bergboten Christian von Lünen an Niederste Frielinghaus über die Zahlung der Konzessionsgebühren.

1771   26. Februar: Gewerken sind:
       Johann Jürgen Niederste Frielinghaus   64 Kuxe
       Johann Henrich Niederste Frielinghaus
       (Bruder des Johann Jürgen)   64 Kuxe
       Die Belehnung liegt den Gewerken bisher nicht schriftlich vor. Die Vermessung ist vor etwa drei Jahren erfolgt und die Rezeßgelder wurden bisher bezahlt.

StAMs Märkisches Bergamt 65 Bl.546; Huske, 1987 S.528.

133 (6) Peter Caspar, Witten-Borbeck (Bl.1347-1348)

Nro 6. Von der Zeche Peter Caspar Gerichts Witten

1767   31. März: Johann Caspar Hundeicker, Johann Peter Mercklinghaus und Johann Peter Steinhaus muten eine Fundgrube und 20 Maaßen nach Osten *auf eine in der Porbecke zwischen der Ruhrmannsbanck und Stuchtey Gerichts Witten befindliche abandonirte und lange Jahre im Freyen gelegene Kohlenbanck, streichend aus Westen ins Osten längs der Hops Delle durch die Hilgenbache nach Rüddinghausen.*

1771 28. Februar: Gewerken sind:
Johann Caspar Hundeicker   42 2/3 Kuxe
Johann Peter Mercklinghaus   42 2/3 Kuxe
Johann Peter Steinhaus   42 2/3 Kuxe
Es ist noch keine Belehnung ausgefertigt; sie soll nun aber beantragt werden. Die Vermessung ist geschehen und die Rezeßgelder werden gezahlt.

StAMs Märkisches Bergamt 65 Bl.547; Huske, 1987 S.725.

134 (7) Rosenbaum, Witten-Annen   (Bl.1349-1350)

Nro 7. Von der Zeche Rosenbaum Gerichts Witten

1765 15. September: C(lemens) A(ugust) Freiherr von Elverfeldt und Johann Henrich Oberste Frielinghaus muten *eine Steinkohlen hangenden Sattelbanck, befindlich im Gericht Witten am Anfang des Ardeyer Gebürges im Stuchtey mit deren süd und nord einfallenden Flügeln, so ehemahls gekohlt worden, streichend aus Osten ins Westen die Vierung ins Liegende nebst denen bis am Wittenschen Bruche noch vorliegenden Bäncken; mit dienstlicher Bitte, diesen Muthzettel unter dem Nahmen Rosenbaum zu registriren, gehörigen Orts Belehnung a zehn Maaßen aus der Hilgenbecke bis an den Hauß Wittenschen Lochstein auf dieses alte Werck zu ertheilen.*
Bis zur Inaugenscheinnahme bleibt jede Arbeit untersagt.

1771 28. Februar: Henrich Oberste Frielinghaus teilt mit, *daß wie dieses Werck bei der letzten Vermeßung nach der Revision vermeßen, vom Freyh(er)rn von Elverfeldt umgetauffet und mit dem Nahmen August beleget, indeme gemeldeter Freyherr Mitgewercke diesen Nahmen führte.*[1]
Gewerken sind:
Clemens August Freyherr von Elverfeldt   42 2/3 Kuxe
Henrich Oberste Frielinghaus   42 2/3 Kuxe
Johann Caspar Hundeicker   42 2/3 Kuxe
Es ist noch keine Belehnung erteilt, aber es wurden schon einige Rezeßgelder abgeführt.

[1] Die Zeche wurde tatsächlich unter dem Namen Augustus geführt.
StAMs Märkisches Bergamt 65 Bl.548; Huske, 1987 S.93 (Augustus).

135 (8) Verlorene Posten, Witten (Bl.1351-1352)

Nro 8. Von der Zeche Verlohrne Posten Gerichts Witten

1766   11. November: Clemens August von Elverfeldt, Herr zu Steinhaus, mutet eine Fundgrube und sechs Maaßen von Westen nach Osten wie auch umgekehrt *auf einer im Gericht Witten im Ardey zwischen der Juliane und Sophia liegende Kohlenbanck, so ehemals bekohlet worden* mit dem Namen Verlorene Posten. Bis zur Inaugenscheinnahme ist jede Arbeit untersagt.

1771   28. Februar: Gewerken sind:

Johann Peter Mercklinghaus	32 Kuxe
Freiherr Clemens August von Elverfeldt	32 Kuxe
Johann Caspar Hundeicker	32 Kuxe
Erbgenahmen Oberste Frielinghaus	32 Kuxe

Eine Inaugenscheinnahme ist noch nicht erfolgt, *alle Arbeit auch bis dato verbotten geblieben, anjetzo aber gesonnen wären, mit dem Stollen anzufangen.* Es wird nunmehr um Inaugenscheinnahme, Vermessung und Belehnung gebeten.

StAMs Märkisches Bergamt 65 Bl.549; Huske, 1987 S.931.

136 (9) Theodora, Witten-Hohenstein (Bl.1353-1356)

Nro 9. Von der Zeche Theodora Gericht Witten

1766   14. Oktober: Johann Caspar Hundeicker mutet *die nordwärts der Ruhr bey Porbecks Hause vorbey streichende Kohlenbanck zu einer Fundgrube und 20 Maaßen nebst der Vierung ins Liegende* unter dem Namen Theodora.

1767   6. Juli: Auftrag des Bergamts an den Geschworenen Spoerer für die Inaugenscheinnahme.

1768   15. März: Inaugenscheinnahme durch den Berggeschworenen Spoerer: Die besagte Bank wird jenseits der Ruhr unter dem Namen Glücks-Stern von dem gleichen Gewerken bearbeitet, wobei das Feld von Glücks-Stern bis an die Ruhr reicht. Der Stollen wurde am nördlichen Ruhrufer gleich über Borbecks Haus angewiesen. Bei Vortrieb nach Osten Richtung Ardey werde etwa 300 Fuß Abbauhöhe erreicht. Wegen der weichen, wenig stückigen Kohle und des derzeit schlechten Debits wollte der Gewerke zunächst nur Probearbeiten durchführen und später um Konzession nachsuchen.

1769   3. November: Dem Antrag des Hundeicker auf Verlängerung der Probearbeit wird entsprochen, aber das Bergamt verlangt die Entrichtung der Rezeßgelder.

1771   27. Februar: Gewerken sind:
Johann Peter Mercklinghaus   64 Kuxe
Johann Caspar Hundeickers
jüngste Tochter Theodora   64 Kuxe
Die Probearbeit kann fortgesetzt werden; eine Belehnung ist noch nicht erteilt. Auch muß die Vermessung noch beantragt werden.

StAMs Märkisches Bergamt 65 Bl.550; Huske, 1987 S.899.

137 (10) Knapsack, Witten-Hohenstein (Bl.1357)

Nro 10. Von der Zeche Knapsack am Hohen Steine im Gericht Witten gelegen

1771   1. März: Gewerken sind:
Johann Peter Mercklinghaus   32 Kuxe
Johann Caspar Hundeicker   32 Kuxe
Freiherr C(lemens) A(ugust) von Elverfeldt   32 Kuxe
Johann Henrich Oberste Frielinghaus   32 Kuxe
Die Mutung[a] wurde vorgelegt; die Rezeßgelder werden bezahlt; um Vermessung und Belehnung soll "suo tempore" nachgesucht werden.[1]

[a] Die Angabe des Datums ist offengelassen.
[1] Die Belehnung erfolgte erst am 6. März 1790; StAMs Oberbergamt Dortmund 961: Übersicht der in Betrieb stehenden, beliehenen und vermessenen Steinkohlenzechen pro 1855.
StAMs Märkisches Bergamt 65 Bl.551; Huske, 1987 S.556.

138 (1) Mercklingsbank, Essen-Steele-Horst (Bl.1359-1360)

No 1. Zeche Mercklingsbanck Amts Bochum im Gericht Horst gelegen

1754:   Vermessung zu einer Fundgrube und neun Maaßen nach Osten.

1769   1. November: Johann Henrich Weber und Johann Wilhelm Mentz verkaufen ihrem Mitgewerken Johann Wilhelm Müser ihre Anteile.

1771   11. Januar: Inspektor Friedrich Johann Müser zeigt im Namen seines Va-
        ters, Entrepreneur Johann Wilhelm Müser, an, daß dieser am 1. November
        1769 alle Anteile von seinen Mitgewerken erworben hat und damit Allein-
        gewerke ist.

        Die Mutung und Belehnung habe er nicht mehr in Händen, *es wären aber
        die Recessgelder davon bis hiehin richtig abgeführet.*[1] Wegen des Vorschusses
        des Fiskus in Höhe von 2000 Reichstalern verweist er auf die Eintragung
        unter St. Theodor und Ignatius.[2]

[1] Die Zeche wurde auch unter dem Namen Mecklingsbank geführt, Huske, 1987 S.638.
[2] Vgl. Nr.127 S.154 und Nr.113 S.146.
StAMs Märkisches Bergamt 65 Bl.566; Meister, 1909 S.182 Nr.1; Huske, 1987 S.638.

139 (2) Schultenkämper Bank, Essen-Steele-Eiberg   (Bl.1363-1364)

No 2. Von der Schultenkämper Banck im Gericht Horst Amt Bochum gelegen

1771   17. Januar: Johann Henrich Schulte zu Beul gibt an, er sowie Uhlendahl zu
        Eiberg und Wever in Steele wären zu je einem Drittel (=42 2/3 Kuxe) Gewer-
        ken dieser Zeche. Uhlendahl habe die *qualificatoria in Händen*. Uhlendahl
        und Wever waren aber nicht erschienen.

1771   18. Januar: Jobst Henrich Wever erscheint und gibt an, *daß von dieser Zeche
        eigentlich nur ein Mittel auf Königl(ichem) Territorio und die Zeche selbst im
        Gericht Horst läge, weshalb auch keine Nachrichten davon vorhanden wären.*
        Johann Henrich Schulte zu Beul habe am Tage zuvor irrtümlich falsche An-
        gaben bezüglich der Eigentumsverhältnisse gemacht. Die Gewerkschaft be-
        stände vielmehr aus folgenden Personen:

        Jobst Henrich Wever   32 Kuxe
        Eberhard Henrich Uhlendahl   32 Kuxe
        Johann Henrich Schulte zu Beul   32 Kuxe
        Entrepreneur Müser   32 Kuxe
        Müser hat seinen Anteil von ihm (Wever) gekauft. Die Rezeßgelder werden
        ordnungsgemäß abgeführt.

StAMs Märkisches Bergamt 65 Bl.567; Huske, 1987 S.829.

Anhang zum *Muth-, Verleih- und Bestätigungsbuch*
Auszug aus dem Berghypothekenbuch

bearbeitet von Wilfried Reininghaus

Die in [ ]-Klammer gesetzte Nummer schließt an die fortlaufende Zählung der vorstehenden Edition an, die Nummer in ( )-Klammer verweist auf die rekonstruierte, im *Muth-, Verleih- und Bestätigungsbuch* fehlende laufende Nummer innerhalb der einzelnen Bezirke. Die Schreibweise der Zechen und der Gewerken folgt der Vorlage; erschlossene Zechennamen in [ ]-Klammer.

[140] (15) Christina bei Schondelle, Dortmund-Hacheney

Gewerken: Johann Henrich Niemeyer modo Johann Carl Boehme zu Bochum, Bernhard Henrich Crone, Jude Heimann Leifmann, Walbaum und Sauerländer je 21 1/3 Kuxe sowie Salzinspektor Danhard modo Kommissionsrat Rappard 42 2/3 Kuxe.

StAMs Märkisches Bergamt Wetter 64, Bl.331; Huske, 1987 S.174.

[141] (16) Schondelle, Dortmund-Hacheney

Gewerken: Johann Adolph Hollmann modo Kommissionsrat Rappard 42 2/3 Kuxe, Kommissionsrat Rappard, Johann Wilhelm Crone, Albert Wallrabe und Friedrich Vogt je 21 1/3 Kuxe.

StAMs Märkisches Bergamt Wetter 64, Bl.333; Huske, 1987 S.827.

[142] (20) Gottessegen, Dortmund-Löttringhausen

Gewerken: Herr Harkotte modo Elbers und Caspar Cronenberg modo Johann Henrich Borggreffe je 64 Kuxe.

StAMs Märkisches Bergamt Wetter 64, Bl.338; Huske, 1987 S.376f.

[143] (21) Caspar Friedrich, Dortmund-Löttringhausen/-Kirchhörde

Gewerken: Carl Johann Harkotte modo Kaufmann Elbers und Caspar Cronenberg modo Johann Henrich Borggreffe je 64 Kuxe.

StAMs Märkisches Bergamt Wetter 64, Bl.339; Westfälisches Wirtschaftsarchiv Dortmund F 39 Nr.466; Huske, 1987 S.164.

[144] (22) Nicolausbank (Amt Hörde)

Gewerken: Carl Johann Harkort modo Elbers und Caspar Cronenberg je 64 Kuxen.

StAMs Märkisches Bergamt Wetter 64, Bl.341; Huske, 1987 S.697.

[145] (23) Melchersbank (Amt Hörde)

keine Eintragungen

StAMs Märkisches Bergamt Wetter 64, Bl.342; Huske, 1987 S.640.

[146] (47) Schwarze Mantel (Amt Hörde)

Gewerke: Rezeptor Bielefeld.

StAMs Märkisches Bergamt Wetter 64, Bl.371; Huske, 1987 S.832.

[147] (51) Schürbank, Dortmund-Aplerbeck

Gewerke: Blastweck, Witwe Henrich Petersmann, Witwe Schröter und Wessel Mellinghaus je 21 1/3 Kuxe, Ulemann Potthoff, Witwe Thomas Potthoff, Ködder-mann und Wilhelm Neuhaus je 10 2/3 Kuxe.

StAMs Märkisches Bergamt Wetter 64, Bl.381; Huske, 1987 S.830.

[148] (52) Friedrich, Dortmund-Schnee

keine Eintragungen

StAMs Märkisches Bergamt Wetter 64, Bl.382; Huske, 1987 S.304.

[149] (53) Feldheim (Amt Hörde)

keine Eintragungen

StAMs Märkisches Bergamt Wetter 64, Bl.383.

[150] (-) Wilhelmina Nr.1, Dortmund-Berghofen

Gewerke: Dr. Funcke 128 Kuxe.

StAMs Märkisches Bergamt Wetter 64, Bl.392; Huske, 1987 S.982.

[151] (62) Schanze im Ardey, [Dortmund/Witten]

Gewerken: Kaufmann Elbers und Johann Henrich Borggräfe je 64 Kuxe.

StAMs Märkisches Bergamt Wetter 64, Bl.399; Huske, 1987 S.810.

[152] (82) Schöne Kinder Nr.1-4 (Amt Hörde)

1773 von Kommissionsrat Rappard gemutet; Verweis auf Muth-, Verleih- und Bestätigungsbuch III, Bl. 16.

StAMs Märkisches Bergamt Wetter 64, Bl.419.

[153] (85) Rudolphsbank (Amt Hörde)

Gewerke: Obristleutnant Freiherr von Haus 128 Kuxe.

StAMs Märkisches Bergamt Wetter 64, Bl.421; Huske, 1987 S.795.

[154] (86) Nachtigal (Amt Hörde)

1770 von Dr. Lecke gemutet.

StAMs Märkisches Bergamt Wetter 64, Bl.422; Huske, 1987 S.665.

[155] (1) Schwarze Adler, Dortmund-Sölderholz/Holzwickede

Gewerke: Freiherr von Hövel 128 Kuxe.

StAMs Märkisches Bergamt Wetter 64, Bl.435; Huske, 1987 S.833.

[156] (2) Carlsbank, Holzwickede-Opherdicke

Gewerken: Paul Joseph Freiherr von Landsberg-Wocklum und Otto Henrich Freiherr von Haen zu Opherdicke je 64 Kuxe.

StAMs Märkisches Bergamt 64, Bl.450; Huske, 1987 S.153.

[157] (10) Clefferbank, Witten-Herbede

Gewerke: Landrichter Sethmann 128 Kuxe.

StAMs Märkisches Bergamt 64, Bl.463; Huske, 1987 S.177f.

[158] (11) Johann Diedrichsbank [Derksbank], Witten-Herbede

keine Eintragungen

StAMs Märkisches Bergamt 64, Bl.464; Huske, 1987 S.519.

[159] (-) Auf Gott Gewagt bei Hardenstein, Witten-Bommern

Gewerken: Jacob Niederste Berghaus 53 1/3 Kuxe, Henrich Wilhelm Finckensiep und C. H. Niederste Frielinghaus 26 2/3 Kuxe, Adolph Henrich Falckenberg 21 1/3 Kuxe.

StAMs Märkisches Bergamt 64, Bl.495; Huske, 1987 S.88.

[160] (2) [Preußischer Zepter], Bochum-Stiepel

Gewerke: Seine Majestät der König 128 Kuxe.

StAMs Märkisches Bergamt 64, Bl.504; Huske, 1987 S.745.

[161] (1) [Ruhrmannsbank], Witten-Borbecke

Gewerken: Erben Ruhrmann zu Witten, Erben Ruhrmann zu Bommern und Erben Niermann zu Bommern je 42 2/3 Kuxe

StAMs Märkisches Bergamt 64, Bl.542; Huske, 1987 S.796.

[162] (3) [Portbank], Witten

Gewerke: Freiherr Ritz zu Scheppen 128 Kuxe.

StAMs Märkisches Bergamt 64, Bl.544; Huske, 1987 S.735.

III.

Thomas Schilp
Texte (Volltextedition)

Vorbemerkung - Grundsätze der Bearbeitung

Zur Erleichterung der Benutzung und zur Illustration der Gesamtedition des *Muth-, Verleih- und Bestätigungsbuchs* sind im folgenden fünf Einträge über Zechen vollständig und ein Eintrag zum Teil im Volltext der Vorlage ediert. Die Auswahl erfolgte nach sachlichen und regionalen Gesichtspunkten, um die Spezifik der unterschiedlichen Rechtsformen der Zechen um 1770 zu verdeutlichen sowie die Gesamtedition der Vorlage in der Form von Analysen transparent zu gestalten. Es ist zu hoffen, daß hierdurch die Gesamtedition, wie auch das *Muth-, Verleih und Bestätigungsbuch*, für den künftigen Nutzer leichter zugänglich ist.

Die Volltexteditionen der Einträge für die erfaßten Zechen sind mit I - VI durchgezählt; hierbei wird sodann zunächst die laufende Nummer der Gesamtedition, die Nummer der Vorlage in ( )-Klammern, der Name der Zeche mit Angabe des Ortes und die Blattziffer des *Muth-, Verleih- und Bestätigungsbuchs* angegeben.

Die Volltextedition der einzelnen Einträge zu einer Zeche beginnt sodann mit einer arabischen Ziffer, der Angabe der Blattziffern der Vorlage und der Datierung des Eintrages. Vor der Volltextedition der Einträge zu einer Zeche folgen jeweils Kopf- bzw. Kurzregesten, um eine schnelle Orientierung zu ermöglichen und eine Verzahnung mit der Gesamtedition herzustellen. Textkritische (hochgestellte Kleinbuchstaben) und sachliche (hochgestellte Ziffern) Anmerkungen erläutern die - geringfügigen - Unregelmäßigkeiten der Vorlage.

Die Textgestaltung der Volltextedition greift geringfügig in die Form der Vorlage ein, um die Texte lesbarer zu gestalten: Groß- und Kleinschreibung sowie auch die Interpunktion wurden normalisiert bzw. modernen Gesichtspunkten angepaßt; ebenso wurde die unregelmäßige Schreibung der Umlaute auf die heutige Form normalisiert (hier waren in der Vorlage aufgrund von Flüchtigkeiten der Schreiber Unregelmäßigkeiten festzustellen). Der Lautstand wurde jedoch ansonsten weitgehend beibehalten, auch die Unregelmäßigkeiten der Konsonantenverdoppelung wurden belassen. Die Unregelmäßigkeiten bei der Schreibung vor allem zusammengesetzter Substantive hingegen wurde stillschweigend vereinheitlicht und/oder korrigiert. Lateinische Formen werden durchgehend klein gesetzt (z.B. *ad acta, pro praeterito*); "Verdeutschungen" ursprünglich lateinischer Formen jedoch nach dem syntaktischen Zusammenhang nach heutigen Gesichtspunkten (z.B. *Extradierung, adjudiciret*).

Kürzungen sind in ( )-Klammern aufgelöst, Zusätze des Bearbeiters für offensichtliche Auslassungen in [ ]-Klammern hinzugefügt.

Edition

I

11 (11) Erbstollen Glückauf, Dortmund-Brünninghausen   (Bl. 780-788)

1 (Bl. 780^r-782^r)   1771 19. April

Freiherr Caspar Adolf von Romberg legt als einziger Gewerke des Erbstollens Glückauf zur Berichtigung des Berggegenbuchs folgende Unterlagen vor:

1. Aufforderung an den verstorbenen Drost Freiherr von Romberg zur Aufnahme der Zeche per Dekret vom 8. April 1752.

2. Inaugenscheinnahme und Erteilung eines Schurfscheins am 8. August, am 17. Juni 1755 Einlegung der Mutung und am 17. Januar 1757 Belehnung mit der durch den Erbstollen überfahrnen Bank unter dem Namen Glückauf Nr. 1.

3. Mutung einer zweiten Bank am (2. Dezember 1758) unter dem Namen Frischgewagt; Belehnung am (30. Januar 1759) mit der Auflage, die Bank unter dem Namen Glückauf Nr. 2 zu betreiben.

4. Konzession für alle Bänke vom 31. März 1769 und entsprechende Belehnung vom 15. August 1769.

5. Er legte auch die Mutung der dritten überfahrnen Bank unter dem Namen Glückauf Nr. 3 vor, für die noch keine Belehnung erfolgte.

Für alles, insbesondere den Erbstollen, wurden die Rezeßgelder abgeführt.

Nro 11. Glückauffer Erbstolle[n] und dahin gehörige Kohlenbäncke Glückauf Nra. 1, 2 et 3 durch die freyadeliche Bauet des Hauses Brüninghausen Amts Hoerde hinstreichend.

Hauß Brüninghausen, d(en) 19ten Aprill 1771.

Dieserhalb hat Commissio zu Einholung und Aufnehmung der Nachrichten zu Rectificirung des Berggegenbuchs, als weit solche etwan bey der Bergregistratur sich nicht finden oder eingetragen seyn möchten, hiehin verfüget.

Wie nun des Fr(ey)h(errn) von Romberg hochwolgeb(oren) als eintzigen Gewercken von diesem Erbstollen und damit überfahrnen Bäncken hiervon Eröfnung geschehen, bezogen hochdieselben sich überhaupt auf die dieserhalb weitläuftig verhandelte Acta, bey deren Nachsehung sich dan daraus ergab:

1. Daß des wohlseel(igen) Herrn Drosten Fr(ey)h(err) von Romberg hochwolge(boren) zu Aufnehmung dieser Zechen und Kohlbäncken per Decretum vom 8ten Aprill 1752 sondiret worden und hochdieselben auch

2. darauf zu Betreibung derselben unterm 8. Aug(usti) hochdero Declaration zu Betreibung dieses Wercks von sich gegeben, und nach eingenommenen Augenschein dar- über vorerst unter nemlichen Dato ein Schurfschein ertheilet, hernegst unterm 17ten- Junii 1755 behörend(e) Mutung eingeleget, auch unterm 18ten Jan(uarii) 1757 mit der zuerst überfahrnen Banck unterm Nahmen Glückauff Nro.1 belehnet worden. Nachde- me solchem nach

3. die zweite Banck froh gemacht, wäre auch hierauf nicht alleine specielle Muthung, und zwarn unterm Nahmen Frischgewagt eingeleget, sondern ebenfals die Belehnung erteilet, welche letztere d(er) H(err) von Romberg in originali relicta Copia überge- ben, wobei aber erinnert wurde, der Nahme Frischgewagt in Glückauf Nro.2 einge- tauffet.

4. Fand sich in Ansehung des Erbstollens auf alle vorliegende Bäncke nicht alleine die all(er)g(nädig)ste Concession vom 31ten Martii 1769, sondern auch die darauf vom Bergamt erteilte Belehnung vom 15ten Aug(usti) d(icti) a(nni) ad acta.

5. Producirten der Fr(ey)h(err) von Romberg auch die Muthung von der 3ten über- fahrnen Banck sub nomine Glückauff Nro.3 mit der fernern Anzeige, daß auf dieser Banck zwarn eine Fundgrube und 6 Maaßen ins Westen und 3 ins Osten, sonst aber noch nichts auf den übrigen Bäncken vermessen, auch auf die sub Nro. 3 die Belehnung noch nicht erfolget, welche dieselbe also annoch so wol als die Vermeßung des noch unvermeßenen Feldes gewärtigen, und gebäten haben wolten, den 6 Maaßen ins Westen auf Nro. 3 noch 4 Maaßen gleichfals zumeßen zu laßen wolte.

Indeßen wären von allen sowol als auch insbesondere von dem Erbstollen die Recess- gelder richtig abgeführet, und wüsten des Fr(ey)h(errn) von Romberg hochwohlgeb(oren) hiebey nichts weiter zu erinnern, als daß unter nochmaligen Vorbehalt aller ihme zu- stehender und obg(edachter) erteilter Berechtsame das Berggegenbuch ratificiret wer- de. Urkund(e), Unterschriften, sit actum ut supra.

C(aspar) A(dolf) von Romberg.

2 (Bl.782)   1768 24. September

Freiherr Caspar Adolf von Romberg mutet und begehrt das Erbstollenrecht und alle durch den Erbstollen gelösten und seinen Burgbezirk streichenden Kohlenbän- ke.

Ich Endes Unterschriebener muthe und begehre S(eine)r König(lichen) Mayestät Bergfreyes als die uber den Wesseberg und Hackeneyer Kamp durch meine freyadliche

Bauet streichende Kohlenbäncke nebst der Erbstollengerechtigkeit, und zwarn auf jede zu entbloßende Banck eine Fundgrube und 6 Maaßen nach Osten nebst der Vierung ins Liegende, mit Bitte, diesen Muthschein anzunehmen, selbigen registriren zu laßen, und mir sodann gehörig den Erbstollen anweißen zu laßen und mich bey meinen gemutheten Rechte gegen jedermann kräftig zu schützen. So geschehen und gemuthet Hagen, d(en) 24ten Sept(ember) 1768.

C(aspar) A(dolf) von Romberg.

Praesentatum in loco dieque ut supra J. Vogt.

3 (Bl.782^v-783^r)   1768 24. September

Beschluß des Bergamtes: Da wegen des Bedarfs der Salzkoktur nicht in ausreichendem Maße Zechen betrieben werden können und die Dortmunder Gewerken von weiteren Aufnahmen der dort sehr tief liegenden Gänge abzuschrecken sind, wird diese Mutung vorbehaltlich angenommen. Den Berggeschworenen (Julius Philipp) Heintzmann und (Johann Paul) Brenner wird dies mitgeteilt; sie sollen aber die Bauwürdigkeit prüfen und untersuchen, ob ein Erbstollen angelegt werden kann.

Resolutum

Da in dieser Gegend wegen der König(lichen) Saltzcoctur nicht gnugsahme Zechen aufgenommen werden können, solches auch die Dortmundische(n) Gewercke(n) von ferneren Aufnahmen ihrer sehr tief liegenden Gänge abschrecken kan, so wird diese Mutung salvo iure cuiuscumque vorläuffig angenommen und d(en) H(erren) Geschwornen Heinzmann und Brenner committiret, in loco zu untersuchen, ob die Bäncke bauwürdig und Erbstolle(n) auf solche anzulegen, oder ob solche nicht mit geringen Kösten mit dem bereits gemutheten Gluckauffer Erbstollen künftig zu frohen seyn, forts das darüber abzuhaltende pflichtmässige Protocoll ad referendum pro concessione dem Bergamte fordersamst zu überreichen. Sig(natum) im Bergamt ut ante.

(Gerhard Jakob) Maehler, J(ohann Friedrich) Vogt

4 (Bl.783^v-785^r)   1759 30. Januar

Das Bergamt belehnt Freiherr (Caspar Adolf) von Romberg mit der unter dem Namen Frischgewagt gemuteten zweiten Bank unter dem Namen Glückauf Nr.2.

S(eine)r König(lichen) Majestet in Preußen, unsers allerg(ne)d(ig)sten Königs und Herrn, zu dero Clev-Märkischen Bergamte allerg(ne)d(ig)ste verordnete Beamte

177

urkunden hiermit und kraft dieses, welchergestalt der Gewercke der Glückauffer Zechen, Amts Hoerde, S(eine)r hochwohlgebohrenen d(er) H(err) Landesdirector und
Freyherr von Romberg zur Bladenhorst, Brüninghausen etc. mit dero tieffen aus der Emsche auf vorliegende Bäncke getriebenen Erbstollen abermahlen eine neue Banck getroffen, auf dieselbige unterm 2ten Decem(bris) 1758 zu einer Fundgrube und drey Maa-
sen ins Westen nebst der Vierung ins Liegende bergrechtliche Muthung eingeleget und
unterm 16ten Jan(uarii) 1759 auf bergamt(liches) Veranlassen annoch eine Maaße
ins Osten begehret, auch Belehnung daruber unter den Nahmen Frischgewagt behörig
nachgesuchet habe.

Wie nun nach vorgewesener Untersuchung dabey kein Bedencken gefunden worden,
als wird nahmens S(eine)r König(lichen) Majestät in Preußen hochgemelten H(errn)
Land(es)director Freyherr von Romberg zu Bladenhorst, Brüninghausen etc. auf sothane
Banck, welche im Gegenbuch pag(ina) 444 sub tit(ulo) Frischgewagt eingeschrieben
stehet, mit vorbeschriebener Fundgrube, drey Maaßen ins Westen und einer ins Osten
nebst der Vierung ins Liegende hiermit, jedoch unter folgenden bergrechtlichen Bedingungen, beliehen, dergestalt, daß hochg(e)d(ach)t(er) Herr Gewercke zwey Kuxe zum
Behuef S(eine)r König(lichen) Majestät Bergzehendcasse frey mit bauen, das Tiefste
unter dem Stollen vermittelst Pumpenwercks gehörig strecken, die nötige Pfeiler zur
Bergfeste stehen, den gantzen Bau lediglich nach Anordnung des Bergamts tractiren, und
künftig sich die Fundgrube und Maaßen ordent(lich) vermeßen; ferner den König(lichen) Zehende(n) mit Meßgelder(n) nebst Tabellen monatlich, die Quatember(-) und Recessgelder aber[a] quartaliter durch einen verpflichteten Schichtmeister an die König(liche) Bergcasse oder an denjenigen, so darzu authorisiret, jedesmahl richtig ablegen
laßen und übrigens der König(lichen) renovirten hiesigen Bergordnung in allen Stücken
als ein gehorsamer Gewercke nachleben solle und wolle.

Dagegen wird nahmens S(eine)r König(lichen) Majestät in Preußen ihme die gewöhnliche Bergfreyheit und alle bergrechtliche Manutenenz gegen männigliches B(e)-
einträchtigen kraft dieses versprochen.

Urkundlich ist diese Belehnung dem Verleih- und Bestätigungsbuche pag(ina) 235
einverleibet und d(em) H(errn) Gewercke(n) unter des König(lichen) Bergamtsinsiegel
und Beamten eigenhändigen Unterschrifften ausgefertigt, jedoch dem Grundherrn dabey sein Recht vorbehalten worden.

Sig(natum) Schwerte, d(en) 30. Januar(ii) 1759

König(lich) Preuß(isches) Clev(e)-Maerck(isches) Bergamt.

L(ocus) s(igilli)

(Johann Caspar) Marck, (Julius Philipp) Heinzmann.

---

[a] Vorlage irrtümlich: oder.

5 (Bl.785^r-785^v)   1756 17. Dezember

Schichtmeister W. Wallbaum mutet für Freiherrn von Romberg Glückauf Nr.1.

Ich Endesunterschriebener Schichtmeister über des Freyherrn von Romberg zu Brüninghausen Kohlberg, Hoerde, muthe und begehre nahmens meiner gnädigen Herrschafft S(eine)r König(lichen) Majestät in Preußen unseres allergnädigsten Königs und Herrn Bergfreyes, und zwarn die mit dem Tiefen und andre(n) Stollen vorhin schon überfahre(e) Kohlenbanck, damahls der Schnuff bey Brüninghausen genandt, auf eine Fundgrube und 15 Maaßen in Süden oder wohin die Banck sonst streichen möchte nebst der Vierung im Liegende(n), mit Bitte, diesen Muthschein anzunehmen, daselben ad acta zu registriren, Belehnung unter dem Nahmen Gluckauf Nro.1 auszufertigen, mithin seinen H(errn) P(rinzi)palen bey dem gemutheten Rechte zu schützen.

Geschehen und gemuthet Schwerte, d(en) 17ten Dec(em)b(ris) 1756.

Aus Vollmacht meines gnädigen H(errn) W. Wallbaum, Schichtm(eis)t(er)

Praes(entatum) Schwerte in abs(entia) d(es) H(errn) Bergrichtern Marck, eodem nachmittags 4 Uhr.

J(ohann) W(ilhelm) Glaser.

6 (Bl.786^r-788^v)   1769 15. Augus

Das Bergamt verleiht dem Freiherrn (Caspar Adam) von Romberg für Glückauf das Erbstollenrecht und belehnt ihn mit allen durch den Erbstollen angefahrenen Bänken.

Wir zum König(lich) Preuß(ischen) Clev(-), Meurs(-) und Märck(ischen) Bergamte allergnädigst verordnete Oberbergvoigt und Richter, Bergmeister, Assessores und Geschworne thun kund und fügen hiemit zu wißen, daß nachdem S(eine)r hochwohlgebohren der Freyherr von Romberg zu Brüninghausen und Bladenhorst etc. im Amt Hoerde den an der Emsche gegen der Dortmunder Mühle über als dem tiefsten Puncte angelegten Hauptstollen auf alle bis an Krager Hauß auf die Brüninghauser Heyde vorliegende und zu frohende bekandte und unbekandte Kohlenbäncke, um solche künftig nach deren Uberfahrung aus den Allertiefesten bis in die ewige Teuffe ost(-) und westwärts bekohlen zu können, bereits unterm 12ten Junii 1765 zur Erbgerechtigkeit bergordnungsmässig bemuthet, und die Belehnung nachgesuchet, auch auf den dieserhalb allerunterth(änig)st abgestatteten Bericht vom 22ten Feb(ruarii) a(nno) c(urrentis), die Concession d(e) d(ato) Berlin und Hamm in dem hochlöb(lichen) Krieges(-) und

179

Domainencammer Deputationscollegio respective den 16ᵗᵉⁿ und 31ᵗᵉⁿ Martii a(nno) c(urrentis) allergnädigst ertheilet worden, mithin weiter nichts mehr obstiret, was die Ausfertigung der Belehnung zurückhalten könne. Wir dannenhero nahmens S(eine)r König(lichen) Majestät in Preußen, unsers allergnädigsten Königs und Herrn, dem Freyherrn von Romberg mit obbeschriebenen Erbstollen, so im Gegenbuche pag(ina) 536 sub titulo Glückauffer Erbstolle erfindlich ist, nebst deren bis Krager Hauß auf der Brüninghauser Heyde durchstreichende(n) und zu überfahrende(n) Bäncken nicht weniger auf deren bereits beliehenen Zechen mit denjenigen Gerechtigkeiten, welche einen Erbstollen nach der hiesigen König(lichen) Bergordnung zukommen und in derselben enthalten sind, jedoch unter folgende(n) bergrechtlichen Bedingungen dergestalt und krafft dieses Beliehenen, daß Herr Gewercke den gantz(en) Berg(-) und Stollenbau lediglich unter Direction und auf Anordnung des Bergamts bergmännisch tractiren, das Stollorth beständig und wan keine Hinderniß ex g. Wetter, Mangel etc. vorfallen, in Betrieb halten, das Tiefeste auf denen überfahrnen Bäncken unter den Stollen vermittelst Kunst(-) oder Pumpenwercks strecken und die nöthige Mittel oder Pfeiler zur Bergfeste stehen, auch so oft eine Banck getroffen wird, dieselbe gehörig anzeigen, sich darüber in specie belehnen und solche vermeßen laßen, ferner die König(lichen) Berggefälle als Zehend, Meß(-) und Freykuxgelder monathlich, die Quatember(-) oder Recessgelder aber alle Quartal durch den verpflichteten Schichtmeister an die König(liche) Bergcasse jedesmahl richtig abgeben und überhaupts der hiesigen König(lichen) revidirten Bergordnung, auch sonst ergangenen und noch zu ergehenden allergnädigst Bergreglements und bergamtlichen Verfügungen überall bey Verlust dieser Belehnung geloben solle und wolle.

Dahingegegen wird demselben die gewöhnliche Bergfreyheit und alle bergrechtliche Manutenenz gegen männigliche Beeintrachtigung hiemit versprochen.

Urkundlich ist diese Belehnung dem Verleih(-) und Bestätigungsbuche pag(ina) 252 et seq(uentis) einverleibet und unter Verdrückung des Bergamtsinsiegels von denen Bergbeambten unterschrieben, jedoch dem Grundherrn sein Recht vorbehalten worden.

Sig(natum) Hagen, d(en) 15ᵗᵉⁿ Aug(usti) 1769

K(öniglich) P(reußisches) C(leve,) M(eurs und) M(ärckisches) B(erg)a(mt)

(Konrad Christian) Cappel, (Henrich Jakob) Haardt

Taxa

	[Reichstaler]	[Stüber]
Vor die Belehnung	2	
pro exp(editione)		15
ch(arta) leg(alisationis)		10
cop(ia) ad scrinium		10
Gewerckschafft ins Gegenbuch zutragen		30
Für Eintragung der Beleh(nung) ins Muth-, Verleih- und Bestät(igungs)buch		15
pro sig(illo)		7 1/2
Cop(ia) des untert(äni)gsten Berichts cum rescriptis de^a 16(.) et 31(.) Mart(ii)		10
	3	37 1/2

ª Vorlage irrtümlich: *et.*

18 (26) Kirschbaum, Dortmund-Wellinghofen (Bl.841-844)

1 (Bl.841^r-841^v) 1771 16. April

Auf dem Bergamt legt der Gewerke Johann Wilhelm Crone die rechtlichen Verhältnisse der Zeche Kirschbaum unter Vorlage der Belehnung vom 12. Januar 1757 und eines Teilungsvertrages vom 12. März 1757 dar. Die Vermessung soll am 2. November 1747 erfolgt sein, worüber indes kein Beleg mehr existiert; die Rezeßgelder aber würden quartalsweise gezahlt.

Nro 26. Hagen, d(en) 16^{ten}Aprill 1771.

Von der Zeche Kirschebaum Amts Hoerde im Dorff Wellinghofen gelegen erschien Joh(ann) Wilhelm Crone, sagte, daß zu diesem Wercken berechtiget wären:

1. Er Comparent zu 2/6	*42 2/3*	*[Kuxen]*
2. Joh(ann) Died(rich) Wibbecke 1/6	*21 1/3*	*[Kuxen]*
3. Wittibe Adolph Crone 2/6 Teil	*42 2/3*	*[Kuxen]*
4. Friderich Crone 1/12	*10 2/3*	*[Kuxen]*
5. Wittibe Bernhardt Henrich Crone		
1/12 T(ei)l	*10 2/3*	*[Kuxen]*

Zur Justification praesentirten Comparentes die Belehnung de 12^{ten}Jan(uarii) 1757 nebst einem Vertheilungstractat de 12$^{[ten]}$ Merz 1757, wobey Comparent Friederich Crone nur erinnerte, daß sein Vatter sel(ig) dem Wiethaus seinen Theil abgekaufft und unter ihnen vertheilet. Joh(ann) Diedr(ich) Wibbecke bezog sich gleichfals ratione qua-lificationis auf das beym Waldhorn abgehaltenen Protocoll.

Die Vermeßung soll laut adj(unc)ti de 2ten Nov(em)b(ris) 1747 zwarn geschehen seyn, wovon sie aber keine Nachricht erhalten, es würden aber die Recessgelder quar-taliter bezahlt. Sic actum ut supra.

(Gerhard Jakob) Maehler

Johann Wilhelm Crone

J(ohann) D(iedrich) Wibbecke

W(ilhelm) F(riedrich) Crone.

Belehnung des Johann Wilhelm Crone und Konsorten mit der Zeche Kirschbaum in Dortmund-Wellinghofen.

*Nachdem die Gewercken des Kirschbaums Johan Wilhelm Crone et Cons(orten)
schon vor mehr als 12 Jahren eine bey dem Dorfe Wellinghofen gelegene Kohlenbanck
entblößet, dieselbe darauf gemuthet, auch schon längstens mit einer Fundgruben und
sechs Maaßen vermeßen, wiederhohlentlich von Gewercken, und nach neuerlich d(en)
3ten Jan(uarii) 1757 um die Belehnung geziemend angesuchet, Johann Wilhelm Crone
zum Lehnträger constituiret, und die freye Bebauung der Königl(ichen) zwey Freyku-
xe von ihnen expresse übernommen worden,*

*als wird gedachter Lehnträger Johann Wilhelm Crone für sich und seine Mitgewercken
mit sothaner Fundgruben und sechs Maaßen nebst der Vierung ins Hangende auf ob-
gemelter Banck, welche nunmehro in dem bergamtlichen Gegenbuche pag(ina) 531 sub
tit(ulo) Kirschbaum eingeschrieben stehet, hiermit und kraft dieses dergestalt in die ewige Erbteuffe beliehen, daß Gewercke zum Behuff S(eine)r Königl(ichen) Majest(ät)
Bergzehendcassen zwey Kuxe frey mit bauen, das Tiefste unter den Stollen vermittels
einzurichtende(n) Pumpenwercks gehörig strecken, die nöthigen Pfeiler zur Bergfeste
stehen lassen und überhaupt den gantzen Bau nach Anordnung des Bergamt bergmännisch tractiren, ferner über die geforderten und verkaufften Kohlen durch den angesetzten Schichtmeister eine richtige Specification verfertigen und dieselbe nebst Zehendt und
Meßgelder(n) allmonathlich, die Quatembergelder aber alle viertel Jahre, an die Kö-
nigl(iche) Bergcassen oder an denjenigen, welcher darzu authorisiret, übergeben laßen,
und übrigens in allen Stücken der Königl(ichen) hiesigen Bergordnung als gehorsah-
me Gewercken geloben sollen und wollen.*

*Dagegen wird Ihnen von Bergamts wegen die gewöhnliche Bergfreiheit und alle
bergrechtliche Manutenenz gegen männiglichen Beeinträchtigung hiermit und kraft
dieses versprochen.*

*Urkundlich ist diese Belehnung dem hiesigen Bergamts Verleihe(-) und Bestäti-
gungsbuche pag(ina) 205 einverleibt, unter des Königl(ichen) Bergamts Insiegel und
derer Beamten Unterschrifften ausgefertigt, jedoch dem Grundherrn sein Recht vorbehalten worden.*

Sig(natum) Schwerte, d(en) 12ten Jan(uar) 1757

L(ocus) S(igilli)

Königl(ich) Preuß(isches) Bergamt.

(Johann Caspar) Marck, (Julius Philipp) Heinzman, (Georg) Spoerer.

Teilungsvertrag der Zeche Kirschbaum.

Wir vier unterschriebene Gewercke der Zeche Kirschbaum urkunden und bezeugen hierdurch, daß wir die eintzige und alleinige Gewercke benenter Zeche seyn und solche dergestalt unter uns vertheilet haben, daß Johan Wilhelm Crone 2/6, Moriz Wibbecke 1/6, H(err) Inspector Wiethaus zu Schwerte 3/12 oder 1/4 und Johann Adolph Crone 3/12 oder 1/4 Theil auf Gewinn und Verlust bearbeiten laßen solle, welches wir einer dem andern und für uns alle kraft dieses vermittelst unserer eigenhändigen Unterschrifft attestiren und ein löb(lichem) Bergamt geziemend requiriren und vorgemelter- und unterschriebenermaßen ins bergamtl(iche) Gegenbuch einzutragen

Sig(natum) Schwerte, d(en) 12ten Martii 1757.

Johann Wilhelm Crone 3/6 Teil

Adolph Crone 1/4 Teil

Moritz Wibbicke 1/6 Teil[1]

---

[1] Es fehlt die abschriftliche Übertragung der Unterschrift des Inspektors Wiethaus zu Schwerte mit seinem 1/4 Anteil; dafür hält Johann Wilhelm Crone statt 2/6 im Vertrag hier 3/6 Anteile; nach der Erklärung vom 16. April 1771 (vgl. S.182 Nr.II,1) hatte der Vater des Friedrich Crone die Anteile des Inspektors Wiethaus gekauft, um sie an die Gewerken zu verteilen.

III

24 (32) Sommerberg, Dortmund-Schüren   (Bl.867-871)

(Bl.868^r-869^r)   1735 12. Dezember

Mutschein für Herrn Zahn zu Brockhausen betr. Sommerberg.

Nachdem tit(ulus) H(err) Zahn zu Brockhausen zum Bergprotocoll näher angezei-
get, waßmaßen er Vorhabens sey, die durch die Holtzwickeder Heyde und Holtz durch-
streichende, wie auch in den an dem Gehöltze liegendem Felde und Holzwickeder
Bach befindliche Bäncke aufzusuchen, und auf gedachte Kohlbäncke eine Ackeldrufft
oder Stollen auf das Tiefste unterhalb der Natorps-Mühle anzulegen, und durch solchen
Stollen sothane Kohlbäncke, so er durch den Stollen erreichen und froh machen oder
trocken legen kann, aufsuchen und verarbeiten zu laßen, mit Bitte ihme darüber den ge-
wöhnlichen Muthschein zu erteilen,

alß wird nahmens S(eine)r Königl(ichen) Maj(estät) in Preußen unsers allerg(nädig)-
ste(n) Herrn dem petito deferiret und verlangter Mutschein auf vorgedachte aufzusu-
chende Banck solchergestalt wie vorgemelt hiemit erteilet, dergestalt, daß d(er) H(err)
Muther die Tiefe nach Möglichkeit strecken und demselben die Bearbeitung der Koh-
lenbäncke ins Osten und Westen, so er durch den Stollen erreichen kann, kraft dieses
verstattet seyn soll, gestalten er bey Erreichung jeder Banck die gewöhnliche Belehnung
zu gesinnen und den Königl(ichen) Zehenten in natura abzugeben hat, alß wogegen wie-
der jedermans Beeinträchtigungen kräfftigste Manutenentz versichert wird.

Sig(natum) Schwerte, d(en) 12. Dec(embris) 1735.

(Johann Caspar) Marck, Ob(er)b(erg)vogt.

IV

69 (7) Erbstollen Caroline, Holzwickede (Bl.1091-1098)

1 (Bl.1091^r) 1771 22. April

Die Vormünder der Zahnschen Töchter Elisabeth Sophia, Friederica Theodora und Charlotta Christiana Johanna Carolina Advokat Wiethaus und Kaufmann Adrian bitten, die Belehnung mit der Carolinenzeche auf den Namen der Zahnschen Waisen umzuschreiben und zu diesem Zweck von Herrn Dahlhausen die Herausgabe der diesbezüglichen Schriftstücke zu verlangen.

Nro 7. Actum Unna, den 22ten Aprill 1771, erschienen die Vormündere der Zahnschen Töchter Litis Curator H(err) Advoc(at) Wiethauss und Kaufman Adrian, zeigten in Gefolge des publicirten Circularis vom 13ten Martii 1771 an, welchergestalt über die Carolinenzeche am Hüneknübel Muthschein und Belehnung ertheilet wäre, welche sämt(lich) bey d(em) H(errn) Dahlhausen beruheten, und wiewohl sie solche von selbigen gehörig gesinnet, so hätte sich derselbe gleichwohl deren Extradirung geweigert. Inzwischen, damit diese Belehnung in dem neuen einzurichtenden Bergbuch auf der Pupillen Nahmen, nemlich auf Elisabeth Sophia, Friederica Theodora und Charlotta Christiana Johanna Carolina transscribiret werden mögte, bäthen den Dahlhaus(en) per mandatum anzuhalten, die in Händen habende, denen Pupillen zustehende Originaldocumenta bey König(lichem) Bergamt in einer dazu bestimmten Frist zu extradiren; die Vermessung würde wohl ihres Wissens noch nicht geschehen seyn. Ut supra.

J. Wiethauss, Friedrich Albrecht Adrian, Rielcke.

2 (Bl.1091^v) 1766 3. April

Die Witwe Zahn bittet um Belehnung mit dem Erbstollen am *Hünenknüpel* in Holzwickede. Auf die Mutung vom 12. Dezember 1735 kann sie eine Belehnung in ihren Unterlagen nicht finden. Die Zeche wird aber bereits seit ca. 30 Jahren betrieben, rund 16.000 Reichstaler wurden bisher investiert.

Hochedelgebohrner insonders Hochzuehrender Herr Bergmeister,

da ich nach dem Absterben meines seel(igen) Mannes die Muthung über den Erbstollen am Hünenknüpel in der Holtzwickeder Bache, wovon das Mundloch unten an Natorps Mühle ausgehet, und schon in die 30 Jahre betrieben, auch p(ro)pter 16.000 R(eichs)t(a)l(e)r gekostet und sich bey mir noch keine Belehnung nach der Muthung vom 12ten Dec(em)br(is) 1735, so von dem damahligen Oberbergvoigt Marck ausge-

stellet, gefunden, so habe Eue(r) Hoched(el)g(eboren) geziemend ersuchen wollen, die Belehnung über den in der Muthung benanten Erbstolle(n) mit der Erbteuffe zu belehnen und die vorliegende(n) Bäncke, so mit diesem Stollen durchschnitten und froh gemacht werden können aus Osten ins Westen, auch wen es erforderlich seyn dürffte, das Recht, ein Kunstwerck vorzurichten, in der Holtzwickeder Bache Deiche anzulegen und die Bäncke unter den Stollen bekohlen zu können, weilen allda kein tieferer Stollen angebracht werden kan, und dadurch S(einer) König(lichen) Majestaet Int(e)re(ss)e künftighin befördert wird, zu belehnen und nach Westen bis an die Marckscheide des Schwartzen Adlers zu vermeßen, nach Osten wie die Bäncke überfahren werden, berechtigen und gehörig zu vermeßen, daß ich künftighin und meine Kinder vor mein erwehntes, schon angewandtes große Capital bergrechtens gesichert seyn und bleiben möge, so habe um die weitere Einholung der Belehnung nochmahl dienstlich bitten wollen, der ich verharre etc.

Ewe Hochedelgebohr(en) ergebener Dienerin

verwittibte Zahn.

Brockhausen, d(en) 3ten April 1766

Praes(entatum) Unna, d(en) 4ten April 1766.

3 (Bl.1092r)   1766 24. Mai

Beschluß des Bergamts: Frau Zahn hat die erteilte Mutung aus dem Jahr 1735 im Original oder als beglaubigte Kopie vorzulegen, damit die Belehnung erteilt werden kann.

Resolutio

Da sich gegenwärtiges Memorial auf eine alte, vom Oberbergvogt Marck in anno 1735 ertheilte Muthung, als nach welcher die Belehnung ertheilet werden muß, abberuffet, dieses adjunctum aber in originali vel copia vidimata beyzufügen vergessen worden,

so hat Frau [Zahn] solches fordersamst zu bewürcken und soll sodann dem Befinden nach beschieden und die Belehnung ertheilet werden.

Signatum Hagen, d(en) 24ten Maii 1766.

König(lich) Preuß(isches) Bergamt

(Gerhard Jakob) Maehler, Rielcke, J(ohann

Friedrich) Vogt

4 (Bl. 1092ᵛ)   1771 18. Apri

Herr Dahlhausen übersendet die kürzlich verlangten Dokumente in Abschrift.

Hochedelgebohrne, besonders hochgeehrteste Herren!

In Gefolge neulich ergangenen Publicandi übersende die verlangten Documenta in Abschrifft und beharre mit Hochachtung

Ew(e)r Hochedelgebohren

dienstwilligster Diener

Dahlhausen

Unna, d(en) 18ᵗᵉⁿ Aprile 1771

5 (Bl. 1093ʳ-1093ᵛ)   1735 12. Dezember

Am 23. September 1767 geht beim Bergamt durch Herrn Zahn die Abschrift des Mutscheins vom 12. Dezember 1735 ein.

Copia; Praes(entatum Hagen d(en) 23ᵗᵉⁿ September 1767.

Nachdem tit(ulo) Herr Zahn zu Brockhausen zum Bergprotocoll näher angezeiget, wasmaßen er vorhabens sey, die durch die Holtzwickeder Heyde und Holtz durchstreichende wie auch in dem an dem Gehöltze liegenden Felde und Holtzwickeder Bach befindliche Bäncke aufzusuchen und auf gedachte Kohlbäncke eine Ackeldruft oder Stollen auf das Tiefeste unterhalb des Natorps Mühle anzulegen, um durch solchen Stollen sothane Kohlbäncke, so er durch den Stollen erreichen und froh machen oder trocken legen kan, aufsuchen und verarbeiten zu laßen, mit Bitte, ihm darüber den gewöhnlichen Muthschein zu ertheilen,

als wird nahmens S(eine)r König(lichen) Majestaet in Preußen unsers allergnädigsten Herrn dem Petito deferiret und verlangter Muthschein auf vorgedachte aufzusuchende Bäncke solchergestalt wie vorgemelt hiemit ertheilet, dergestalt, daß der Herr Muther die Tiefe nach Möglichkeit strecken und denselben die Bearbeitung der Kohlenbäncke ins Osten und Westen, so er durch den Stollen erreichen kan, krafft dieses verstattet seyn soll, gestalten er bey Erreichung jeder Banck die gewöhnliche Belehnung zu gesinnen und den König(lichen) Zehndt in natura abzugeben hat, als wogegen wieder jedermans Beeinträchtigungen kräfftigste Manutenentz versichert wird.

Signatum Schwerte, den 12ᵗᵉⁿ Dec(em)b(ris) 1735.

(Johann Caspar) Marck, Ob(er)b(erg)vogt.

Belehnung der verwitweten Frau Justizrätin Zahn mit dem Carolinen-Erbstollen.

*Nachdem der abgelebte Herr Rath Zahn zu Brockhausen über einen unterhalb Na-
torps Mühle Amts Unna anzulegenden tiefen Stollen und die durch die Holtzwickeder
Heyde und Holtz wie auch durch die an diesem Gehöltze liegende Felder und Holtzwickeder Bache streichende Kohlenbäncke, um solche ins Osten und Westen sich belehnen zu laßen und zu bekohlen, einen Muthschein d(e) d(ato) Schwerte, d(en) 12ten
Decembr(is) 1735 von dem ehemahligen Oberbergvogt Marck erhalten, gedachter Herr
Rath Zahn auch sowohl als dessen Sohn der Herr Justitzrath Zahn diesen Stollen in
beständigen Fortbau erhalten und sehr viele 1000 R(eic)h(s)t(a)l(e)r darauf verwen-
det haben, die hinterlaßene verwittibte Frau Justitzräthin zu Brockhausen auch per
memoriale unterm 12ten m(ensis) pr(ioris) fernerweit um Renovation obangeführter
alter Muthung de 12ten Decembr(is) 1735 und um eine formelle anjetzo gebräuchliche Belehnung auf diesen Erbstollen und sämtlich damit zu frohende Bäncke ins Osten
und Westen bis an das Ende des Buchholtzes unter den Nahmen Carolinen Erbstollen
geziemend angestanden,*

*als wird nahmens S(eine)r Königlichen Majestaet in Preußen, unsers allergnädigsten
aKönigs unda Herrn, von bergamtswegen die verwittibte Frau Justitzräthin Zahn für sich
und ihre Consorten mit sothanen Erbstollen, so im Gegenbuche pag(ina) 552 sub tit(ulo)
Carolien-Erbstollen erfindlich, nicht weniger mit denen damit zu frohenden Bäncken
ins Osten und Westen bis an das Ende des Buchholtzes, jedoch unter folgenden bergrechtlichen Bedingungen krafft dieses dergestalt belehnet:*

*daß die Gewercke den gantzen Berg(-) und Stollenbau lediglich unter Direction und
auf Anordnung des Bergamts bergmännisch tractiren, das Tiefeste auf den überfahren-
den Bäncken unter dem Stollen vermittelst Kunst(-) oder Pumpenwercks strecken und
die nöthige Pfeiler zur Bergfeste stehen, auch so oft sie eine Banck treffen werden, dieselbe gehörig anzeigen, sich in specie belehnen und vermeßen laßen, ferner die Kö-
nig(lichen) Berggefälle als Zehenden und Meßgelder wie auch die anstatt der sonst üb-
lich gewesenen zwey Freykuxen allergnädigst festgesetzten halben Stüber per Malter
monathlich, die Quatember(-) oder Recessgelder aber alle Quartal(e) durch den verpflich-
ten Schichtmeister an die König(liche) Bergcasse jedesmahl richtig abgeben, und überhaupt der hiesigen Königlichen renovirten Bergordnung auch sonstigen allergnädigst
ergangenen und noch zu ergehenden Bergreglements und bergamtlichen Verfügungen
überall als gehorsame Gewercke bey Verlust dieser Belehnung geleben sollen und wollen.*

*Dahingegen wird nahmens S(eine)r König(lichen) Maj(estät) in Preußen vom Berg-
amte ihnen die gewöhnliche Bergfreyheit und alle bergrechtliche Manutenentz gegen
männigliche Beeinträchtigung hiemit versprochen. Urkundlich ist diese Belehnung dem
Verleih(-) und Bestätigungsbuche pag(ina) 249 einverleibet und unter Verdruckung des*

bergamt(lichen) Insiegels und deren Bergbeamten Unterschriften ausgefertiget, jedoch dem Grundherrn sein Recht vorbehalten worden.

Sig(natum) Hagen, d(en) 2ten Oct(o)br(is) 1767.

König(lich) Preuß(isches) etc. etc. Bergamt

L(ocus) S(igilli)

(Gerhard Jakob) Maehler, Adami, (Johann Friedrich) Vogt, (Julius Philipp) Heintz-mann.

_{a-a} Von gleicher Hand über der Zeile nachgetragen.

7 (Bl.1096^{r})   1768 5. Februar

Nach Verzicht des Freiherrn von Hövel zu Sölde wird auf Ansuchen der Witwe Zahn die Belehnung geändert.

Auf Ansuchen der verwittibten Frau Justitzräthin Zahn, das darauf zwischen ihr und dem angräntzenden Gewercken Freihe(rr)n von Hövell zu Sölde etc. veranlaßte Ver-fahren, und da letzterer unterm 30ten Jan(uarii) 1768 auf die gemuthete Fundgrube und 20 Maaßen ins Osten renunciiret, wird vorstehende Belehnung dahin abgeändert, daß die gemuthete Maaßen bis an das Ende des Buchholtzes nunmehro bis an Cranefelds^{a} Siepen am Buchholtze herunter und herauf bis an die Landes Crone sich verstreck(en) und künfftig bis zu diesen Terminis zugemeßen werden sollen.

Signatum Hagen, den 5ten Febr(uari) 1768.

König(lich) Preuß(isches) Clev(-) Märckisches Bergamt

(Gerhard Jakob) Maehler, Liebrecht, Adami, Rielcke, (Johann Friedrich) Vogt, (Ju-lius Philipp) Heintzmann

^a In der Vorlage wohl verschrieben: *Crauefelds*.

8 (Bl.1096^{v}-1097^{r})   1767 25. Februar

Vertrag zwischen der Witwe Zahn und ihren Erben mit dem Herrn Dahlhausen: Letzterer übernimmt auf eigene Kosten die Auffahrung des Stollens; Frau Zahn und ihre Erben werden mit einem Drittel an der Kohlenförderung beteiligt.

Da es der verwittibten Frau Justitzräthin Zahn zu beschwerlich und zu kostbahr fällt, den schon seit langen Jahren her auf den sogenanten Hünenknübel oder Holtzwickeder Bache getriebenen Stollen weiter fortsetzen und gehörig bearbeiten zu laßen, so hat selbige, um fernerweite große Kosten und Betrug zu vermeiden, folgendes für sich und die Erben des Herrn Justitzrath Zahn seel(ig) mit dem Herrn Dahlhausen nach reiflicher Überlegung und mit Genehmigung des Herrn Landrichters Goecke zu Altena als Curator gedachter Erben geschloßen, als: Herr Dahlhausen übernimmt von nun an alle auf den vorliegenden Bäncken, so mit den Stollen erreichet werden können, noch vorfallenden Kosten. Dahingegen, wenn Bäncke angehauen oder erschroten bauwürdig befunden, Kohlenförderung vorgerichtet und zu Tage gebracht werden, wird nur der dritte Theil sämtlicher zutage gebrachter Kohlen ohne alle Zubuße und Kosten, es mögen selbige Nahmen haben wie sie wollen, obbenanter Frau Justitzräthin zur Ausbeuthe gelaßen und soll davon nicht das mindeste unter keinerley Vorwand abgezogen werden ausser den König(lichen) Zehndten, Meßgelder und Freykux(en), welche von diesen dritten Theil sowohl als von denen beyden andern, die der Herr Dahlhausen behält, zu entrichten sind.

Im Fall aber, der Mitgewercke den Berg liegen laßen und darauf nicht fortsetzen wolten, so ist er seines davon habenden Rechts verlustig.

Zu mehrerer Sicherheit und Haltung dieses Contracts ist solcher von uns für uns und obgesagte als auch unsere Erben unterschrieben und in duplo ausgefertiget worden.

Brockhausen, d(en) 25ten Februarii 1767.

Verwittibte Zahn, Dahlhausen.

9 (Bl.1097^v)   1767 24. März

[Der Vermögensverwalter der Zahnschen Töchter-Erben] Goecke erklärt sein Einverständnis mit dem Vertrag zwischen der Witwe Zahn und Herrn Dahlhausen vom 25. Februar 1767.

Ich trette vorstehenden Contract und soferne mein Beytritt dazu nötig ist ebenfalls bey, und bedinge mir noch, daß der Herr Dahlhausen auch den mit den Steiger Schmit subsistirenden Contract mit vollkommen Übernehmen und dafür ohne alle Reservation und Restriction eintretten müße.

Altena, d(en) 24ten Martii 1767.

Goecke

10 (Bl.1097^v)   1769 19. Juni/24. Juni

Dieser Vertrag wird seitens des Bergamts bestätigt und in das bergamtliche Vertragsbuch eingetragen.

Vorstehender Contract wird auf vorstehende allergnädigste Ordre nicht nur confirmiret, sondern es soll auch in vorkommenden Umständen darauf Reflexion genommen werden, weshalb Actuarius demselben dem Berghandlungs(-) und Vertragebuche zu inseriren und de insertione zu attestiren hat.

Signatum Hagen im Bergamt, d(en) 19ten Jun(ii) 1769.

L(ocus) S(igilli), (Gerhard Jakob) Maehler, (Johann Friedrich) Vogt

Vorstehender Contract ist pag(ina) 101 bis 105 des bergamtlichen Vertragebuchs eingetragen. Hagen d(en) 24ten Junii 1769.

(Johann Friedrich) Vogt

11 (Bl.1098^r)   1767 18. August

Das Bergamt erlaubt der Witwe Zahn unter Fortsetzung des Stollens die weitere Kohlenförderung.

Memoriale cum adjuncto ex parte

der verwittibten Frau Justitzräthin Zahn zu Brockhausen,

worin dieselbe bittet, ihr aus denen hierin angeführten wahren Ursachen die Kohlenförderung bey Fortsetzung des Stollens hochgeneigt zu verstatten.

Resolutio

Frau Gewerckin wird die Kohlenförderung mit der Bedingung erlaubet, daß selbige dabei den Stollen in beständigen Betrieb erhalten, sonsten aber auch die Kohlenförderung wieder inhibiret werden soll. Indeßen wird d(en) H(erren) Geschwornen Heintzmann und Brenner aufgetragen, Frau Impetrantin die convenableste Stelle oder Ort zur Kohlenförderung anzuweisen.

Signatum Hagen, d(en) 18ten August 1767.

Königl(ich) Preuß(isches) Clev- Märckisches Bergamt.

(Gerhard Jakob) Maehler, (Johann Friedrich) Vogt.

V

91 (7) Hammerbank, Witten-Heven   (Bl.1175-1182)

1 (Bl.1175^r-1175^v)   1771 28. Februar

Wilhelm Herdeegen weist die Gewerken nach und erklärt: Nach dem Bankrott des Peter Lange hätten sein Vater und der Freiherr von Boenen je die Hälfte der Anteile des Peter Lange erworben. Freiherr von Boenen sei aber nur am Oberwerk beteiligt, während das Unterwerk allein ihm und seinem Bruder Alexander zukommt.

Actum Witten, den 28ten Febr(uarii) 1771.

Von der Hammerbanck Gerichts Herbede erschien Wilhelm Herdaegen in Persohn, sagte, daß zu diesem Werden^a berechtiget wären:

1. Sie Comparenten der Alexander Herdaegen zu 32 [Kuxen]

2. Er Wilhelm Herdaegen 32 [Kuxen]

3. Freyh(err) von Boehnen zum Berge 64 [Kuxen].

Hiebey erinnerte Comparent, daß d(er) H(err) von Boehnen nur zum Oberwercke zu solchem Theile berechtiget wärre, daß Unterwerck aber und was da mit dem Stollen gefordert, gehörte ihm und seinem Bruder privative zu gleichen Theilen; ratione qualificationis sagte Comparent, daß der pag(ina) 305 befindliche Peter Lange pändlich banquoet gegangen und wie deßen Hauß und Guth verkaufft, habe seine Comparenten Vatter seel(ig) lauth Kaufbrief de 14ten Maii 1751 die Hälbscheid vom Oberwercke, die andere Hälbscheidt aber der Freyh(err) von Boehnen gekauft, wo ihnen aber weder Muthung noch Belehnung extradiret wäre. Die Vermeßung wäre geschehen und muste das Protocoll bey der Registratur beruhen, die Recessgelder werd(en) quartaliter mit 15 Stüber bezahlt. Sic(ut) actum ut supra.

(Gerhard Jakob) Maehler, Wilhelm Herdegen.

Kanzleivermerk auf der Rückseite des Bogens, Bl.1182^v:

Hammerbanck

---

^{a} Wohl verschrieben für: *Wercke* (?).

Mutung durch den Stahlfabrikanten Peter Lange zu Witten.

ᵃDer Hammer genandtᵃ

Demnach der Stahlfabricant zu Witten, H(e)rr Peter Lange auf eine Steinkohlenbanck aufm Wanneschen Cleffe Herbedischer Jurisdiction, welche vor ohngefehr 6 ad 7 Jahren von dem Gerichtschreibern Hagemann et Cons(orten) bearbeitet worden, vor Jahren aber ins Königliche Frey[e] verfallen und selbige bergmännisch und vermittelst einer anzulegenden Ackeldrufft zu bearbeiten, um den gehörigen Muthschein angesuchet,

alß wird nahmens S(eine)r Königl(ichen) Majest(ät), unsers allerg(nä)d(i)gsten Herrn, dem Petito deferirt, anbey die Bearbeitung obg(edac)hter Banck dergestalt verstattet, daß der Muther nach Erreichung der Kohlen den Königl(ichen) Zehenten und andere praestanda abgeben, auch sodan die würckliche Bergbelehnung suche, wogegen wieder alle Beeinträchtigung kräftigste Manutenentz versichert wird.

Sig(natum) Schwerte, d(en) 21ᵗᵉⁿ Jan(uarii) 1732.

(Johann Caspar) Marck, Ob(er)b(erg)v(o)gdt

ᵃ⁻ᵃ Von gleicher Hand am oberen rechten Rand.

Belehnung für den Stahlfabrikanten Peter Lange zu Witten.

Nachdem d(er) H(err) Peter Lange, Stahlfabricant zu Witten, angezeiget, wasmaßen er vermöge erhaltener Muthung vom 21ᵗᵉⁿ Jan(uarii) a(nni) c(urrentis) auf der Steinkohlenbanck aufm Wanneschen Cleffe Herbedischer Jurisdiction die Arbeit befangen, nunmeher aber vorhabens wäre, die Ackeldrufft aufs bequemste anzulegen, dahero angehalten, ihme auf solche Steinkohlenbanck die gewohnliche Bergbelehnung zu ertheilen,

alß wird nahmens S(eine)r Königl(ichen) Majestät zu Preußen, unsers allerg(nä)d(i)gsten Königs und Herren, solchem petito deferiret, mithin H(e)rrn Supplicanten die gesonnene Bergbelehnung hiemit und kraft dieses ertheilet, dergestalt, daß die Arbeit aufs bequämste angeleget, die Tieffe nach Möglichkeit gestrecket, auch sonsten überall daßelbe bergmännisch getrieben, sodann auch der Königl(iche) Zehendte ohnweygerlich verabfolget werde, gestalt er dagegen gegen männiglichen geschützet werden solle. Ur-

kundlich mein des Königl(iche)n Oberbergvogdten eigenhändigen Unterschrifft und beygedruckten gewöhnlichen Pettschafts.

Signatum Bommern, d(en) 22ten Mart(ii) 1732.

(Johann Caspar) Marck, Ob(er)b(erg)v(o)gdt

concordat cum originali.

Kanzleivermerk auf der Rückseite des Bogens für 2 und 3, Bl.1181^V :

Hammerbanck, Gericht Herbede

P(rae)s(entatum) den 25ten Julii 1736.

4 (Bl.1177^r-1177^V)   [vor 1736 12. September]

Die Gewerken Johann Peter Schönebeck, Johann Diedrich Fischer und Hermann
Vreede protestieren gegen die Aktivitäten des Peter Lange, da sie den Stollen auf
ihre Kosten bis zur Bank durchgetrieben hätten. Ein Prozeß zwischen ihnen und
Peter Lange sei anhängig, so daß das Bergwerk vermessen oder aber die endgültige Entscheidung abgewartet werden solle.

Wollgebohrne etc., hochgebietende geheimbte Herrn Räthe und Commissarii etc.

Wir kommen äußerlich zur Nachricht, daß Ew(er) Ew(er) Wollgeb(ohrne) unsere
hochgebietende Herren in würcklichem Begrif sein, die Zechen oder Kohlbergwercke
märckischen Landes ordentlich zu registriren und jeder Gewerkschafft gewißen District
zumeßen zu laßen, wie wir nun und zwarn

ich Johan Peter Schonebeck mit	1/2	Theil
Johan Diederich Fischer mit	3/16	Theil
und Herman Vreede mit	5/16	Theil

des Kohlbergwercks im Wannemänschen Kleve unweit Herbede nicht nur vom Bergamte
rechtlich belehnet, sondern auch den Stollen mit schweren Kösten bis in die Banck durch
harte Steinfelsen würcklich durchgetrieben, nachgehendts aber ein renommirter straffbah-
rer Naßköhler Peter Lange zu Witten uns dieses Glück mißgönnet, mithin uns einen un-
befugten Process zu Halse geweltet, welchen wir zwar bey dem König(liche)n Oberbergvogdt Marck gewonnen, auch von seiner König(liche) Maj(e)st(ät) zu Cleve
all(er)g(nä)d(ig)st approbiret worden, immittels gem(elte)r Lange eine contraire
all(er)g(nä)d(ig)ste Resolution von hochlöb(liche)r Kriegs(-) und Dom(ainen)-Cam-
mer extra acta s(alvo) h(onore) nichtiglich erschlichen, wogegen wir remedia juris le-
galiter interponiret, auch all(er)g(nä)d(ig)sten Processus vom hochpreißl(ichen) Ober-

tribunal, wie zum Theil bekand sein wird, vorlängst ausgewürcket, mithin an vollkommenen Obsiege dieser allergerechtesten Sache keines Stücks zweifelen,

so haben [wir] Ew(er) Ew(er) Wollgeb(ohrnen) solches hiemit unterth(äni)g(st) anzeigen und zugleich gehorsambst bitten sollen, sie hochg(ebietend) geruhen wollen, uns dieses Ber[g]werck, soweit wir solches mit unseren dryen nechst der Ruhr und Heven angelegten Stollen, Ackeldruften frohen können, entweder zumeßen zu laßen oder aber mit Vermeßung dieses quaest(ionierten) Bergwercks noch zur Zeit und bis zur König(lichen) all(er)g(nä)d(ig)sten Decision hochg(eneigt) gäntzlichen zustehen, hin secus wollen solennissime protestando unser Recht resolviret haben, oder wie sonsten.

Kanzleivermerk auf der Rückseite des Bogens, Bl.1178^v:

Praes(entatum) Blanckenstein, d(en) 12ten Sept(embris) 1736.

Abgenöthigte unterth(äni)ge gehorsamste Anzeige und Bitte

Johann Peter Schönebeck et Cons(orten) inwendig benennet

in p(unc)to

streitigen Kohlbergwercks im Wannebechschen Cleve.

5 (Bl.1178^r)   1733 14. September

Mutschein für (Johann Peter) Schönebeck, (Johann Diedrich) Fischer und Konsorten für eine Erweiterung

P(rae)s(entatum) den 12ten Septembris 1736.

Copia

Nahmens S(eine)r Königl(ichen) Maj(estät) in Preußen, unsers allerg(nä)d(ig)sten Königs und Herren, wird dem Schönebeck zu Wetter, Fischer daselbst und ubrigen Consorten der verlangte Muthschein über eine auf die durch daß Hevische Feld streichende Kohlbanck, hiebevor angelegte und dem Angeben nach ins Freye verfallene Ackeldrufft, dieses ertheilet, dergestalt, daß die Gewercke daß bergmännisch bearbeiten, und inzwischen wieder jedermans unbefugte Beeinträchtigungen kraftigst geschützet werden sollen.

Signatum Schwerte, d(en) 14ten (Septem)bris 1733

(Johann Caspar) Marck, Ob(er)b(erg)vogdt

(Johann Dietrich) Fischer und (Johann Peter) Schönebeck zu Wetter und Konsorten erhalten die Belehnung, nachdem sie die Ackeldruft bis zur Kohlenbank getrieben haben.

Nachdem Fischer zu Wetter und Schönebeck daselbst vor sich und übrige Consorten zu erkennen gegeben, wasmaßen die auf die unterm 9ten Jan(uarii) a(nni) c(urrentis) bemuhtete Kohlbanck im Wanneschen Cleff angelegte Ackeldrufft soweit durchgetrieben, daß nunmehro die Steinkohlenbanck erreichet, mithin gebeten, sie mit diesem Bergwerck, und waß noch etwan mit der Ackeldrufft finden würde?, zu belehnen:

Alß wird nahmens S(eine)r König(lichen) Maj(estät) in Preußen etc., unsers allergnädigsten Herrn, denen obgem(elten) Consorten die begehrte Belehnung über solches Bergwerck und dasjenige, was mit der Akeldruft gefunden werden könte, hiemit und in kraft dieses ertheilet, dergestalt, daß die Gewercke das Bergwerck bergmännisch treiben, die Tieffe möglichst strecken, auch überall mit nützlicher und ordentlicher Arbeit belegen, mithin auch den Königlichen Zehenten richtig abgeben sollen; gestalten dagegen wieder jedermannes unbefugte Beeinträchtigungen kräftigste Manutenentz versichert wird.

Uhrkundlich meines des Königlichen Oberbergvogten eigenhändiger Unterschrifft und beygedruckten Pittschaffts.

Sign(atum) Schweerte, d(en) 13ten Aug(usti) 1733.

L(ocus) S(igilli)

(Johann) Caspar Marck, Oberbergvogdt.

Pro copia cum vero originali diligentissime collationirte et de verbo ad verbum concordante subscripsit

W. J. Deutecom, secretarius Wetterensis juratus m(anu) p(ro)pria.

Kanzleivermerk auf der Rückseite des Bogens, Bl.1180^v:

P(rae)s(entatum) den 28ten Julii 1736.

Gericht Herbede

ist mit Langen streitig

125 (20) Krockhausbank, Bochum-Stiepel (Bl.1305-1307)

1 (Bl.1305^r-1306^v)   1771 11. Januar

Die Gewerken weisen ihre Anteile und die Rechtsverhältnisse der Zeche nach.

No 20. Am Walbaum, d(en) 11ten Januarii 1771.

Zeche Krockhaus

Dazu erschienen d(er) H(err) Inspector Müser nahmens seines Vattern, H(err) Inspector Schroeder und H(err) Rathmann Wünnenberg als Gewercke und zeigte(n) an, daß der Conrad Krockhaus zum Lehnträger dieser Zeche constituiret und zu 1/4tel ad 32 Kuxen

d(er H(err) Entrepeneur Johann Wilhelm Müser zu 1/8 ad 16 [Kuxen]

d(er) H(err) Inspector Johann Gotfried Schroeder zu 1/16tel ad 8 [Kuxen]

d(er) H(err) Receptor Frantz Grotmann zu 1/16 ad 8 [Kuxen]

H(err) Rathmann Wünnenberg 1/4tel ad 32 Kuxen

Friedrich Vahlefeld zu 1/4tel ad 32 Kuxen

berechtiget.

Die über dieses Werck ertheilte Muthung hätten Gewercke nicht bey sich, sondern es beruhete solche bey denen actis, welche über diese Zeche zwischen ihnen Gewercken und dem Curatori des von Küchenmeisterschen Concursus ventiliret und welche sie nöthigenfals annoch beyzubringen offerirten.

Dagegen aber producirten Comparentes das in dieser Sache ergangene Judicatum vom 5ten Dec(em)br(is) 1764, wornach ihnen diese Steinkohlenzeche durch Urthel und Recht adjudiciret, mithin dadurch überhaupt hinreichend qualificirt wären, zumahlen Comparentes erklärten, die Recessgelder in posterum davon richtig wiederum abzuführen, welches pro praeterito darum hinterblieben, weil die Zeche bis hiehin in Process gewesen und acta noch nicht remittiret wären. Soviel indeßen d(es) H(errn) Inspectoris Schroedern und H(errn) Receptoren Grollmanns Antheile beträffe, hätten diese solche von d(em) H(errn) Müser käuflich an sich gebracht, wovon das Documentum in originali praesentiret und copeilich ad acta genommen worden. Wann also über diese Zeche ex praemissis noch weder Belehnung ertheilet noch selbige vermeßen worden, so wolten sie beides suo tempore annoch gewärtigen, immittelst aber gebethen haben, vorläufig das Bergbuch hiernach zu rectificiren, wobey zugleich er H(err) Comparent

Müser wegen aus der Königl(ichen) Casse erhaltenen Vorschußes und deßen Eintragung seiner Erklärung bei der Zeche St. Theodor und Haarmannsbank inhaerirte.

Urkundl(iche) Unterschrifften.

Sic actum ut supra.

(Henrich Jakob) Haardt, (Gerhard Jakob) Maehler, F. J. Müser, Schroeder, Wünnenberg.

2 (Bl. 1307^r)   1760 3. August

Konrad Krockhaus mutet eine Fundgrube und sechs Maaßen im Stemmans Siepen unter dem Namen Krockhaus.

Ich Ends Benannter muthe und begehre seiner Königl(ichen) Majestät, meines allergnädigsten Königs und Herren, Freyes als eine Fundgrube und 6 Maaßen auf eine erschurfte Steinkohlenbanck in Stemmans Siepen Gerichts Stiepel aus Westen ins Osten durch Krockhaus Feld streichend belegen und mit Krockhaus benennet, mit Bitte, diesen Muthschein zu registriren und künfftig mir zu belehnen und zu vermeßen, auch soviel möglich, bey meinem Rechte zu schützen.

So geschehen und gemuthet Hattingen, d(en) 3ten Aug(usti) 1760.

Conrad Krockhauss

Prae(sentatum) Hattingen, d(en) 3ten Aug(usti) 1760

(Julius Philipp) Heintzmann

IV.
Indices

Personenindex

In [ ]-Klammern gesetzte Orte verweisen auf das Bergrevier, in dem der Gewerke Bergwerkseigentum besaß. Die Jahreszahlen in ( )-Klammern weisen Nennungen vor 1760 nach, ansonsten sind die Personen um 1770 genannt. Die arabischen Ziffern verweisen auf die Nr. der vorliegenden Edition, die römischen Ziffern auf die Volltextedition.

o.V.   Nennung ohne Vornamen

A

Ächterhoff, Jürgen, Bauer, Rüdinghausen 56
Adami, o.V., Bergamt IV/6, IV/7
Adrian, Friedrich Albert, Unna (?), Kaufmann 24, 69; IV/1
Altena, Johann Peter, [Stiepel] 108
Althoff, Jürgen, Westhofen (1746) 61
Am Wege s. Wegmann
Amsthoff, Gerhard, Duisburg 26
Artmann, Bernd Adam, [Hörde] 22
Auvermann, Arnold, [Herbede] (1735) 85

B

Balster, Wissel, Bergmann, Hörde 2
-, Ehefrau, o.V. 2
Becker, Peter, Bergmann, Hörde (1754) 9
Becker s. auch Hülsberg
Beckmann, Anna Katharina, Annen (?) 33
Behrenbeck s. Pleuger
Berghaus s. Oberste Berghaus, Mittelste Berghaus, Niederste Berghaus

Bielefeld, D. J., Richter, Hörde 22
Bielefeld, o.V., Steuerrezeptor, Hörde 26, 34, 49, 146
Bierhoff, Caspar Henrich, Schneider, Annen 45
Blastweck, o.V., [Hörde] 147
Boehme, Johann Carl, Bochum 140
Boenen, Freiherr von, zu Berge, o.V., Witten 91; V/1
Bönninghausen, von, o.V., Propst zu Scheda 71
Boos, Johannes, Westhofen 30, 51, 52, 72
Borggrefe, Johann Henrich, Eppenhausen 142, 143, 151
Bornemann, Johann Wilhelm, [Herbede] 82, 85, 88
Brabeck, Freiherr von, o.V. 8
Bracke, auf der s. Brackmann
Brackmann, Johann Christoph Henrich (1751) 74
-, Johann Henrich (1751) 74
Brandt, o.V., [Hörde] 27
Brass s. Niederdräing
Brenner, Johann Paul, Berggeschworener, 20, 21, 27-29, 34, 37, 38, 40, 41, 43, 46, 50, 56, 63, 70; I/3
Brockhaus, Friedrich, [Stiepel] (1748) 113

Brockhaus, o.V., Jungfer, [Hörde] 1
Bröcking, Caspar, [Herbede] (1752) 78
Bruggemann, Peter, [Löttringhausen] 38
Brüggeney, o.V., Stiepel, [Stiepel] (1751) 129
Buhl, o.V., Schichtmeister, [Hörde] 15
Büscher, Wilhelm, Berghofen 12, 22
-, Erben zu Berghofen 12

C

Cappel, Konrad Christian, Bergamt I/6
Clarenberg, Damenstift in Hörde, s. von Plettenberg (Äbtissin)
-, s. von Vaerst (Kanonissen)
Corffmann s. Korffmann
Crone, Bernhard Henrich, Hörde 18, 19, 70, 140; II/1
-, Witwe, o.V. 18; II/1
-, Johann Adolph 14, 18, 19, 26, 47; II/1, II/3
-, Witwe, o.V. 14, 18, 26, 47; II/1
-, Johann Wilhelm, Hörde 5, 10, 14, 16, 18, 19, 21, 44, 47, 57, 59, 63, 65, 141; II/1-3
-, Rudolph Henrich Christian 63
-, Wilhelm Friedrich, Hörde 18, 19, 47; II/1, II/3
-, o.V., Berggeschworener 106
Cronenberg, Caspar, [Hörde] 142-144

D

Dahlhausen, o.V., [Unna] 69; IV/1, IV/4, IV/8, IV/9
Danhard, o.V., Salzinspektor 140
Decker, o.V., Bergrat (1730) 8
Dellmann, Hermann, [Stiepel] (1749) 108
Demtröder, Henrich, [Hörde] 31
Dennemann, Jörgen, [Stiepel] 122

Deutecom, W. J., Secreatrius Wetterensis V/6
Dickmann, Peter, [Herbede] (1751) 74
Dieckerhoff, Elias, Hörde 12
-, Gerhard Henrich, Schichtmeister, Wellinghofen 1, 3, 4, 6-8, 46
-, Wilhelm 37
Diergarten, Friedrich, der Alte, Stiepel (1758) 111, 112
Dierholtz s. Dürholt
Dornseiffen, o.V., Ratsherr [Stiepel] 112
Drees, Bernhard, [Witten] (1747) 130
Dröghorn, Johann Jörgen, [Wengern?] 109
Dulmann, Caspar Henrich, [Kruckel] 41
Dümpelmann, o.V., [Hörde] 23
Dürholt, Johann Caspar, [Herbede] 98, 99, 100, 107

E

Eickmann, Johann Henrich, [Witten] 131
Elberg, [Johann Henrich, Hagen (1726-1800)] 142-144, 151
Elverfeldt, Clemens August Freiherr von, Steinhausen, Lieutenant, zu Heerbeck 58, 74, 80, 134, 135, 137
Eymann, Johann Arnold, [Stiepel] 110

F

Fahlfeld, Christian, Berghofen 25
Fahrwinkel, Else Magaretha [Annen/Kruckel] 33
-, Henrich (1753) [Annen/Kruckel] 33
-, Hermann (1740) [Annen/Kruckel] 33
-, Konrad Henrich [Annen/Kruckel] 33
-, Konrad Henrich, Wullen 33, 45
Falckenberg, Adolph Henrich Georg, Rentmeister, Hardenstein 83, 159

G

H

J

K

-, Melchior Jürgen 82, 84, 88
-, o.V. (1727) 85
Mittelste Rüsberg, Diedrich Jürgen, Herbede 73, 93, 104
-, o.V. (1761) 104
Möller, Johann Gerhard, Ratsherr, Schwerte 20, 28, 29
Möllmann, Johann Diedrich, [Hörde] 22
-, s. auch Mühlmann
Mönnich, Arnold Henrich, Hörde 23
Mühlmann, Gerhard, [Hörde] 27
Munckenbeck, Henrich Jörgen, [Herbede] 116
Munckers, Jürgen, [Herbede] 92
Murmann, Peter, [Stiepel] 114
Müser, Familie in Blankenstein
-, Friedrich Johann, Wegeinspektor 109, 111, 113, 125, 127, 138; VI/1
-, Johann Georg 128
-, Johann Wilhelm, Entrepreneur 109, 111, 113, 125-127, 138, 139; VI/1

N

Nettlenbeck, o.V., Stiepel 112
Neuhaus, Wilhelm, [Hörde] 147
Niederdräing, Caspar Diedrich, gen. Brass, Sprockhövel 92
-, Peter 92
Niedergethmann, Diedrich Peter, [Herbede] 100
Niederste Berghaus, Jacob, [Herbede] 90, 159
-, Johann 89
Niederste Frielinghaus, Familie in Herbede 89
-, C.H. 159
-, Johann Henrich 83, 132
-, Johann Jürgen 132
-, Konrad Henrich 83
Niemeyer, Johann Henrich, [Hörde] 140

-, Johann Jürgen, Wellinghofen 54
Niepmann, Henrich Peter, [Herbede] 107
Niermann, Familie in Bommern 161
-, Johann Henrich, Bommern, [Herbede/Witten] 78, 105, 131

O

Oberste Berghaus, Henrich, Herbede (1695) 84
-, Konrad, Herbede 84
-, Johann Friedrich, Herbede 84
Oberste Frielinghaus, Familie in Herbede 58, 85, 86, 87, 135
-, Henrich Johann 105
-, Johann Diedrich (1757) 81
-, Johann Henrich 79-81, 89, 95, 96, 105, 106, 134, 137
-, Witwe, o.V. 58, 79, 80, 81
Osten s. Werth zur Osten
Ostermann, Albert, [Herbede] (1749) 108
Osthoff, Hermann Henrich, Westhofen 30, 51
Oven s. Schulte zur Oven

P

Palcken s. Vahlefeld
Perband, Franz Jacob, Ratsherr, Hörde 9, 12, 14, 21, 34
Peters, Hermann, [Hörde] 22
Petersmann, Johann Henrich, Schüren 22, 70, 147
-, Witwe, o.V. 147
Pfingsten, Caspar, Herdecke 31
Plarsiepe, o.V., Herbede (?) 93
Plettenberg, Freifrau von, o.V., Äbtissin zu Clarenberg (1738) 13
Pleuger, Johann Diedrich, gen. Behrenbeck, Holthausen 112

Pöting, Arnold, [Stiepel] 122
-, Johannes 122
Potthoff, Thomas, Werl, [Hörde] 147
-, Witwe, o.V. 147
-, Ulemann, [Hörde] 147
Pottkämper, Johann Diedrich, [Her-bede] 94
Prein, Henrich, Annen 55

R

Rahmann, Diedrich Henrich, [Herbede] 85
Rappard, Johann Konrad, Kommissions-rat, Unna 5, 16, 50, 64, 67, 140, 141, 152
Rauendahl, Peter Georg, [Herbede] 79, 96
Rautert, Johann Henrich Alexander, Gerichtsschreiber, Herbede 84, 85, 93, 102-104, 112
Reck, D. C. Freifrau von, geb. von Plettenberg, Uentrop 12, 13;
-, s. auch Haus
Reckert, Anna Katharina, Ende 31
Reusch, von, o.V., Kapitular zu Scheda 71
Rielcke, o.V., Bergmeister 37, 38, 40, 45, 50, 53, 56, 68, 70, 94, 117, 126, 132; IV/1, IV/3, IV/7
Ringelsiepe, Johannes, Bergmann, Kon-trolleur, [Herbede] 106
Ritz, Freiherr zu Scheppen, o.V., 162
Rollmann, o.V., Salzkontrolleur, Unna 13
Romberg, Caspar Adolf Freiherr von, Brünninghausen 11, 15, 44, 50, 62, 64; I/1, I/2, I/4-6
-, o.V., Freiherr von, Drost (1752) I/1
Rühl, Johann Henrich, Schneider, Hörde 34, 65
Ruhrmann, Familie, Witten/Bommern 161

-, Johann Diedrich, Witten 58, 131
-, Johann Henrich, Bommern 131
Rumberg, Johann Henrich 129
Rump, Johann Peter Gottfried, Hagen (1743 - 1758) 30, 31, 51, 72
Rüsberg s. Mittelste Rüsberg
Rüssmann, o.V., Herdecke 30, 51
Rust, Johann Henrich, [Herbede] 97
Rutenbeck, Johann Peter, [Herbede] (1736) 79

S

Sander, Christoph, [Herbede] 116
Sauerländer, [Johann Jakob, Wichling-hofen (1699 -1795)] 15, 140
Sauermilch, (*Saule Mehle*), Erbgenahmen, [Herbede] 93
Schackmann (Schachmann), Henrich Melchior, [Herbede] 107
Schade, Bernhard, Annen 55
-, Johann 55
-, o.V., Annen (1736) 55
Scheda, Prämonstratenserkloster s. von Bönninghausen, von Reusch
Schievelbusch, Stephan Caspar, gen. Kö-nig, Hiddinghausen 36, 45, 107
Schliggemann, o.V., Brünninghausen 15
Schmidding, Caspar, [Hörde] 27
Schmidt, Diedrich Henrich, [Herbede] 84, 85
Schmidt, Johann Friedrich, Rüding-hausen 56
Schmidt, o.V., Unteroffizier, [Herbede] 83
Schmit, o.V., Steiger, [Holzwickede] IV/9
Schmitt, Matthias, Aplerbeck 66
Schneider, Peter, [Hörde] 22
Schönebeck, Johann Peter, Wetter, [Her-bede] (1733) 91; V/4-6
Schraberg, Henrich Jürgen, [Stockum] 32

Witthoff, Johann Henrich, [Hörde] 38

Wormstall, Johann Henrich, Ratsherr, Hörde 12, 13, 42, 65, 70

Wortmann, Henrich Hermann, Schicht-meister, [Hörde] 2

Wünnenberg, C(arl) Henrich, Ober-geschworener 95, 112, 121, 123, 124

-, Georg Henrich, Ratsherr/Bergge-schworener 3, 111, 118, 125; VI/1

-, Jörgen Henrich, Schichtmeister, Bür-germeister, Blankenstein, [Stiepel] 109, 113

Wuppermann, Engelbert, Kaufmann, Haus Rocholl (Gevelsberg) 74

Wüste, Cornelius, [Hörde] 27

Z

Zahn, senior, o.V., Rat, Brockhausen (1735) 24, 69; III; IV/5, IV/6

-, junior, o.V., Justizrat, Brockhausen (1735, 1740) 24, 69; IV/2, IV/6, IV/8

-, dessen Witwe, o.V. 69; IV/2, IV/3, IV/6-9, IV/11

-, Töchter: 24, 69; IV/1
   Charlotta Christiana Johanna Carolina 69; IV/1
   Elisabeth Sophia 69; IV/1
   Friederica Theodora 69; IV/1

Zumbusch, Peter Arnold, [Herbede] 94, 100

Topographischer Index

Der topographische Index weist die im Muthbuch sowie die in den Anlagen vorkommenden Zechen, Kohlenbänke, Orte, Flure und Gewässer nach. Sie sind, soweit möglich, lokalisiert. Die Ortsangaben sind heutigen Kommunen und Kreisen zugeordnet. Die arabischen Ziffern verweisen auf die Nr. der vorliegenden Edition, die römischen Ziffern auf die Volltextedition.

A

B

Eichlinghofen (heute Dortmund) 2, 45, 56

Eickeler Feld (Flur bei Berghofen) 25

Elberg (Flur bei Wichlinghofen) 54

Elephant (Zeche, Gericht Herbede) 100

Elisabeth (Zeche/Kohlenbank bei Berghofen) 29, 37

Emscher (Fluß) 12, 13, 34, 37, 43, 49, 68; I

Erleyer Siepen (Flur bei Stiepel) 117

Ermelinghofen (adliges Haus, Amt Hörde) 14, 57, 106

Eulenbaum (Zeche, Gericht Bochum) 106

Eyerkamp (Flur bei Hombruch) 8

F

Fahrenkuhle (Flur bei Wichlinghofen) 54

Feldbank (Zeche bei Benninghofen) 25, 63

Feldheim (Zeche, Amt Hörde) 149

Felicitas Erbstollen (bei Hacheney) 44

Ferdinand (Zeche, Gericht Herbede) 97

Finck-Kluffter Mark s. Vinkelötter Mark

Flehmsbänke (Kohlenbank bei Brüninghausen) 40

Forelle (Zeche bei Brünninghausen) 9, 49

Forscheholl (Flur, Löttringhausen) 38

Fortuna ins Westen/Osten (Zechen, Gericht Herbede) 87

Freier Vogel (Mutung, Amt Hörde) 65

Friedrich (Zeche bei Schnee) 148

Friedrich (Zeche, Amt Hörde) 40, 63, 148

Friedrich (Zeche, Gericht Herbede) 103

Friedrich (Zeche, Gericht Stiepel) 109, 127, 128

Frielinghaus (Zeche, Gericht Herbede) 106

Frischgewagt (Mutung bei Brünninghausen) 11; I

Frischgewagt (Zeche, Gericht Stiepel) 123

Fröndenberg (Kreis Unna) 71

Fündlinger Erbstollen (Amt Hörde) 2, 12, 42, 44

G

Gabe Gottes (Zeche bei Kruckel) 30

Gaisberg s. Kaisberg

Georg (Zeche, Gericht Stiepel) 126

Getreue Bergmann (Zeche bei Brenschede) 116

Gideon (Zeche, Gericht Herbede) 105

Glocke (Zeche, Amt Blankenstein) 129

Glückauf (Zeche, Gericht Herbede) 107

Glückauf Erbstollen (Amt Hörde) 11, 40, 50, 64; I

Glücksanfang (Zeche bei Löttringhausen) 38

Glücksstern (Kohlenbank, Gericht Witten) 136

Glückstern (Kohlenbank, Amt Hörde) 56

Gojenfeld(bank) (Zeche bei Hörde) 14, 21, 44, 47, 50

Gottessegen (Zeche bei Löttringhausen) 142

Gottessegen (Zeche, Gericht Herbede) 92

Gottfriedsbank (Zeche bei Kruckel) 30

Gottfriedsbank (Zeche bei Niedernhofen) 17, 40, 63

Gotthelf (Kohlenbank bei Berghofen) 37

Gotthilf (Zeche, Gericht Stiepel) 120

Goyenfeld s. Gojenfeld

Groß-Baroper Heide 3

Grüggelsiepen (Flur bei Witten-Bommern) 99

Grünerdeckebach (Gewässer, Gericht Stiepel) 119

Gutefeld (Kohlenbank, Amt Hörde) 14

217

H

Haarbank (Kohlenbank, Gericht Stiepel) 126

Haarmannsbank (Zeche, Gericht Stiepel) 111, 128; VI

Haberbank (Zeche bei Dortmund-Barop) 4

Hacheney (heute Dortmund) 14, 15, 40, 44, 47, 50, 57, 59, 62, 70, 140, 141; I

Hagen 30

Hage(n)segge (Flur, Gericht Herbede) 79, 94, 96, 98, 99

Hagensieperbank (Zeche, Gericht Stiepel) 119

Hamburg (Zechen bei Witten-Annen) 33, 131

Hammerbank (Zeche bei Witten-Heven) 91, V

Hardenstein (adliges Haus, Witten-Heven) 83, 84, 159

Hazard (Zeche, Gericht Herbede) 81

Heidhoff (adliges Haus, Amt Hörde) 70

Helena (Zeche bei Kleinholthausen) 48

Helena Gertrud (Gerdruth) (Zeche, Gericht Herbede) 101

Hellenbank (Zeche bei Schüren) 23, 43

Heller Siepen, Helle Wiesche (Flur bei Hacheney) 14

Hellinger Sieper (Gewässer, Gericht Herbede) 105

Hellweg (Straßenname bei Wichlinghofen) 54

Helweg (Flur, Gericht Herbede) 105

Henriette (Zeche bei Kirchhörde) 39

Herbede, Gericht (heute Witten) 73-108, 157-159

Herbeder Becke (Gewässer) 118

Herbederholz (Flur, Herbede) 77, 85, 94, 96, 97

Herdecke (Ennepe-Ruhr-Kreis) 38

Herling (Flur bei Hörde) 44

Hertzberg (Zeche, Gericht Herbede) 102

Hessenbank (Zeche bei Barop) 34

Hettinger Siepen (Flur, Gericht Herbede) 105

Heven (heute Witten) 83, 84, 105; V

Heymanns Becke (Gewässer, Gericht Stiepel) 126

Hilgenbach, -becke (Gewässer, Gericht Witten) 33, 133, 134

Himmelscrone (Zeche bei Eichlinghofen) 45

Himpendahl (Flur bei Hörde) 12, 44

Hohenstein (Berg bei Witten) 130, 132, 137

Hölter Egge (Flur, Gericht Stiepel) 117

Holthausen (heute Dortmund) 24, 38

Holzwickede (Kreis Unna) 24, 69, 155, 156; III; IV

Hombruch (heute Dortmund) 6-8, 40, 46

Hombrucher Erbstollen (Amt Hörde) 40

Hopsdelle (Flur, Gericht Witten) 22, 133

Hörde (Stadt, heute Dortmund) 15, 17, 21, 22, 29, 42, 44, 47, 50, 61, 68

Hörde (Amt) 1-65, 140-154

Horst, Gericht (heute Essen) 138-139

Hühnerhecke (-egge), -bank (Zeche/Kohlenbank bei Hacheney) 14, 40, 47, 50

Hülsenberg (Flur, Gericht Stiepel) 113

Hummelbeck (Zeche bei Eichlinghofen) 2

Hünenknübel (Flur, Holzwickede) 69; IV

Hüttenbruch (Flur bei Wellinghofen) 50

I

Ignatius (Zeche, Gericht Stiepel) 113, 128, 138

Isabellenbank (Zeche bei Renninghausen) 49

J

K siehe C

L

M

N

Neue Hoffnung (Zeche bei Sölde) 67

Neuglück (Zeche, Gericht Herbede) 98, 99

Neuling (Mutung bei Eichlinghofen) 45

Nicolausbank (Zeche, Amt Hörde) 144

Niederbommern (heute Witten) 99

Niederhofen (adliges Haus, heute Dortmund) 17, 40, 63

O

Obspring (Flur, Amt Hörde) 65

Opherdicke (heute Holzwickede) 156

Osterbank (Zeche, Gericht Herbede) 88

Ostermannsfeld (Flur, Gericht Stiepel) 112

P

Pad(tt)berg(er) Siepen (Flur, Gericht Herbede) 73, 107

Papagey (Zeche bei Wellinghofen) 63

Papenbank (Kohlenbank, Gericht Stiepel) 128

Papenbänker /Papenkamps Stollen (bei Berghofen) 35, 53

Persebeck (heute Dortmund) 46

Peter Caspar (Zeche, Witten) 133

Porbecke s. Borbecke

Portbank (Zeche, Witten) 162

Posaune (Zeche bei Hörde) 57

Preußischer Adler (Zeche im Ardey bei Kruckel) 56

Preußischer Zepter (Zeche, Gericht Stiepel) 128, 129, 160

Q

Quickegge (Flur, Gericht Stiepel) 120

R

Rachmachers Egge (Flur, Gericht Herbede) 88

Rappigte (Kohlenbank bei Wellinghofen) 63

Rauterdelle (Flur, Gericht Stiepel) 109

Reiger (Zeche, Gericht Herbede) 84

Renninghausen (heute Dortmund) 9, 10, 49

Ringelbank (Kohlenbank bei Stockum) 36

Ringeltaube (Zeche bei Stockum) 36, 58

Röllenbecker Siepen (Flur, Gericht Herbede) 92

Rönkensiepen (Flur, Gericht Herbede) 73

Rosenbaum (Zeche bei Annen) 134

Rudolph (Mutung bei Niederhofen) 63

Rudolphsbank (Zeche, Amt Hörde) 153

Rudolphsbank (Zeche, Gericht Herbede) 76

Rüdinghausen (heute Witten) 133

Ruhr (Fluß) 72, 129, 136

Ruhrmannsbank (Kohlenbank, Gericht Witten) 133, 161

Rumbergs Siepen (Flur, Gericht Stiepel) 117

Rummelskirchen (Zeche, Gericht Herbede) 75

Rüpingskamp (Flur, Dortmund-Barop) 3

Rüsselbecke (Flur, Gericht Witten) 131

Ruttenberger Egge (Flur, Gericht Herbede) 93

S

Sandegge (Flur, Gericht Herbede) 75

Sandfurt (Flur, Gericht Stiepel) 111

Sauerland (Region) 63

Sauffberg (Zeche, Gericht Herbede) 74

T

Glossar

Das Glossar gibt dem Leser und Benutzer der Edition und des *Muth-, Verleih- und Bestätigungsbuchs* eine Hilfe für bergbautechnische und verwaltungsmäßige Fachausdrücke und -begriffe an die Hand. Daß es nicht alle Fragen beantworten kann, dürfte evident sein. Auf die Aufnahme unterschiedlicher Schreibungen der Edition und des *Muth-, Verleih- und Bestätigungsbuchs* wurde in der Regel verzichtet.

Abbau; abbauen der Grubenbau, in dem gewonnen wird; Kohlen gewinnen

Abbauhöhe Erstreckung des aufgeschlossenen, gewinnbaren Kohlenflözes im Einfallen nach oben bzw. unten

absenken s. teufen

Ackeldrucht (-druft, Aack) Wasserableitungsstollen

Akzise indirekte Steuer oder Abgabe

Alter Mann abgebauter und verbrochener oder mit Versatz gefüllter Flözteil

anfahren a) sich nach untertage begeben; b) einen Punkt im Gebirgskörper unerwartet erreichen (z.B. eine Störung anfahren)

anlegen, Zeche anlegen ein Bergwerk neu erstellen

Anschnitt a) die der Bergbehörde über den Grubenhaushalt gelegte Rechnung; b) Schichtennachweis, -zettel

anstehen, Kohlen stehen an in dem Bergwerk oder einem Bergwerksteil vorhandene Kohlenmenge

ansetzen, Stollen ansetzen einen Stollen neu anlegen

Anteil Mitbesitz an einem Bergwerk, s. Kux

auffahren horizontale oder geneigte Grubenräume erstellen

aufsäubern einen Grubenraum säubern, z.B. Verbruchmaterial beseitigen

aufschließen, Aufschluß eine geologische Schicht oder ein Kohlenflöz freilegen

aufwältigen verbrochene oder verfüllte Grubenbaue wieder benutzbar machen

Augenscheinnahme s. Inaugenscheinnahme

Ausbeute Ausschüttung des Betriebsgewinns einer bergrechtlichen Gewerkschaft an die Gewerken

auskohlen, kohlen einen aufgeschlossenen Flözteil abbauen

Bank, Kohlenbank Flöz

Bauhöhe s. Abbauhöhe

Baulänge, streichende Baulänge im Streichen gewinnbarer Flözteil bis zu einer Störung; Baugrenze; Markscheide

Baut (Bauet) adliger Grund und Boden

bauwürdig, Bauwürdigkeit wirtschaftlich abbaubar

befahren, Befahrung ein Bergwerk besichtigen

begehren Verleihung, Belehnung beantragen

bekohlen, kohlen Kohlen abbauen

belehnen, Belehnung s. verleihen, Verleihung

Berechtsame (Gerechtsame) Nutzungsrecht, Bergwerkseigentum

Bergfeste (Bergveste) a) Schutzbereich im Grubenfeld, in dem aus Rücksicht auf einzelne Grubenbaue oder Tagesanlagen nicht oder nur unter besonderen Bedingungen abgebaut werden darf; b) in der Lagerstätte in oder zwischen Abbauräumen stehenbleibender Lagerstättenteil, der den Zusammenhang des Gebirges gewährleisten, Bewegungen des Daches verhüten und damit den Abbauraum schützen soll

Bergbücher verschiedene von der Bergbehörde gemäß Bergordnung geführte Amtsbücher

Berggegenbuch Verzeichnis aller Gewerkschaften und Gewerken mit ihren Anteilen

Berggericht staatliche Gerichtsbarkeit für alle bergbaulichen Angelegenheiten

Berggeschworener staatlicher Bergrevierbeamter, Untergebener des Bergmeisters

Bergmeister staatlicher Bergrevierbeamter

Bergordnung gesetzliche Regelung des Bergwesens

Bergregal landesherrliches Verfügungsrecht über nutzbare Mineralien und das daraus abgeleitete Recht zur Erhebung von Gebühren

Bergrevier bergbehördlicher Aufsichtsbereich, ähnlich dem heutigen Bergamtsbereich

Bergwerk Berechtsame, kann auch bergbaulicher Betrieb sein (s. Zeche)

Binge s. Pinge

caducieren Kuxe (wegen nicht gezahlter Abgaben) für verfallen erklären

Camerarius Kämmerer, Finanzbeamter

Cessionsschein Unterlage zur Übertragung einer Forderung oder eines Anspruchs

Dammerde oberste, lockere Bodenschicht (Alluvium)

Debit Kohlenverkauf, - absatz

durchfahren einen Grubenbau (Strecke) quer durch Gesteinsschichten, ein Flöz oder eine Störung vortreiben

durchhauen, Störung durchhauen eine Strecke durch eine Störung vortreiben

durchschlägig, Durchschlag unterirdische Verbindung zweier Grubenräume im Zuge der Herstellung

durchstreichen eine geologische Schicht, ein Flöz oder eine Störung durchquert z.B. den Grubenbau

Einfallen a) Neigung der geologischen Schichten gegen die Waagerechte; b) Neigung eines Grubenbaus (tonnlägiger Schacht, Bremsberg usw.).

entblößen, Flöz entblößen ein Kohlenflöz freilegen

Entrepreneur Unternehmer

Erbstollen Stollen zur Wasser- und Wetterlösung, vorgetrieben von Erbstöllnern, die von den gelösten Bergwerken eine Erbstollengebühr erhielten (Stolleneuntel)

Erbstollengerechtigkeit Verleihung des Erbstollenrechts

Erbteufe gesetzlich festgelegter, senkrecht gemessener Abstand zwischen der Erdoberfläche und der Stollensohle

erschließen eine Lagerstätte zugänglich machen

ewige Teufe unbegrenzte Tiefe

extrahieren Anfertigung eines amtlichen Akten- oder Amtsbuchsauszugs

Faden Längenmaß (in Preußen: 1,88m)

Fiskus Staatskasse

Flöz (Flötz) plattenförmige Lagerstätte

Flügel Flankenflächen einer Mulde oder eines Sattels

fördern, Förderung untertage transportieren

frei, Freies, im Freien liegen bergrechtlich nicht verliehen

freifallen, ins Freie fallen die bergrechtliche Verleihung aufheben

fristen, in Fristen liegen zeitweise Außerbetriebnahme eines Bergwerks

frohen, frohmachen Grubenfeld entwässern, trockenlegen

Fundgrube Mindestgröße eines Grubenfeldes um den Fundpunkt herum: bei Längenfeldern 42 Lachter Länge x 7 Lachter Breite und Flözmächtigkeit

Fuß Längenmaß (in Preußen 12 Zoll = 144 Linien = 0,3139m)

Gegenbuch s. Berggegenbuch

Gewerke (Gewerken) Mitglied(er) einer bergrechtlichen Gewerkschaft, Besitzer von Kuxen

Gewerkschaft (ältere) Rechtsform einer Bergwerksgesellschaft, Anteile in Form von Kuxen

gewinnen, Gewinnung Kohle abbauen

Halde übertägige Aufschüttung von Kohle oder Gestein

Handlungsbuch (Handelsbuch oder Bergprotokoll) Verzeichnis aller von der Bergbehörde den Zechen gegebenen Anweisungen, Ratschläge etc.

Hangendes über dem Flöz befindliche Schichten

Hauptstollen gleichbedeutend mit Erbstollen

Hoffiskal Finanzbeamter

Inaugenscheinnahme (Augenscheinnahme) Fundbesichtigung durch die Bergbehörde

Klanke (Klancke) Verwerfung, Störung

Kohlenbank Flöz

Konfirmation Bestätigung

Konsorten Mitbesitzer, Kompagnons

Konzession auf behördliche Eingabe Erteilung der Erlaubnis zur Verleihung

Kunstwerk (Wasserkunst) Wasserpumpeneinrichtung zum Kurzhalten des Grubenwassers unter der wasserableitenden Stollensohle

Kux (Kuxe) Anteil am Vermögen einer bergrechtlichen Gewerkschaft, nach altem Recht in Form eines Namenpapiers

Lachter Längenmaß (in Preußen: 2,0924m)

Längenfeld ursprünglich auf ein Flöz, gegebenenfalls mit Nebenflöz, beschränktes Feld (mit kleiner Vierung), später auch mehrere Flöze umfassend (große Vierung); maximale Größe 1 Fundgrube und 20 Maaßen

Liegendes unter dem Flöz befindliche Schichten

lösen eine Lagerstätte oder einen Teil davon bezüglich Wasserableitung

bzw. Bewetterung (=Belüftung) erschließen

Maaß (Maaße, Pl. Maaßen) Längenmaß
(1 Maaß = 28 Lachter = 58,587m)

mächtig; Mächtigkeit dick, stark; Dicke,
Stärke

Manutenenz Schutz des Bergbauberechtigten durch den Landesherrn
gegen Übergriffe

Markscheide Grenze eines Grubenfeldes, einer Berechtsame oder eines
Bergwerks

Meßgeld Abgabe zur Unterhaltung der
Bergbehörde

Muldenlinie streichender, tiefster Verlauf einer geologischen Mulde

Mundloch, Stollenmundloch Tagesöffnung eines Stollens

muten, Mutung die Verleihung einer
Berechtsame bei der Bergbehörde beantragen

Mutschein (-zettel) Antrag des/der Bergbauwilligen zur Verleihung einer Berechtsame

Nachlassungs- und Fristenbuch Verzeichnis der fristenden Bergwerke,
Steuern, Wassergelder u.a.

Nebenbank neben dem verliehenen Flöz
in der Berechtsame vorhandenes, jedoch meist dünneres Flöz (s. Striepen)

Oberschichtmeister staatlicher Berg-
beamter

Obersteiger a) früher: staatlicher Berg-
beamter; b) heute: höherer Zechen-
angestellter

Oberstollen über einem anderen Stollen

befindlicher, höhergelegener Stollen

Observanz Gewohnheitsrecht, d.h. kein
Bergregal des Landesherrn: die Steinkohlen gehörten dem Grundbesitzer
ohne besondere Verleihung (z.B.
Rellinghauser Observanz)

Ort (Pl. Örter) a) das Ende einer Strecke;
b) Bezeichnung von Grubenbauen:
Bruch-, Feld-, Flügel, Kopf-, Mittel-,
Stollort usw.

Pfeiler, Kohlenpfeiler zum Abbau vor-
bereiteter Flözteil

Pinge (Binge) trichter- oder schüssel-
förmige Vertiefung (Tagesbruch),
entstanden durch oberflächennahen
Abbau (Abbaukuhlen, Einsturz-
trichter von Schächten und Stollen-
verbrüchen); häufig entsprechend
dem Flözverlauf Pingenzüge

Pumpenwerk (Pumpwerk) mittels
Kunstwerk oder Göpel betätigte
Pumpenanlage

Pupillenkollegium Vormundschaftsamt
für Waisen

Quatembergeld vierteljährlich fällige
Gebühr der Bergwerksbetreiber an die
Bergbehörde zur Bezahlung der Be-
amten

Quergestein querschlägig durchfahrenes
Gestein

querschlägig, Querschlag quer zum
Streichen der geologischen Schichten, d.h. quer durch die Schichten

Raubbau, auf Raub bauen unvollständi-
ger Abbau einer Lagerstätte, um durch
Auswahl der besten Partien einen

möglichst großen Gewinn zu erreichen

Rezeptor Steuereinnehmer

rezessieren verfügen

Reskript amtliche (innerbehördliche) Verfügung

Retardat Kuxe ins Retardat setzen (enteignen oder caducieren), wenn die Zubuße innerhalb einer gewissen Frist nicht gezahlt wurde

Rezeß quartalsweise der Bergbehörde einzureichender Rechnungsabschluß

Rezeßbuch Verzeichnis der Einnahmen, Ausgaben, Förderung usw. aller Bergwerke

Rezeßgeld quartalsweise Abgabe an die Bergbehörde zur Aufrechterhaltung der Berechtsamsverleihung

Ringel Raummaß (0,075 - 0,105 t)

Rösche, Stollenrösche a) übertägiger Graben zur Abführung von Grubenwasser; b) Wasserableitungsstollen mit geringem Querschnitt

Salzkoktur Saline (Salzsiederei)

Salzwerk Saline

Schacht senkrechter oder stark geneigter Grubenbau mit Tagesöffnung (z.B. Förder-, Göpel-, Maschinen-, Kunst-, Luft-, Pumpen-, Schurf-, Versuchs-, Wetter-, Fahrschacht, Lichtloch)

Schichtmeister Rechnungsführer auf Bergwerken, zugleich verantwortlich für den Übertagebereich in technischer Hinsicht

schlämmen Schlamm aus dem Stollen entfernen

schürfen, erschürfen ein nutzbares Mineral auf der natürlichen Lagerstätte aufsuchen

Schurfschein, Schürfschein, -zettel von der Bergbehörde bestätigtes Schürfrecht

Schürfbuch Verzeichnis aller Schürferlaubnisse

seiger (saiger) senkrecht

senken, Schacht senken s. teufen

söhlig horizontal

Sohle a) untere Begrenzungsfläche = Boden einer Strecke; b) Stockwerk im Grubengebäude (Wettersohle, 1. Sohle usw.)

Sprung Störung: Verwerfung der Schichten

Steiger Grubenaufsicht

stillegen den Betrieb einstellen

Stollen von über Tage horizontal in das Gebirge führender Grubenbau

Stollenneuntel Abgabe an die Erbstöllner, s. Erbstollen. Das Stollenneuntel war der neunte Teil des Erlöses der gelösten Berechtsame aus verkauften Kohlen

Stollort vorderste Stelle = Ortsbrust eines Stollens

Strecke horizontaler Grubenbau, der im Gegensatz zum Stollen nicht vom Tage, sondern von anderen Grubenbauen aus angelegt ist

strecken, Belehnung strecken ausdehnen, verlängern

Streichen Richtung der Längenausdehnung einer Lagerstätte (Gegenteil: Einfallen = rechtwinklig dazu)

Striepen Streifen, Nebenflöz, Flöz von geringerer Mächtigkeit als das daneben befindliche verliehene Flöz

Tagetrieb nach übertage getriebene söhlige oder geneigte Strecke

teufen, Teufe Schacht niederbringen, Tiefe

Tiefer (Tiefster) Stollen im geneigten Gelände möglichst tief angesetzte Stollen, der später häufig das Erbstollenrecht erhielt

tonnlägig, Tonnlage größte Teufe in einer Berechtsame (= Längenfeld)

treiben, Stollen treiben Stollen auffahren = vortreiben

trocken machen ein Grubenfeld entwässern

turbieren stören

unbekohlt noch nicht begonnene Kohlengewinnung in einem Flöz, Flözteil, Grubenfeld

Unterwerksbau Abbau unterhalb der Stollensohle bzw. tiefsten Fördersohle

unverritzt vom Bergbau unberührt

Verdrückung (Verrückung) gestörter Zusammenhang der Gesteinsschichten, wobei diese gegeneinander verschoben sind

verleihen, Verleihung den Muter mit einem Bergwerkseigentum (= Berechtsame) belehnen

vermessen, Vermessung ein Grubenfeld vermessen

Verschlämmung (teilweise) Anfüllung eines Grubenbaus mit Schlamm (z.B. über längere Zeit oder plötzlichen Wassereinbruch)

Vertragsbuch Verzeichnis der zwischen Bergbauberechtigten abgeschlossenen Verträge

Vierung Ausdehnung eines Längenfeldes ins Hangende oder Liegende

Vorrichtung Auffahrung aller für einen planmäßigen Abbau erforderlichen Grubenbaue im Flöz

vortreiben, Vortrieb eine Strecke auffahren

Wasserkunst s. Kunstwerk

Zeche bergbaulicher Betrieb (s. Bergwerk)

Zehnt Bergwerksabgabe an den Regalbesitzer (s. Bergregal)

Zoll Längenmaß (1 Zoll = 1/12 Fuß = 1/80 Lachter = 0,0262m)

Zubuße Zuschuß durch die Gewerken einer Gewerkschaft zum Ausgleich von Betriebsverlusten

Zweidrittelbetrieb zweischichtig pro Tag

Anhang

Ausschnitt aus: *Neue und Vollständige Situationscarte von der Grafschaft Mark,
Zechenkarte 1775*; von Friedrich Christoph Müller (Staatsbibliothek Preußischer
Kulturbesitz Berlin Nr. N. 30755; vgl. hierzu Manfred Spata, Die Müllersche Zechen-
karte aus dem Jahre 1775. Zur Geschichte der ersten Übersichtskarte des östlichen
Ruhrreviers, in: Der Anschnitt 44, 1992 (Heft 1-2) S.18-28).

In die Karte sind die Zechen eingetragen; als Legende dient eine Liste der *Nahmen
von denen in der Grafschafft Marck befindlichen und meist in Betrieb stehenden Steinkohlenzechen, deren darneben gesetzte Zahlen zugleich die Lage derselben auf der Charte
nachweisen.* Wir geben die Liste im Wortlaut wieder. Die Transkription erfolgte nach
den in der Vorbemerkung des Editionsteils aufgeführten Kriterien.

I. Im Hochgerichte Schwelm

1. *Hertzkamp ins Osten*
2. *Hertzkamp ins Westen*
3. *Hohebank*
4. *Oberstebank*
5. *Hütterbank*
6. *Glückauf*
7. *Buschbank*
8. *Friederich Willhelm*
9. *Bockmühle*
10. *Windmühle*
11. *Melchior*
12. *Frischgewagt*
13. *Fuchs*
14. *Knapbank*
15. *Luchs*
16. *Frosch*
17. *Schelle*
18. *Hackerbank*
19. *Nachtigal*
20. *Lehmbank*
21. *dessen Striepen*
22. *Eggerbank*
23. *Frischgewagt*
24. *Fettgesbänker Striepen*

II. Im Gerichte Vollmarstein

1. *Alte Bommerbank*
2. *Tonnenbank*
3. *St. George*
4. *Taugenicht*
5. *St. Josephus*
6. *Frilinghausen*
7. *Kurtzeggerbank*
8. *Reyer*
9. *Turteltaube*
10. *Dachs und Grevensloch*
11. *dessen breite Bank*
12. *dessen schmale Bank*
13. *Heinbecke*
14. *Alte Dachsloch*
15. *St. Peter*
16. *Freye Vogel*
17. *Trappe*
18. *Braunschweig N(ord)fl(ügel)*

III. Im Gerichte Horst

1. *Mecklingsbank*
2. *Schulten Kaemper Bank*

3. *Weglingsbank*
4. *Schwartze Junge*
5. *Neuruhrort*

IV. Im Amte Blanckenstein nörd(lich) d(er) Ru(hr)

1. *Glocke*
2. *Wipstert*
3. *Sonnenschein*
4. *Generalsbank*
5. *Hasewinckel*
6. *Glücksonne*
7. *Himmelscrone*
8. *Glück*
9. *Seegen*
10. *Kirschbaum*
11. *Lucia*
    südwerts der Ruhr
12. *Neueglück*
13. *Thorenbank*
14. *Sackberg*
15. *Alte Aprosche*
16. *Catharina*
17. *Altendorfferbank*
18. *Neue Aprosche*
19. *Grossewastbank*
20. *Haase*
21. *Kuh*
22. *Mierbank*
23. *Sperbank*
24. *Sperling*
25. *Alte Misgunst*
26. *Hermann Nordflügel*
27. *Hermann Südflügel*

V. Im Gericht Herbede süd(lich) d(er) Ruhr

1. *Auf Gott Gewagt*

2. *Wiederlage*
3. *Cartheuserloch*
4. *Weeselbank*
   nordwerts der Ruhr
5. *Billigkeit u(nd)*
6. *Hammerbank*

VI. Im Gericht Langendreer

1. *Gute Hoffnung*
2. *Steinberger*
3. *Friederich*

VII. Im Gericht Hagen nörd(lich) d(er) Ruhr

1. *Mit Gott Gewagt*
2. *Alte Geschwister Süd(flügel)*
3. *Alte Geschwister Nordf(lügel)*
4. *Carlsbank*
5. *Schleiffmühle*
6. *Lappenbergsbank*

VIII. Im Gerichte Bruch südwerts der Ruhr

1. *Heinrich Jürgen*
2. *Schierbank*
3. *Pfanhütte*
4. *Johanne*
5. *Gesegnete[a] Schiffahrth Nordwerts der Ruhr*
6. *Neckerbank*
7. *Dickebeckerbank*
8. *dessen Nebenbank*
9. *Johann Friederich Nr.1*
10. *Johann Friederich Nr.2*
11. *Johann Friederich Nr.3*
12. *Schepmann und*

13. dessen Nebenbank

IX. Im Gerichte Stiepel

1. Treue
2. Frischgewagt
3. Ignazius
4. dessen Nebenbank
5. Preuss(ische) Zepter nörd(lich)
6. Preussche Zepter süd(lich)
7. Friederich
8. St. Theodor
9. Haarmannsbank
10. dessen Nebenbank
11. Sternbergerbank
12. Mit Gott Gewagt Nr.l
13. Mit Gott Gewagt Nr.2
14. Mit Gott Gewagt Nr.3
15. Neuekaefer
16. Anne Catharaina
17. dessen Nebenbank
18. Leibzucht
19. dessen Nebenbank
20. Vollgemuth

X. Im Amte Hörde

1. Wittwe
2. Hessenbank
3., 4. Louise u(nd) Forelle
5., 6. Alte Weib, Glückauf
7., 8. Zellerfeld, Zinnober
9. Waldhorn Nr.2
10. Schondelle
11. Christine
12. Waldhorn Nr.4
13. Gojenfeld
14. St. Martin
15. Clarenberg Nr.3
16. St. Moritz

17. Feldbank
18. Ludwig Nr.2
19. Hamburg
20. Glücksanfang Nr.2
21. Wiendahlsnebenbank
22. Carlsbank
23. Marie Louise

XI.[b] Im Amte Bochum

1. Dickebank
2. Vierfusbank
3. Neu Mühlheim Nr.3
4. Bommerbank
5. Hünninghauser und
6. dessen Nebenbank
7. Neusteinbank Nr.l
8. Neusteinbank Nr.2
9. Neumarck
10. Storcksbank Nordflügel
11. Überjungenbank Nr.2 Süd(flügel)
12. Storcksbank Südflügel
13. Überjungenbank Südflügel
14. Steinbank ins West Nr.l
15. Steinbank ins 0st Nr.2
16. Grossenebenbank
17. die Freyberger- und
18. Wilhelmsbänke
19. Friedericka Nr.l
20. Friedericka Nr.2
21. Friedericka Nr.3
22. Gottesglück
23. dessen Nebenbank
24. Bockmansbank
25. Printz Kater
26. Neue Misgunst
27. Guthe neue Hoffnung
28. Glücksburg
29. Eulenbaum
30. Glück und Seegen
31. Bergratte

32. *Lauthe*
33. *Doppelte preusche Crone*
34. *Vollemond*

XII. Im Gericht Witten

1. *Hamburg und*
2. *Stuchtey*

XIII. Im Amte Unna

1. *Schwartze Adler*
2. *Caroline*

[a] Vorlage irrtümlich: *Gesegente.*
[b] Vorlage irrtümlich: *XII.*